康养休闲旅游服务系列教材

专家指导委员会主任 | 韩玉灵

总主编 | 赵晓鸿

康养旅游餐饮服务

石媚山　郭贵荣◎主　编
贺正柏　康传德◎副主编
林　佳　钱春霞

北京·旅游教育出版社

图书在版编目（CIP）数据

康养旅游餐饮服务 / 石媚山，郭贵荣主编. -- 北京：旅游教育出版社，2023.4

康养休闲旅游服务系列教材

ISBN 978-7-5637-4422-0

Ⅰ. ①康… Ⅱ. ①石… ②郭… Ⅲ. ①饮食业－旅游服务－高等职业教育－教材 Ⅳ. ①F590.6②F719.3

中国版本图书馆CIP数据核字（2022）第116668号

康养休闲旅游服务系列教材

康养旅游餐饮服务

石媚山　郭贵荣　主编

总 策 划	丁海秀
执行策划	施云峰
责任编辑	陈凤玲
出版单位	旅游教育出版社
地　　址	北京市朝阳区定福庄南里1号
邮　　编	100024
发行电话	（010）65778403　65728372　65767462（传真）
本社网址	www.tepcb.com
E - mail	tepfx@163.com
排版单位	北京旅教文化传播有限公司
印刷单位	北京柏力行彩印有限公司
经销单位	新华书店
开　　本	710毫米×1000毫米　1/16
印　　张	15
字　　数	224千字
版　　次	2023年4月第1版
印　　次	2023年4月第1次印刷
定　　价	49.00元

（图书如有装订差错请与发行部联系）

系列教材专家指导委员会、编委会

专家指导委员会

主　　任：韩玉灵
委　　员：周春林　赵晓鸿　丁海秀　文广轩　董家彪　臧其林　魏　凯

编委会

总 主 编：赵晓鸿
委　　员：祝红文　吴越强　韩海军　夏丽娜　梁悦秋　杨红波　沙　莎
　　　　　石媚山　杨　英　马友惠　谭宏鹰　蒯　鑫　孙　超

《康养旅游餐饮服务》编委会

主　　编：石媚山　郭贵荣
副 主 编：贺正柏　康传德　林　佳　钱春霞
编　　委：（按姓氏笔画顺序排列）
　　　　　丁　晴　王雯佳　石　慧　刘　彧　孙　敏　张明俊　张艳娜
　　　　　陈莉娟　陈静熙　唐　阳

总 序

当今中国,旅游产业欣欣向荣,新兴旅游方式与新业态如雨后春笋般蓬勃发展。康养休闲旅游作为新兴旅游业态,其市场规模呈快速增长态势。康养旅游中的森林康养旅游、温泉康养旅游、中医药康养旅游、运动康养旅游、康养旅居等更加专业化,休闲旅游中的户外休闲旅游、文化休闲旅游、运动休闲旅游、康乐休闲旅游等层出不穷。

中国康养休闲旅游快速发展,产业规模逐年增长,且发展空间巨大,但人才培养严重滞后。为此,四川省旅游学校于2015年创设巴蜀武术养生学院,探索康养旅游专业方向的学历教育,开启了中国康养旅游职业教育的先河;2016年成功申报休闲体育服务与管理专业(康养旅游方向),并于2017年开始招生;2018年以巴蜀武术养生学院为基础,正式成立康养旅游系。2019年5月,由四川省旅游学校主持论证的康养休闲旅游服务专业正式纳入教育部新增专业目录。受教育部和全国旅游职业教育教学指导委员会委托,我们带领团队完成了康养休闲旅游服务专业教学标准和部分专业核心课程标准的研制工作;2020年又完成了全国旅游职业教育教学指导委员会立项的《康养休闲旅游实训基地的规划与建设》课题研究任务。

新专业需要新的教材体系做支撑,康养休闲旅游服务专业急需一套与之相适应的专业教材。根据前期积累的教育教学与专业建设经验,我们在旅游教育出版社的大力支持下,开始筹划全国首套康养休闲旅游服务系列教材的编写与出版工作。

2020年初,四川省旅游学校牵头组织了一个覆盖全国的多行业、多学科专家团队,开启了艰难的教材研究与编写工作。专家团队涵盖四川大学、四川农业大学等985、211重点高校,成都中医药大学、西南医科大学、成都体育学院等专业院校,云南旅游职业学院、青岛酒店管理职业技术学院、太原旅游职业学院、沈阳市旅游学校、武汉市旅游学校等众多旅游院校,共有40余所院校参与了教材研究与编写工作;此外,我们还邀请了10多家行业企业的专家参与此项工作,专家团队规模达 160 余人。在研究数据缺乏、案例稀少、没有更多可借鉴参考资料的情况下,历时一年多时间,相继完成了系列教材中首批教材的编写,于 2021 年 8 月后陆续出版。

本套教材既可作为中高职职业教育旅游类专业教学用书,也可作为职业本科旅游类专业教育的参考用书,同时可作为工具书供从事旅游服务与管理的企事业单位专业人员借鉴与参考。

作为全国第一套康养休闲旅游服务系列教材,肯定还存在缺陷与不足,恳请读者指正,我们将在再版过程中予以完善与修正。

总主编:

2021 年 8 月

前 言

2016年，中共中央、国务院印发的《"健康中国2030"规划纲要》规划了健康中国的战略目标，明确了"共建共享、全民健康"是建设健康中国的战略主题，提出了大力发展健康产业，促进健康与养老、旅游等融合发展的具体要求。2016年发布了《国家康养旅游示范基地标准》，指出康养旅游是通过养颜健体、营养膳食、修心养性、关爱环境等各种手段，使人在身体、心智和精神上都达到自然和谐的优良状态的各种旅游活动的总和。党的二十大报告指出：人民健康是民族昌盛和国家强盛的重要标志，把保障人民健康放在优先发展的战略位置，完善人民健康促进政策。实施积极应对人口老龄化国家战略，发展养老事业和养老产业，推进健康中国建设。

根据前瞻产业研究院的报告，康养旅游由三大产品体系构成，即康养旅游、康疗旅游和康体旅游，无论是哪种产品均涉及康养旅游餐饮。伴随着康养旅游产业的发展，以营养、健康、养生为特色的康养旅游餐饮成为发展趋势。近年来，养生餐饮、养生菜品快速兴起，成为餐饮行业的新时尚，康养旅游餐饮服务也应运而生。区分星级饭店和传统餐饮服务，开展康养旅游餐饮服务素养、技能的研究，实施康养旅游餐饮服务的创新，培养一批康养旅游餐饮服务专业化人才迫在眉睫。

康养旅游餐饮服务作为中等职业院校康养休闲旅游服务的核心课程，对该专业的核心知识、素养和能力培养具有重要作用。《康养旅游餐饮服务》教材以行业适用为基础，坚持立德树人、课程思政，突出知识够用、实践为主，兼顾素质养成和可持续发展。本教材以学生岗位职业能力培养为重点，全面对接行业实际需求，从素养、技能、创新、安全四个方面入手进行详细论述。内容安排上，每章均突出本章重点、学习目标、思维导图，帮助学生明确学习重点；章节内增加大量行业案例，利于学生理解和消化课堂知识；章节后添加简答题、论述题或实践题等，帮助学生增强对理论知识的巩固。整体上，本教材将知识学习与实践训练有机结合，做到学做一体化。

本教材是由青岛酒店管理职业技术学院与山东新华锦长生养老运营有限公司共同编写的校企双元教材，由青岛酒店管理职业技术学院石媚山、郭贵荣担任主编，负责教材大纲、章节、体例的设计和统稿。第一章由青岛酒店管理职业技术学院康传德、石媚山编写；第二章由四川省旅游学校贺正柏、山东新华锦长生养老运营有限公司丁晴、沈阳市旅游学校刘彧、乐山市旅游学校王雯佳编写；第三章由青岛酒店管理职业技术学院林佳、都江堰市职业中学张明俊编写；第四章由德州职业技术学院钱春霞、四川省商务学校陈莉娟编写；第五章由青岛酒店管理职业技术学院郭贵荣、四川省凉山州宁南县职业技术学校陈静熙、青岛酒店管理职业技术学院林佳编写；第六章由四川省旅游学校贺正柏编写；第七章由烟台文化旅游职业学院张艳娜、山东外贸职业学院孙敏、四川省阆中师范学校唐阳编写；第八章由青岛酒店管理职业技术学院郭贵荣编写；第九章由内蒙古呼和浩特市商贸旅游职业学校石慧编写。

山东新华锦长生养老运营有限公司总经理丁晴对本书的编写提供了大力支持。此外，本教材编写过程中还引用和参考了许多优秀教材、专著、报纸杂志以及网络资料，访谈了很多研学从业者。因为篇幅所限，有的文献未能在参考文献中一一列举，有些访谈者的姓名也未一一提到，在此谨向这些著作者和从业者表示谢意和歉意。康养旅游是全新的业态，康养旅游餐饮的发展也是全新的内容，由于编写者的水平所限，还有很多的不足，希望教材的使用者和相关读者批评指正，有任何问题均可与编者联系，我们将虚心接受，以利于提高。

编者
2023 年 03 月

目 录

第一章　康养旅游餐饮概述 …………………………………………………… 1
　　第一节　探寻我国康养餐饮发展历程 ……………………………………… 3
　　第二节　饮食文化与食养 …………………………………………………… 6
　　第三节　康养旅游餐饮及其发展 ………………………………………… 20
　　第四节　康养餐饮的社会需求 …………………………………………… 23

第二章　康养旅游餐饮的组成要素与表现形式 …………………………… 27
　　第一节　康养旅游餐饮组成要素 ………………………………………… 29
　　第二节　康养旅游餐饮表现形式 ………………………………………… 42

第三章　康养旅游餐饮的分类 ……………………………………………… 53
　　第一节　康养旅游特色菜品 ……………………………………………… 55
　　第二节　康养旅游特色饮品 ……………………………………………… 61

第四章　康养旅游餐饮服务人员素质与要求 ……………………………… 77
　　第一节　康养旅游餐饮服务人员职业素养 ……………………………… 79
　　第二节　康养旅游餐饮服务人员服务行为规范 ………………………… 82
　　第三节　康养旅游餐饮服务人员服务技巧 ……………………………… 90

第五章　康养旅游餐饮服务技能 …………………………………………… 97
　　第一节　餐前服务技能 …………………………………………………… 99

第二节　餐中服务技能 ………………………………………… 110
　　第三节　餐后服务技能 ………………………………………… 116

第六章　康养旅游餐饮食材选择与食谱编制 ………………………… 127
　　第一节　康养旅游餐饮食材选择 ……………………………… 129
　　第二节　康养旅游餐饮食谱编制 ……………………………… 141
　　第三节　特色康养旅游餐饮食谱 ……………………………… 146

第七章　康养旅游餐饮营养配餐及推介创新 ………………………… 161
　　第一节　康养旅游餐饮营养平衡指导 ………………………… 163
　　第二节　康养旅游餐饮营养膳食配餐 ………………………… 172
　　第三节　康养旅游餐饮对客推介 ……………………………… 178
　　第四节　康养旅游餐饮产品的开发与创新 …………………… 184

第八章　康养旅游主题餐厅与康养主题宴会 ………………………… 191
　　第一节　康养旅游主题餐厅及风格定位 ……………………… 193
　　第二节　康养主题宴会台面设计 ……………………………… 197
　　第三节　康养主题宴会菜单设计 ……………………………… 207

第九章　康养旅游餐饮食品安全应急处理 …………………………… 213
　　第一节　食品卫生与安全常识 ………………………………… 215
　　第二节　康养食品安全 ………………………………………… 224

参考书目 …………………………………………………………………… 230

第一章

康养旅游餐饮概述

本章重点

本章主要介绍康养旅游餐饮概述,从我国康养餐饮发展史、饮食文化与食养的历史脉络中探寻康养旅游餐饮概念、背景,从营养膳食的角度剖析旅游餐饮中的问题及解决措施,并从素食养生、生机养生、饮品养生的视角辨析康养餐饮的社会需求。

学习目标

通过本章内容的学习,能够了解我国康养餐饮发展历史和阶段,知晓现代康养餐饮及西方营养学对康养餐饮的影响;了解饮食与饮食文化、食养、茶养、饮酒养生的功用;掌握康养旅游概念、发展背景、营养膳食的内涵;了解旅游饮食中的健康问题及解决措施;掌握素食养生、生机养生、饮品养生等康养餐饮发展的社会需求,为康养旅游餐饮从业人员筑牢知识储备,塑造职业素质。

本章思维导图

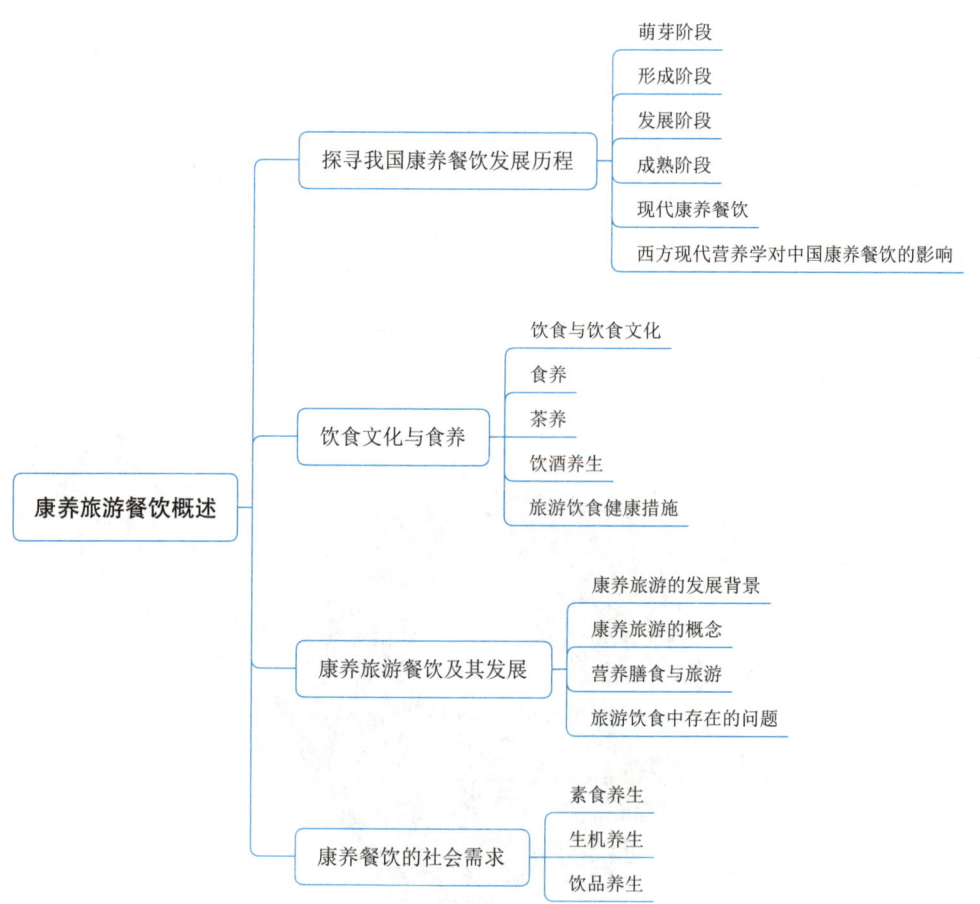

近年来，党中央、国务院高度重视康养旅游产业的发展。2016年10月，党中央、国务院印发的《"健康中国2030"规划纲要》提出，要积极推进健康与旅游融合，催生康养旅游新产业、新业态、新模式，制定康养旅游行业标准、规范，加快推进康养旅游产业的发展。2017年5月18日，国家卫生计生委、国家发展改革委、财政部、国家旅游局、国家中医药局联合印发的《关于促进健康旅游发展的指导意见》提出：到2020年，建设一批各具特色的康养旅游基地，形成一批康养旅游特色品牌，推广一批适应不同区域特点的康养旅游发展模式和典型经验，打造一批国际康养旅游目的地。到2030年，基本建立比较完善的康养旅游服务体系，满足群众多层次、个性化的服务和旅游需求。2016年7月，国家旅游局、国家中医药管理局联合开展"国家中医药健康旅游示范区（基地、项目）"创建工作，计划用3年左右时间在全国建成10个国家中医药健康旅游示范区，100个国家中医药健康旅游示范基地，1000家中医药健康旅游示范项目。2018年3月13日，经过组织征集、材料核查、专家评审等环节，共计73家单位被评为首批国家中医药健康旅游示范基地创建单位。2019年出台的《健康中国行动（2019—2030年）》指出，要大力开展康养、健康旅游等服务，支持发展健康医疗旅游等新业态。从政策层面来看，作为最能体现人民幸福感的产业，康养旅游受到前所未有的重视。

康养旅游是健康服务和旅游融合发展的新业态，发展健康旅游对扩内需、稳增长、促就业、惠民生、保健康，提升我国国际竞争力都具有重要意义。康养旅游关联产业多、带动效应强，全球已有100多个国家（地区）开展康养旅游，超过50个国家（地区）已将康养旅游确定为支柱性产业。

新冠疫情更新了世人对康养餐饮提高公众免疫力的基础保障认知。中国保健协会、中华医学会肠外肠内营养学分会（CSPEN）、中国中医药大学等权威机构指出：在没有特效药的情况下，健康膳食是增强免疫力的基础，免疫力增强了，感染病毒的机会也会相应减少。当前，公众对于康养餐饮已经有了一定认知，公民康养餐饮意识有了很大提升。

第一节　探寻我国康养餐饮发展历程

我国康养餐饮有着悠久漫长的发展历程。在其整个发展历程中，我国康养餐饮以创造华夏文明史的中华民族及其祖先为主体，以祖国的物产为物质基础，以中华民族在历史演进的时序中所进行的饮食生产与消费的一切活动为基本内容，以不同时期烹饪活动中烹饪器械和烹饪技艺的不断出新为发展主线，由简而繁，与时俱进，潮起潮落，相激相荡，形成了宽广深厚的历史文化积淀。多年来，专家学者们从不同的角度对康养餐饮的发展历史阶段做了各种形式的划分，皆有见地。我国康养餐饮主要经历了萌芽阶段、形成阶段、发展阶段、成熟阶段和现当代阶段。

一、萌芽阶段

我国夏代以前漫长的原始社会时期是康养餐饮的萌芽阶段。

在整个中国康养餐饮文化史中，萌芽阶段的发展历程可谓最漫长、最艰难。从火的发现、利用到发明，从火烹、石烹到陶烹，从采集、渔猎到发明原始种植业、养殖业，不仅凝结着原始先民们发明创造的血汗和智慧，而且也说明生产力的低下，是阻碍康养餐饮发展变革的根本原因。

以火熟食和陶器发明，是中国原始餐饮文化发展的重要里程碑，它们不仅结束了人们茹毛饮血的时代，更重要的是使中国社会文明出现了一次大飞跃。

二、形成阶段

从夏朝到春秋战国近2000年是中国餐饮文化的形成阶段。

在中国餐饮文化的历史长河中，于这个时期出现了第二个高潮，餐饮文化初步定型。餐饮原料得到进一步扩大和利用，炊具、饮食器具已不再由原来的陶器一统天下，青铜制成的饪食器和饮食器在上层社会中已成主流，烹调手段也出现了前所未有的成就，许多政治家、哲学家、思想家和文学家在他们的作品中表达了自己的饮食思想，饮食养生理论已现雏形。

中国饮食文化的形成时期与中国灿烂辉煌的青铜器文化时期正可谓同期同步。这一时期中国的饮食文化由于陶器转向青铜器的变化，生产力的提高，社会经济、政治、思想、文化的全面发展而跃上了一个新的水平，创造了多方面的光辉成就。从烹饪原料增加、扩充，烹饪工具革新，烹饪工艺水平创新提高，烹饪产品丰富精美，到消费多层次、多样化等，都形成了各自的特色和系统，并由此形成了中国传统餐饮体系，为中国传统餐饮的发展奠定了坚实的基础。

三、发展阶段

从公元前221年到公元960年的秦至唐朝五代，其间历时1200多年，中国餐饮文化在前期形成初步文化模式的基础上经历了一个发展壮大的重要时期。这一时期，中国餐饮文化承上启下，创造了一系列重要的文化财富，为后来中国餐饮文化迈向成熟开辟了道路。

中国餐饮文化在这一时期取得的重大成就，突出表现在以下几个方面：一是原料范围进一步扩大，品种进一步增多，域外原料大量引进，海产品大量使用。二是植物油用于烹饪，使烹饪工艺的某些环节出现了新的变化。三是铁质烹饪器具的使用、"炒""爆"工艺的出现，实现了中国烹调工艺的又一飞跃；花拼的出现，为烹饪造型工艺拓展了更为广阔的创造空间。四是瓷器和高桌座椅的普及，开启了中国餐具瓷器化和餐饮桌椅化的新时代。五是饮食名品多如繁星，拉开了此后中国餐饮业通过名品刺激消费、在竞争中产生名品的帷幕；宴会大盛，奠定了中国传统宴会的基本模式；烹饪专著的大量涌现，食疗食养理论的进一步发展，大大丰富了这一时期的饮食康养研究内容。

四、成熟阶段

从北宋建立到清朝灭亡，中国传统餐饮文化在各个方面都日臻完善，进而走向成熟。从中国饮食文化的发展历程看，这一时期可以称为中国餐饮文化的成熟阶段。至唐宋之时，随着中国经济文化重心出现了三次南移（即永嘉之乱、安史之乱和靖康之变，使中国历史上出现了三次大批北人为躲避战火而南下的场面），中国餐饮文化也相应地出现了重心调整。特别是北宋中期以后，在政治、经济和文化等综合因素的互动作用下，北方的饮食方式与饮食观念在经历了文化重心南移的波折后，出现了与南方餐饮文化的冲击和汇流，中国餐饮文化发生了巨大转变。

总之，从宋代到清末，中国社会经济的发展呈现出波涛起伏之势，这一时期的中国饮食康养文化如同一曲酣畅欢腾的交响乐，和谐交奏，相激相荡。从某种意义上说，这正是中国饮食文化不断丰富、发展、自我完善历程的主旋律。

五、现代康养餐饮

清朝灭亡，奏响了中国餐饮文化走进现代阶段的交响乐。在这一时期，无论是餐饮实践还是理论研究，中国饮食文化都有了跃进式发展。中国餐饮文化以全新的姿态进入了创新开拓的新时代，走上了与世界各民族烹饪文化进行广泛交流的道路。以近现代科学思想指导烹饪实践和理论研究，运用现代科学技术改良、培育和人工生产烹饪原料新品种，并改进、发明烹饪生产工具，开辟新能源，为烹饪原料的来源、烹饪物质要素的发展开辟了新道路；风味流派体系在结构和内容上发生了不同于传统形式的改变和革新，烹饪教育培训、生产管理日趋科学化、社会化，现代餐饮康养文化经过数十年的努力已初步构成了全新的体系。

六、西方现代营养学对中国康养餐饮的影响

营养学是研究食物成分与人体健康关系的一门综合性学科。西方现代营养学奠基于18世纪，发展于19世纪，完善于20世纪。其优势是微观、具体、深入，通过现代自然科学已有的各种检测手段，能够严格地进行定量分析。现代营养学大约在1913年传入中国，到20世纪20年代后，中国现代营养学逐步发展起来。一些营养学专家还逐步将营养与烹饪结合起来研究，取得了长足进步，并在20世纪80年代前后发展成为一门新兴学科，即烹饪营养学。这门学科在中国虽然起步较晚，但已取得一定成果。许多高等烹饪学府都开设了烹饪营养学，使学生能够运用营养学的知识科学合理地烹饪，制作出营养丰富、风味独特的菜点。中国预防医学科学院营养与食品卫生研究所与北京国际饭店合作，对淮扬菜、鲁菜、粤菜和川菜系的一批菜肴成品进行营养成分测定。这些都反映了我国目前烹饪营养学的发展状况。当然，中国烹饪与现代营养学密切结合的同时，仍然没有也不可能放弃长期指导中国菜点制作的传统食治养生学说。食治养生学说虽然比较直观、笼统、模糊，带有经验型烙印，但有宏观把握事物本质的长处。正是由于中西医学的结合，传统食治养生学说与现代营养学的相互渗透，宏观把握与微观分析两种方法的相互配合，使得中国烹饪向现代化、科学化迈出了更快的步伐。20世纪80年代以来，食疗药膳食品与保健品正是在这种情况下迅速兴盛起来的。

第二节 饮食文化与食养

人类离不开吃。人类从诞生起已有200多万年的历史了，也就吃了200多万年。先吃生肉，茹毛饮血，后吃熟食，烧烤并用。最近1万年才有了烹调技术，才吃起了美味佳肴。这是人类智慧发展使然，是生产力发展的一个新阶段，也是人类文明的一大标志。

一日三餐，也就是一日三吃，自然零食除外。说"餐"不说"吃"。写起来含蓄，说起来文雅，这是因为人类有文化。因为有文化，便愈吃愈复杂，孔子"食不厌精"，今人精益求精，讲究色、香、味、形，这是外在的追求。内在的讲究更多，如讲热能，讲食物的构成，讲成分的配比等，这既是讲人体的物质需要，又讲精神享受。

吃，确实是一门学问，是一门科学。从大文化的角度看，吃是饮食文化、饮食思想、营养学、养生学、医学、美学、工艺学、民俗学，尽在其中。

一、饮食与饮食文化

考古发现，人类在数十万年前就已经开始用火烧烤食物，火的使用对于增强人类体质和社会发展都有很大影响。火的使用使人类开始吃熟食，相应缩短了咀嚼和消化的时间，提高了食物质量，使食物中的营养成分更易于被人体吸收，并扩大了人类的食物范围。同时，熟食也有利于人类大脑的发育，促进了智力的发展。到了公元前5000年的新石器时代，生活在中原大地的原始社会部落已经能制造陶器，人们能够较为方便地煮熟食物，烹饪加上调味，使人类食物有了多样化的必要条件，人类才真正进入了饮食文明的时代。古代文献《白虎通义》说："古之人民皆食禽兽肉，至于神农，人民众多，禽兽不足，于是神农因天之时，分地之利，制耒耜，教民以耕，神而化之，使民宜之，故谓之神农也。"《新语·道基》也说上古人"食肉饮血衣毛皮，至于神家，以为行虫走兽难以养民，乃求可食之物，尝百草之实，察酸苦之味，教民食五谷"。从原始畜牧业到农业的出现，人们扩大了食物来源，开始以粮食为主食。随着生产力的发展，养殖业、种植业都有了很大进步，可为人类提供更多、更可靠的食物资源。食物数量增加，不仅满足了人们"吃饱"的需要，而且有了剩余，开始进行酿造，于是有了酒、醋、酱等饮料和调味品，烹饪技术开始受到重视。据《吕氏春秋·本味篇》记载，在公元前16世纪的商朝，汤王的宰相伊尹就是一个精于烹调的能手。西周时有专门负责帝王营养保健工作的"食医"。《周官》中记载，"凡王之馈，食用六谷，膳用六牲，饮用六清，馐用百有二十品，珍用八物，酱用百有二十瓮。"《礼记》中有关于西周天子食用的八种美味菜肴（号称"八珍"）的烹调方法。《史记·殷本记》载纣"以酒为池"，说明在商代我国已经掌握了相当水平的酿酒技术。醯(xī)，即醋，也叫苦酒，为《周礼》五味之一。《诗经》中有"堇荼如饴"，即麦芽制成的糖，至今为山东特产。公元前2世纪的《淮南子》中已有豆腐制作方法的记载。到了唐代，我国饮食调制方法在南方三个地区已经形成了不同的体系，即长江上游的川味、长江中下游的淮扬味、珠江流域和闽江流域的粤闽味，加上黄河流域的鲁味，饮誉中外的我国四大地方风味已经基本形成。

在远古时代，人类食物全部仰赖自然界供给。为了生存，当时的人类是饥不择食，几乎什么都吃，因而对各种动植物的品味、性质、毒性有了一定的了解。中国医药三个组成部分（针灸、本草、脉诀）中的"本草"传说起源于神农。《淮南子·修务训》载："神农尝百草之滋味，水泉之甘苦，一日而遇七十二毒。"而神农又是农业之神，"斫木为耜，揉木为耒，耒耨之利，以教天下"。《黄帝内经》中就有"五谷为养，五果为助，五畜为益，五菜为充，气味合而服之，以补精气"的记载，可见药与食两者同源。

从一些食物品种来看，也可证明药食同源。《礼记·周官》疾医"以五味、五谷、五药养其病"。疡医"以五味节之"。五味即来自酒、醯、饴、蜜、姜、桂、盐等食物。"酒者，所以养老也，所以养病也"（《射义》）。姜、桂是至今常用的调味品，也是常用于治疗外感风寒的解毒药，生姜可以暖胃，用生姜、大菽、红糖可治疗腹痛腹泻。明朝李时珍所著《本草纲目》中收录了很多"亦药亦食"的食物种类。

我国很早就开始注意饮食对身体的保健作用，注意饮食卫生和饮食调节。《论语·乡党》记录了孔子对饮食的看法"食不厌精，脍不厌细。食饐而餲，鱼馁而肉败，不食。色恶，不食。臭恶，不食。失饪，不食。不时，不食；割不正，不食；不得其酱，不食。肉虽多，不使胜食气。唯酒无量，不及乱。沽酒市脯，不食。不撤姜食，不多食。""祭于公，不宿肉。祭肉不出三日。出三日，不食之矣。食不语，寝不言。虽蔬食菜羹瓜祭，必齐如也"。其对食品的选择、加工、品质、卫生等都有很高的要求。《内经·生气通天论》指出："阴之所生，本在五味；阳之五宫，伤在五味，是故味于酸，肝之以津，脾气乃绝；味过于咸，大骨气劳，短肌，心气抑；味过于甘，心气喘满，色黑，肾气不衡；味过于苦，脾气不濡，胃气乃厚；味过于辛，筋脉沮弛，精神乃央。是故谨和五味，骨正筋柔，气血以流，腠理以密。如是则骨气以精，谨道如法，长有天命。"说明五味必须调和，饮食必须适宜，才能保障健康，延长寿命。如果五味偏性，就可能引起种种疾病。药物和食物要互相配合，尤其在用峻烈药时，更要注意饮食的调养配合。现存最早的中药学著作《神农本草》，有关于橘皮消湿理气、利水谷功用的记录，还记载了大枣、蜂蜜、山药、莲子、赤小豆、龙眼肉、葱白、生姜等多种食品能补虚、祛风、散寒。我国第一部食疗专著《食疗本草》中记载"黑豆、甘草煮汤饮，去一切毒热气"。汉代有"仲景蜂蜜治便秘，华佗蒜泥驱蛔虫"的记载。随着医学和食品科学的发展，人们在日常饮食中越来越注意保健、益寿的问题。金代张从正所著《儒门事亲》中说："养生当论食补""精血不足当补之以食"。元代是我国疆域最辽阔的时代，物产丰富，当时与各国的交往也很活跃，营养科学也有新的发展。当时的饮膳太医忽思慧所著《饮膳正要》，是我国最早的关于饮食营养学的专著，全书共3卷，记载了几乎全部保健的食品，且对每种食品都详细记述了性味、养生和医疗效果、制作方法等知识，其中有不少食品是从西域和少数民族地区传入的。该书对我国的膳食保健研究与探讨做出了贡献，至今仍有较高的参考和应用价值。当时关于膳食保健的著作还有吴瑞的《日用本草》。明代，出现了伟大的医学家李时珍，他所著的《本草纲目》一书，是对明代以前医药知识的系统总结，在中国和世界医药科学上都有很高的地位，全书52卷，所载药物1892种，且对每种药物都进行释名，记载产地、形态、栽培、采集、制作方法，分析性味，说明功用，并附11 000多方剂。其中许多药物是亦医亦食的。朱橚《救荒本草》一书，记载了许多前人没有记载过的可食植物，使人类可以利用的植物范围有所扩大。

吴有性所著《温疫论·论饮食》中，对某疾病治疗和痊愈后的饮食调节进行了论述，指出："时疫有首尾能食者，此邪不传胃，切不可绝其饮食，但不宜过食耳。有愈后数日微热不思食者，此微邪在胃，正气衰弱强与之即为食复。有下后一日，甚思食，食之有味，当与之，先与米饮一小杯加至茶瓯，渐进稀粥，不可尽意，饥则再与"。说明饮食调节对于病后身体康复有着重要意义。

到了清代，饮食治疗和膳食保健受到医家和各阶层人物的重视，关于这方面的著作更多，较早的有康熙年间杭州人沈李龙所著《食物本草会纂》，全书12卷，并有附图，是一部广泛搜集前人膳食保健知识的著作。沈李龙在自序中说："一切知病从口入，故于日用饮食间，殊切戒严。但若细目太繁，而他本太简，尝广辑群书，除近时仿刻十余种外，博录往古，如淮南王崔浩之《食经》、孙思邈之《古今食治》等一一穷搜，摘其精要，益以见闻，著为是篇。"此外，袁子才所著《随园食单》、张英所著《饮食十二合论》、陈修园所著《食物秘书》等均有膳食保健内容的明确论述。王士雄所著《随息居饮食谱》是一部比较有名的食疗方面的著作，书中收食物300余种，详细记录了其性、主治、烹制方法等。清代在热病学理论的创立和热病的食疗方面也积累了不少经验，如叶天士在《温热论》中记录有"五汁饮"，所用原料为荸荠、甘蔗、鲜芦根、鲜藕、鸭梨，共捣成汁，用于治疗热病后的阴津大伤。用以潜养胃阴，是较为典型的食疗药方。孟河、曹伯雄撰有《费氏食养》3种，即《食鉴本草》《本草饮食谱》《食养疗法》，"食养疗法"就是由费氏首先提出的。黄鹄辑撰《粥谱·附广粥谱》，记有药粥方达200种，为现存药粥第一部专门著作。

在中国历史上，膳食保健主要是为上层统治阶级服务。但是，广大劳动人民即使生活贫穷，为了和疾病作斗争，也积累了丰富的食疗经验，特别是取材于普通食品的治疗方法，对于治疗某些疾病具有相当的效果，即所谓"偏方治大病"。

总之，我国关于膳食保健的文献十分丰富，民间积累的经验也非常多。在古籍中，经、史、子、集类均有此方面的记载，很多著作是专门研究食疗、食养的，形成了较为完整的膳食保健学说，积累了丰富的经验。但是长期以来，由于存在歧视这方面经验的情况，使之难以得到总结和提高。而总结和挖掘整理这些经验，利用现代科学理论和技术加以提高、推广，则是今天膳食保健科学工作者的任务。

中华人民共和国成立以来，特别是1978年后，党和政府重视提高人民生活水平和健康水平，医药、卫生、保健事业得到迅速发展，在膳食保健方面的研究也出现了新的生机，出版了许多新的著作，如江苏名医叶橘泉的《食物中药与便方》、窦国祥的《饮食治疗指南》等。关于这方面的文章更是数不胜数，在许多报纸杂志上都可以看到。医药、食品工业也研制出一批新的保健药、食品，如蜂王浆、人参精等，还有专门为婴儿、儿童、老年人研制的保健食品，如强化食品、补钙、补锌、补微量元素、补血的食品。还陆续开发了一些新的保健食物，如中华猕猴桃、沙棘、魔芋、麦饭石等。保健食品工业已经成为食品工业中一个非常有发展前途的部门。关于饮食结构、饮食方式的研究也有新的进展，如改变我国人民的食品结构已经作为一项战略任务被提出。这就为发展膳食保健事业，提高人民的健康水平，增强人民的身体素质提供了有利条件。

二、食养

古人云："安身之本，必资于食……不知食宜者，不足以生存也。"合理的饮食，可以使人身体强健，益寿延年，而饮食不当则是导致疾病和早衰的重要原因之一。食养，作为中华民族璀璨的文化成果之一，自古以来就在这片大地上生根、发芽，并传承至今。食养的历史可以分为两个阶段：第一个阶段为唐代以前的启蒙、成长阶段；第二个阶段则在唐代孙思邈首提食治（即今天常说的食疗）理论后的发展、成熟与兴盛阶段。但是，在西方医学和营养学传入中国之后，食养和食疗的概念似乎变得越发模糊，二者逐渐趋同。

（一）什么是食养

据《周礼·天官·膳夫》记载，早在周朝，王宫内就有专职的食医，他们的主要职责就是为周王室提供合理的饮食、营养搭配。

"食养"一词，最早出现在《黄帝内经·素问》（以下简称《内经》）的《五常政大论》中，其云："病有久新，方有大小，有毒无毒，固宜常制矣。大毒治病，十去其六；常毒治病，十去其七；小毒治病，十去其八；无毒治病，十去其九。谷肉果菜，食养尽之，无使过之，伤其正也。"

中医认为健康的人体应该是处于一种"阴平阳秘"的阴阳平衡状态，生病是人体阴阳失衡的原因。用药治病主要是依靠药物所具有的偏性（有的还具有一定的毒性）来对人体进行干预，以期获得阴阳的再次平衡。如有的药偏凉，可以治疗热证；有的药偏热，可以治疗寒证。这就是中医常说的"寒者热之，热者寒之"的治疗方法。而药物既然有较为明显的偏性，即使没有毒性，也不适合在没有医生指导的情况下长期使用，比如冬虫夏草，是名贵的滋补药材，也没有毒性，却不是人人都可以食用的，即使是同一个人，今天适合吃，过段时间就不一定适合吃了。有些人，觉得中药安全，不经医生指导就自己服用，这是不提倡的。

上述《内经》的引文认为，用药治病不能太过，在疾病治疗到快要痊愈的"向愈"阶段就该停止，而改用"食养"进行调养和康复。这是通过选用性味相对更加平和的食物代替药物来进行康复工作。为什么要这么做呢？《内经》认为："伤其正也。"即恐怕伤了人体的正气，按现代理论来说就是怕损伤了人体的免疫、抵抗能力。这就是食养的来源。

因此，我们必须明确一下，所谓食养，就是通过选用适当的食材，经过合理的搭配，采用适当的烹饪、制作方法，制备相应的食品供人体食用，以调养人体正气的一种方法。

（二）食养的内涵

正如上文所述，当用药物治疗疾病的时候，有毒的也好，无毒的也罢，在病势去了其六、其七、其八、其九的时候就应该停止，而改用更加平和的食物来代替药物完成调养工作。一味地使用药物，即使无毒，其偏性也会损伤人体的正气。故而，食养内涵的第一方面，是传统中医"中病即止""祛邪不伤正"思想的体现。

《内经·素问》的《脏气法时论》篇有云："毒药攻邪，五谷为养，五果为助，五畜为益，五菜为充，气味合而服之，以补精益气。"五谷、五果、五畜、五菜都是食物，当使用方法合理，营养搭配均衡，就能够达到补精益气的效果。补精益气属于传统中医所说的"扶正"范畴。"祛邪"和"扶正"是中医治病的主要方法。所谓祛邪，就是利用药物的偏性来祛除体内的病邪，就像行军打仗，有驱逐敌人出境的意思；所谓扶正，主要是利用一些具有补益作用的药物来扶植、培养体内的正气，有强化自身军队实力的意思。而从《内经》的解读来看，扶正不仅仅可以通过药物来完成，以合理的饮食调养也可以。所以，食养的第二个内涵就是传统中医"扶正"思想的体现。

（三）食养的内容

通过对《内经》及相关典籍的解读，食养仍一禀传统中医的指导原则，即因人、因时、因地的"三因"原则而进行饮食调养方法和饮食禁忌。所谓因人，是根据个体不同的体质或病势；所谓因时，是根据不同的季节或时间；所谓因地，是根据不同的地域或环境。

食养的内容，主要包含了食宜、食忌和食养方剂三部分。

所谓食宜，指按照上述的三因原则，根据个人的健康状态来决定适合吃什么，选用什么样的食材，使用什么样的加工制作方法等，以期达到维护或调养机体至阴阳平衡的健康状态。这部分内容在《内经》中早就有了较为系统的阐述，比如按季节分各有不同适宜吃的食物，按病症分又有不同的饮食指导。关于食材的问题，我们必须指出：现在很多人喜欢自己加点中药材在食物里面，出于安全考虑，请一定要在国家卫计委公布了的87味"药食两用"中药材名单目录中寻求。

关于食忌，也是按照上述指导原则，根据个人的健康状况制定的饮食禁忌。通常来说，食忌泛指一切饮食禁忌，包括健康状态下的饮食禁忌、食物用量禁忌，食物质量（即是否变质）禁忌、食物搭配禁忌及病中饮食禁忌等。病中饮食禁忌，俗称忌口，历代方书中，大多都有相关记载。

早在东汉时期，我国就有了大量的食经类书籍（可惜大都遗失），一些食养方剂也逐渐出现，他们大多以药膳的方式呈现，如张仲景的"猪肤汤"，由新鲜猪皮、白蜜、白粉制作而成，但是食养类方剂的大量出现还要等到唐宋时期。

（四）食养的原则

我国古代养生家都十分重视饮食的适度，在节制饮食方面均有许多精辟的论述和宝贵经验。以下几方面可供人们参考和借鉴。

1. 食有节，忌暴饮暴食

暴饮暴食，不但会造成消化不良，而且还是诱发心肌梗死的主要原因之一。因此，饮食要有规律，尽可能少食多餐，不饥饿，不过饱，要定时定量。正如《养生避忌》中说："故善养性者，先饥而食，食无令饱；先渴而饮，饮勿令过。食欲少而数，不欲顿而多。"《备急千金要方》指出："饮食以时，饥饿适中。"《寿世保元》也指出："大渴不大喝，大饥不大食。"以上都是告诫人们应饮食有节，不暴饮暴食。此外，老年人还应养成细嚼慢咽的习惯。《养病庸言》中说："无论粥饭点心，皆宜嚼得极细咽下。"《医说》中云："食不欲急，急则损脾，法当熟嚼令细。"

2. 忌肥甘厚味

所谓肥甘厚味，就是中医所说的膏粱厚味，一般指非常油腻、甜腻的精细食物。这类食物脂肪和糖的含量都很高，容易造成肥胖。再者，过食油腻食物，对消化功能减弱的人来说，还会造成消化不良及胃肠功能紊乱，从而影响人对营养的正常吸收。因此，古人对此早有论述，如《韩非子》中说："香美脆味，厚酒肥肉，甘口而病形。"明代养生专书《寿世保元》中也说："善养生者养内，不善养生者养外，养内者以活脏腑，调顺血脉，使一身流行冲和，百病不作。养外者恣口腹之欲，极滋味之美，穷饮食之乐，虽肌体充腴，容色悦泽，而酷烈之气，内浊脏腑，精神虚矣，安能保全太和。"所以，人应多吃蔬菜水果，少吃膏粱厚味，以使神清体健，而达到益寿延年的目的。

3. 不可偏嗜

人饮食宜保持多样化，不要偏食、偏嗜。因为各种食物都有它固有的营养素，饮食多样化，才能保证营养平衡；如偏食、偏嗜，就会造成某种营养缺乏而导致疾病。《保生要录》中说："凡所好之物，不可偏耽，耽则伤而生痰；所恶之物，不可全弃，弃则脏气不均。"《黄帝内经》中也说："五谷为养，五果为助，五畜为益，五菜为充，气味合而服之，以补益精气。"均说明必须合理饮食，不可偏嗜。

4. 不勉强进食

人的厌食，一般有生理性厌食、心理性厌食和病理性厌食等几种，无论出现哪种厌食，只要没有食欲，就不要勉强进餐。积极的办法是调整饮食，加强体力活动，保持愉快的心境，创造轻松的进餐环境，烹调出色、香、味、形俱全的、能诱人食欲的饭菜。因为勉强进食，可伤人脾胃。梁代陶弘景的《养性延命录》曾指出"不渴强饮则胃胀""不饥强食则脾劳"。中医认为，脾胃是人体健康长寿的"后天之本"。所以，注意节食，保护脾胃，实是保证健康长寿的重要环节。

5. 忌怒后进食

孙思邈说："人之当食，须去烦恼。"古人还有"食后不可便怒，怒后不可便食"之说。是说进食应保持心平气和，专心致志，才能有利于脾胃的消化吸收。

6. 忌过冷过热饮食

人宜适温而食。过冷过热饮食会损伤消化道黏膜，特别是食道黏膜，久之可引起食道癌。过食生冷还会损伤脾胃。

7. 忌过咸，宜清淡

中医自古以来主张老年人的饮食宜清淡，忌过咸。如饮食过咸，摄盐量过多，易造成高血压病，进而影响心肾功能。《内经》中说："味过于咸，大骨，气劳，短肌，心气抑。""多食咸则脉凝泣而变色。"《医论》中也说人饮食应"去肥浓，节酸咸"。饮食除少盐外，还应在食物的加工上多采用清蒸、炖等方式，多吃汤、粥，少用油煎炸等烹调方法。此外，有饮酒嗜好的人，还应忌酒。

8. 注意餐后养生

《千金要方》中云："食毕当漱口污，令人牙齿不败，口香。""食饱令行互步，常以手摩腹数百遍，叩齿三十六，津令满口，则食易消，益人无百病。饱食则卧，食不消成积，乃生百病。"明闻龙《茶笺》载："用浓茶漱口，可去烦腻，健胃，又可坚齿。"古人的这些饮食养生原则，不仅给我们以启示，而且也被现代科学证明，是行之有效的保健益寿良方。

（五）食养的应用

在唐代孙思邈提出"食治"（即现代常说的食疗）理论之前，我国关于饮食调养的内容主要表现在食养方面。那么，食养在唐代以前主要有什么应用呢？

首先，当然表现在日常饮食指导方面，合理的饮食就是食养的应用。

其次，主要应用在治疗后的康复阶段。正如《内经》所云"食养尽之"，在病势去了其六、其七、其八、其九之后，通过食养来促进身体的康复。按现代理论来看，这一方面是依靠了自身的免疫力来对抗外邪，另一方面则是合理的食养本身有一定的"补精益气"的扶正作用，加强了自身的免疫力，两者一结合就可以促进机体的康复了。食养的这一应用，可以有效避免药物使用过程中对人体的伤害，防止过度医疗的发生，尤其值得我们借鉴。当然，尊古而不泥于古，对食养的选择，视具体情况而定。

最后，食养还是治未病的一个重要方法。既然合理的食养可以起到有效的补精益气的扶正作用，那么机体自然就不会那么容易生病了。

唐代以前，食养尚处于启蒙、成长的阶段。食养与其说是技术，不如说是思想和文化。到了唐代，名医孙思邈有效继承和发扬了食养的思想和文化，创新性地首提"食治"理论，随后食疗专著和食疗方剂的大量出现，标志着食养文化从唐代以前的启蒙和成长阶段逐渐过渡到了发展、成熟和兴盛阶段。

三、茶养

茶叶是古老文明的中华民族贡献给人类的一种上好饮料。"其性精清，其味浩洁，其用涤烦，其功致和。参百品而不混，越众饮而独高。"几千年来，"人人服之，永永不厌"，甘传天下口，芬芳飘四海。不仅能给人以物质生活上的享受，而且能给人以精神上的愉悦，以其神奇的功效和魅力备受世人喜爱，成为"不可一日无"的珍品，被誉为"康乐饮料之王"。

中国是茶的故乡，是茶文化起源和传播的中心。从"神农尝百草之滋味，水泉之甘苦……日遇七十二毒，得茶而解"的传说来看，茶的药用价值首先被远古先民所发现。进而其饮用、食用价值陆续被开发，茶叶遂从一种野生植物被培植为一种重要的经济作物，从而与人类生活结下了不解之缘。唐宋以来，更是"茶为食物，无异米盐""君子小人靡不嗜，富贵贫贱靡不用"成为"开门七件事"之一。总之，茶之用，可品饮，可疗疾，可为茶肴，无时不有。

随着人们生活水平的提高，健康、高雅的生活方式越来越受到推崇。许多知名人士都坦言，21世纪是茶引领饮料潮流的世纪。茶的保健养生功效和其丰富的文化内涵是人们喜爱饮茶的基本理由。要成为一个有水平、有档次的现代茶人，了解中国茶保健养生的基本知识，掌握以茶养生的实践方法，理解其中的文化内涵等，都是很有必要的。

（一）饮茶的功用

1. 古代对茶功能的研究

中国是茶的祖国，茶叶最早是作为药用而被发现的，相传神农尝百草"日遇七十二毒，遇茶而解之"。历代名医对茶的药理功能论述颇多：东汉，华佗《食论》云，"苦茶久食益思"；南北朝，陶弘景《名医别录》云，"苦茶久食轻身换胃"；唐，陈藏器《本草拾遗》云，"诸药为各病之药，茶为万病之药"；宋，吴淑《茶赋》，"夫其涤烦疗渴。轻身换骨。茶荈云利。其功若神"；元，王好古《汤液本草》云，"茶清头目，治中风昏愦、多睡不醒"；明，李时珍《本草纲目》云，"茶味苦，饮之使人……火为百病，火降则上清矣"；清，孙星衍《神农本草经》云，"茶味苦，饮之使人益思、少卧、轻身、明目"；民国，赵公苟《中药大辞典》云，"茶之功用为消积、滞油腻、消火、下气降气"。

其他国家对茶功能亦有描述，"还童振枯""东方恩物""延年益寿""民间仙药"等，都是外国人对茶的评价。特别是明代末在中国留学的日本荣西禅师所著《吃茶养生记》一书中评价茶的"茶养生之仙药也，延龄之妙术也"。

2. 近代对茶作用的研究

近代研究表明，茶叶中含有众多的化学成分，也是各种特性的基础物质，从而使茶叶具有防治疾病和保健功能。据统计其化学成分共有 500 余种，在自然界存在的只有 92 种，其中有 25 种左右是一般生命生物的主要成分。在茶树各器官中发现有 33 种。

在通常情况下，饮茶有十大益处，即兴奋、利尿、防龋、消炎抑菌、助消化、降血糖血压血脂、抑制动脉粥样硬化、抗衰、抗辐射、抗癌抗突变。

茶可以预防胆结石、肾结石和膀胱结石，并可以作为支气管炎、感冒发汗和增强呼吸作用的药物。茶还可以消除人体有害盐类和毒素的积累。茶叶对治疗瘰疬，防止各种微量元素缺乏症，解除肝脏中毒等起着一定的作用。茶还可以预防黏膜、牙床出血，浮肿以及眼底出血等症。

茶叶中含有丰富的维生素 C、B 族维生素及维生素 K 与维生素 E 等，还含有多种矿物质，特别是磷、钾、钙、镁、锰、铁、硫、硒等元素含量丰富。

（二）饮茶的学问

1. 饮茶人群

茶叶是世界三大无酒精饮料之一，中国是茶的故乡，自古以来中国人就习惯于饮茶，特别是中老年人对茶的饮用更感兴趣。一般来说，饮茶后能振奋精神、消除疲劳、祛病强身、利于健康，但是不能一概而论，有些人饮茶后可能会带来一些副作用。比如冠心病人不宜大量喝浓茶，因为茶叶中的咖啡碱是兴奋剂，能增强心脏的兴奋性，大量喝浓茶会使心跳过快，对早搏或心房纤颤的冠心病病人，往往会导致病情加重；脾胃虚弱者或是患有胃溃疡和十二指肠溃疡的人不宜喝浓茶，以免太刺激，从而增加胃的不适感；空腹一般不宜喝浓茶，尤其是不常喝茶的人，空腹喝了浓茶，会抑制胃液的分泌，妨碍消化，重者会引起心悸、头痛、胃部不适、眼花、心烦等症状；神经衰弱者睡觉前不宜多喝茶，以免引起失眠；孕妇不宜饮茶，尤其不能喝浓茶，因为茶叶中的咖啡碱不仅会被孕妇吸收，也会被胎儿吸收，这对胎儿的生长发育是不利的；儿童不宜喝浓茶，因为茶多酚含量太多，可与食物中的铁发生作用，从而影响铁的吸收，导致儿童缺铁性贫血。

2. 饮茶时间

饮茶要择时，不宜频频盲饮，尤其是睡觉前不宜多饮。有这么一句俗语"饭后茶消食、午茶长精神"，由此看来饭后与午间饮茶是比较有益的。一般夏季饮绿茶、冬季饮红茶、春秋两季饮花茶为好。

任何饮品大多是以新鲜为好，茶叶也不例外。随饮随泡，不仅香气浓郁、营养丰富、药效明显，还可以减少细菌污染的机会。特别是在肠道病传染高发季节，如饮用隔夜茶水，会给病原菌的传播造成便利条件，所以茶水最好是现泡现饮。再者，茶水放置时间长了，由于茶多酚的氧化，会失去原有的绿色而变成黄色，也不宜多喝。另外，霉变茶水、3 年以上的绿茶、有异味的茶水也都最好不要饮用。

四、饮酒养生

酿酒，是同时穿越人类农耕文明、工业文明和生态文明不同发展阶段的优秀民族传统产业。随着经济的不断发展，生活水平的逐渐提高，饮食过度消费与自身压力增加，人们对健康问题开始关注，养生因此深入老百姓的生活中，而酒的养生效果，也被越来越多的人所接受。

（一）酒的功能

《本草新编》中对酒的描述为：酒味苦、甘、辛，气大热，有毒。无经不达，能引经药，势尤捷速，通行一身之表，高中下皆可至也。少饮有节，养脾扶肝，驻颜色，荣肌肤，通血脉，浓肠胃，御露雾瘴气，敌风雪寒威，诸恶立驱，百邪竟辟，消愁遗兴，扬意宣言，此酒之功也。

古人对酒大抵有以下认知。其一，酒被视为最美好的物品。酒香味醇厚入口甘甜味美，又可滋补身体，强健体魄。在人类社会早期，只有身份显贵的人物才能饮用，平常百姓接触酒的机会不多，所以在《汉书·食货志》中被称作"天之美禄"的酒，只有在祭祀和节庆的时候才能看见。物质产品丰富后，美酒成了尽地主之谊的标配之一。酒拥有使人们坦诚相见的作用，人们在酒宴上联络感情，消除隔阂，调和矛盾，增强凝聚力。酒能带来轻松愉快的气氛，使人们在和谐的氛围中相互交流，从而消除彼此之间的隔阂。其二，酒能够防治病痛，具有保健养生的功效。酒可以通过消毒杀菌预防疾病，也能够疏通经脉，行气活血治疗扭伤、挫伤，还能够消除疲劳，补益身体达到养生的目的。

（二）酒之于医

酒之于医，自古至今关系十分密切。从汉字的结构来看，从"酉"的字，其意义大多与酒有关，如"醉""醴""酌"等，古时医工治病多用酒剂，故"医"在古时写作"醫"。中医与酒的关系特别密切。在中医史中，曾经有过"酒是医源"的说法，"医"的繁体字写作"醫"，下半部分的"酉"在古汉语中即代表酒，而且根据历史文献，酒本身就是一味中药，而且很有可能是世界上最古老的药品。我国最早的中医经典著作《黄帝内经》中如是说："自古圣人之作汤液醪醴,以为备耳。"这句话的含义是说酒通过发酵形成,酒糟是作为药品而存在的。酒在古时被视作一种药品,《说文》解释"医"字本义时说:"医之性然得酒而使""酒所以治病也"。《汉书·食货志下》说得更明确:"酒,百药之长。"

酒在医用方面的作用,通过实践可以总结为以下四个方面:消毒杀菌、驱寒、促消化、舒筋活血。酒问世之前,人们得了病,往往求"巫"以治。由于酒的酿造和饮用,我们的先祖发现这种液体能通血脉、散湿气、温肠胃、御风寒,还能开胃下食、除风下气,乃至止腰膝疼痛、行药势、杀百邪恶毒气,于是酒在医疗上的作用迅速取代了巫术。后来,随着中医的发展,酒才渐次退而成为中药的辅料。

(三)保健酒

人类最初的饮酒行为虽然还不能称之为饮酒养生,但与保健养生有着密切的联系。最初的酒是人类采集的野生水果在适宜的时候得到适宜条件自然发酵而成的,由于许多野生水果本身就具有药用价值,所以最初的酒可以称得上是天然的保健酒,对人体健康有一定的保护和促进作用。

酒有多种,其性、味、功效大同小异。一般而论,酒性温而味辛,温者能祛寒,辛者能发散,所以酒能疏通经脉、行气活血、蠲痹散结、温阳祛寒,能疏肝解郁、宣情畅意。又因为酒为谷物酿造之精华,故还能补益肠胃。酒与药的结合是饮酒养生的一大进步,产生了全新的酒品——保健酒。保健酒的主要特点是在酿造过程中加入了药材,主要以养生健体为主,有保健强身的作用,其用药讲究配伍,根据其功能可分为补气、补血、滋阴、补阳和气血双补等类型。

随着人类的进步,医药学有了新的发展,人们开始有意识地泡制药酒,以此达到养生和治病的目的。酒与药物的结合也是酒文化的一大进步,后人在整理前人经验、创制新配方等方面取得了新的成就,使药酒的制备技术达到较高的水平。但此时的保健酒与药酒仍没有明显的区分。

保健酒已有数千年的历史,是中国医药科学的重要组成部分。中国的历代医药著作中几乎无一例外地有药酒治疾健身的记载。当人们的保健意识日趋增强,一些药物成为食用保健品时,保健酒这一新名词便开始出现。今天随着科学技术的进步,在中药浸酒传统工艺的基础上已发展到利用萃取、浸提和生物工程等现代化手段,提取中药中的有效成分制成高含量的功能药酒。

据统计,2001年中国保健酒行业只有8亿元的规模;2005年达到45亿元;2008年,突破100亿元大关。而到了2014年,全国保健酒市场已超过200亿元的成交额。来自中国保健酒联盟的数据显示,到2016年保健酒市场的年平均产值已达 130 亿元左右，而随着人们消费水平的提升，保健酒市场份额逐年增长，已成为国内酒业公认为继白酒、葡萄酒和啤酒之后国内酒业市场的第四大市场。

根据 2014 年 2 月中国酒业协会公布的数据，2012 年、2013 年中国保健酒市场年均增长率达到 30% 以上，而酒业中的龙头老大白酒的年均增长率则只有不到 10%。白酒面临寒冬境遇，而保健酒则似乎看到了崛起的时机。

五、旅游饮食健康措施

更新观念，重视旅游过程中的饮食。"食"是旅游活动完成的基本前提，其质量如何对旅游总体质量有极大的影响，也影响旅游者的健康。解决好旅游者的饮食对旅游质量的提升作用不言而喻。受我们是来"玩"的，而不是来"吃"的这一传统旅游观念的影响，人们可能会忽视旅游过程中的饮食。应该切实转变这种观念，站在比较高的层次上来看待旅游中的饮食，各方应高度重视：旅游管理部门和旅行社对入住接待饭店和旅游景点接待饭店提出要求和相应标准；旅游者从本身角度出发，应提高对旅游过程饮食的要求，逐步使得旅游过程中的饮食上一个更高的台阶。

加强管理，提高旅游饮食的要求和标准。旅游管理部门是旅游业的主管部门，要协同其他相关部门给予旅游饮食高度的重视，加强具体管理。应该细化不同级别旅游团旅游过程中的饮食要求，制订一系列的饮食供应标准，逐步建立和完善旅游饮食标准，并定期检查，对问题用餐点进行有力惩处。同时，旅行社对入住接待饭店和旅游景点接待饭店一定要严格审查、选定，把好第一关。

旅游者自身要注重自我保护，自我学习。旅游者应关注旅游活动中的科学健康饮食，那么怎样才算是旅游过程中的科学饮食呢？简而言之，旅游过程中的饮食应该符合吃饱吃好、吃得可口、吃得卫生、吃得规律的科学饮食原则。从营养的角度看，旅游者与旅游饭店的饮食制作者应根据旅游活动的特点和旅游者的生理需求和饮食习惯，摄取或提供能量适中、营养素齐全、新鲜优质、口味良好的膳食，满足旅游者的生理需要，以保证旅途顺利。在旅途中保持身体健康的首要问题就是时刻注意饮食卫生，防止"病从口入"。在旅游中，由于生活规律、周围环境改变，乘坐交通工具的颠簸及身体劳累等原因，容易使旅游者的消化功能紊乱，所以必须注意饮食安全。要学会甄别饮食卫生是否合格，对一些卫生较差的饭店，最好使用一次性餐具。尽量不吃生冷食品，肠胃不好的人更要谨慎，对吃不惯的当地调料和菜肴，宁可少吃或不吃，以免肠胃不适，影响整个行程。注意饮食清淡，少吃大鱼大肉等肥腻食物，多吃一些蔬菜和水果。总之要吃得卫生、健康、规律。

第三节　康养旅游餐饮及其发展

康养旅游最初源于国外的健康旅游。14世纪初期，欧洲开始兴起康养度假旅行，该时期出现了一些温泉度假胜地，可以为贵族、商人提供各种养生旅游活动项目。欧洲国家依赖于得天独厚的自然资源开发康养旅游产品，吸引了大量的游客前来消费，游客既可以旅游又可以缓解身体疾病。19世纪以后，旅游设施大力发展，不仅可提供基础配套设施，健康服务设施也得到进一步的升级，康养旅游在此基础上也得到相应的发展。到了20世纪末，北美地区也兴起康养旅游，此时的康养旅游又增加了医疗护理的技术和设施，该时期的康养旅游在亚洲泰国等地的发展也进入到高峰期。从国外康养旅游发展的历程来看，康养旅游发展模式在国外较为成熟，但在中国康养旅游尚处于起步阶段，缺乏典型的发展模式。

一、康养旅游的发展背景

《"健康中国2030"规划纲要》指出，要积极促进健康与养老、旅游、互联网、健身休闲、食品等行业的融合，催生健康新产业、新业态、新模式。同时，制订健康医疗旅游行业标准、规范，打造具有国际竞争力的健康医疗旅游目的地。要大力发展中医药健康旅游，打造一批知名品牌和良性循环的健康服务产业集群，扶持一大批配套发展的中小微企业。2019年出台的《健康中国行动（2019—2030年）》指出，要鼓励健康服务相关企业结合老年人身心特点，大力开展康养、健康体检、咨询管理、体质测定、体育健身、运动康复、健康旅游等多样化服务。同时发展健康产业，加强供给侧结构性改革，支持发展健康医疗旅游等健康服务新业态，不断满足人民群众日益增长的多层次、多样化健康需求。作为最能体现人民幸福感的产业形态，旅游业与健康产业的融合发展，正在迎来发展的黄金时代。

二、康养旅游的概念

国内外关于康养旅游的表述很多，包括医疗旅游（Medical Tourism）、健康旅游（Health Tourism）、保健旅游（Healthcare Tourism）、养生旅游（Wellness/Wellbeing Tourism）等。相对而言，健康旅游的历史更为久远，可以追溯到14世纪初温泉疗养地SPA的建立。

根据世界旅游组织（UNWTO）定义，健康旅游是指以医疗和康养为基础的旅游活动，通过增强个人满足自身需求的能力，使得个人能够更好地在环境和社会中发挥作用，进而促进身体、心理和精神健康。健康旅游包括医疗旅游和康养旅游。医疗旅游是离开常住地，通过国内或国际旅行去接受循证医疗资源和服务（包括侵入性和非侵入性）而开展的一种旅游活动，包括早期诊断、疾病治疗、治愈疾病、预防疾病和疾病康复。康养旅游是一种旨在改善和平衡人类生活健康所有领域的旅游活动，包括身体、心理、情感、职业、智力和精神方面的健康。康养旅游者主要是从事预防性、前瞻性以及各类改善生活方式的活动，如健身运动、健康饮食、放松身心、身心疗愈等。可以看出，康养旅游和医疗旅游同属于健康旅游，医疗旅游以接受医疗服务为核心，而康养旅游以调养身心、促进健康为目的。

在浙江省地方标准（DB33/T 2286—2020）《康养旅游服务规范》中，将康养旅游界定为：依托良好的自然生态环境和人文历史康养资源，通过关爱环境、观光游憩、康体运动、文化体验、修心养性、健康管理、康复理疗等各种方式，使游客在身体、心智和精神上都达到自然和谐的优良状态的各种旅游活动的总和。

在中华人民共和国旅游行业标准（LB/T 051—2016）《国家康养旅游示范基地》中，康养旅游（Health and Wellness Tourism）指通过养颜健体、营养膳食、修心养性、关爱环境等各种手段，使人在身体、心智和精神上都达到自然和谐的优良状态的各种旅游活动的总和。

三、营养膳食与旅游

生命需要不断地从外界摄入营养物质而存在，在整个生命过程中营养就是维持生命的基本物质。为了延续生命，人类必须摄取有益于身体健康的食物。后天的食物营养决定了一个人的健康状况和寿命，人类通过饮食塑造着自己的身体与健康。

（一）营养膳食的内涵

膳食是我们平时所吃的食物。营养是人体由外界获取养分的过程，这个过程以食物为媒介。营养膳食是指能够提供人体所需的充足、适量且平衡的营养素的膳食。营养膳食应具有四个特点，即营养充足、营养适量、营养平衡、品种多样。

营养膳食的核心是平衡膳食。膳食平衡应达到以下几种平衡：热量平衡、营养素平衡、酸碱平衡。碳水化合物、脂肪和蛋白质均能为人体提供热能。只有当三者摄入比例适当时，它们才能发挥其各自的特殊作用。人体所需的营养素包括蛋白质、脂肪、碳水化合物、维生素、无机盐和水六大类，这些营养素互相制约、互相作用、互相影响，如钙的吸收与维生素 D 的摄取有着密切关系。酸碱平衡是现代营养学食性平衡观的重要内容之一。肉类、鱼类、蛋类等属于酸性食物，而蔬菜、水果、豆类等是碱性食物。人体摄入肉禽蛋奶过多而摄入蔬菜水果过少时，会出现各种酸中毒症状。因此饮食中应注意酸性食物和碱性食物的适当搭配。综上，平衡膳食可以概括为膳食结构的平衡，即膳食中食物的种类、数量以及食物中各种营养素之间的配比。膳食结构决定了膳食质量与营养水平。合理的膳食结构，能保证人体对各种营养素的摄取和吸收，维持人体的正常生理功能，促进健康和生长发育，提高机体抵抗力和免疫力，有利于对某些疾病的预防和治疗。

（二）营养膳食与旅游

食、住、行、游、购、娱是旅游业的六大组成要素。饮食是旅游者六大消费要素中的首要和基本要素，也是旅游目的地的重要旅游资源。外出旅游时，人们都会神往当地的美食，一者追求"好吃、味香、爱吃"，二者有着"求新、求异"的强烈动机。但如果在这二者的基础上，还能让外出旅游的人吃得放心、吃得有营养、吃得健康，那可谓完美的饮食体验。这就要求旅游目的地和当地餐饮企业努力追求美味和特色的同时，更要掌握一定的食品知识和营养知识，在丰富旅游者饮食体验的同时，更能针对不同人群的营养需要，甚至不同生理、疾病的营养需要妥善地安排游客的饮食生活。

近些年来，一些地区和饭店将养生学、中医药学与中华饮食文化相结合，创造了许多具有独特滋补、养生、美容等功效的膳食产品，在旅游产品的开发方面成为专项旅游产品，逐渐成为时尚，为世界各国宾客所欢迎，成为旅游活动中的亮点。

四、旅游饮食中存在的问题

饮食供应不充足——吃不饱。旅游活动过程中的饮食保证是我们进行旅行活动的基本前提，也就是说，我们的基本前提是要"吃饱"。多数旅游活动属于中等或以上的体力劳动强度，能量消耗比较大，需要的食物量比较多，如果不及时补充，旅游者很快会疲劳无力，对身体产生不利影响，甚至难以完成预定目标。在旅游旺季，经常出现"导游抢饭""游客抢座"的情况，不少游客吃不饱，影响游览心情，耽误了时间和行程，使旅游质量大打折扣。

饮食质量比较差——吃不好。吃得好是玩得好的基础。旅游过程中，尤其是团队餐基本能吃饱，但其质量差强人意，食材搭配不合理，营养价值较低，口感味道不佳，饮食价格与价值远远不相符。

饮食卫生问题突出——吃得不干净。旅游过程中饮食管理不到位、经营者的卫生意识缺乏、游客自我保护意识不强等，使得目前旅游过程中的饮食卫生问题比较多。先不说大排档、摊位或沿街摆卖安全隐患多，就是一般的旅游接待饭店通常也没有实质性的消毒杀菌措施，尤其是旅游旺季，客人众多的情况下，卫生问题更为突出。常常出现严重的饮食卫生问题，直接对身体健康造成危害，比如食物中毒。有资料显示，旅游者腹泻的发生概率可高达60%，在旅游投诉中，饮食卫生方面的投诉也是比较突出的。

饮食品种单一——吃得不够丰富。一般的旅游接待饭店对待所有游客统一标准，很少考虑游客具体情况，旅游地的气候、环境、季节等情况。其实游客不同，他们的饮食要求自然不完全相同，不同游客年龄不同、民族不同、来源地不同，他们的营养需求、口味偏好、饮食习惯等会有一定的差异。健康的旅游饮食，应当根据他们的具体情况做适当的调整，以更好地满足客人的需要。

饮食缺乏规律性——不能按时吃饭。在旅游过程中，往往由于行程安排、时间紧张等原因，进餐时间缺乏规律性。除早餐外，往往两餐时间间隔过长，导致游客饥肠辘辘后又狼吞虎咽，再者是旅途中零食不断，打乱了消化规律，使得肠胃不舒服，也为腹泻等消化系统的疾病埋下隐患。

第四节 康养餐饮的社会需求

人体的生理机能只有在和谐协调的情况下，才能得以维持，从而处于健康状态，免受病邪的侵袭。生活中，饮食得当则可起到维持阴阳调和的作用。另外，对因为阴阳失调所导致的疾病状态，利用饮食的性味也可进行调节。

一、素食养生

素者，蔬也。我国的素食形成于汉代，发展于魏晋时期和唐代。几千年来，我国素食逐渐形成民间、宫廷、寺院三大体系。宋人所著的《山家清供》

食谱中记载的民间素食谱有苜蓿豆、蟠桃饭、萝卜面、东坡豆腐等100多种，而清宫的素食菜肴也多达200余种。这三大体系互相融合，使素食独树一帜，成为中国菜的重要组成部分，为人们所津津乐道。如今素食因其合乎健康、绿色的时代潮流，受到越来越多人的关注和推崇。

素食主义者可以分为以下四种：

①严格素食主义者，即只食用植物，大部分均不包括葱蒜等食物。

②蛋素食主义者，除食用植物外，也包括蛋类，但不包括奶类。蛋素食主义者戒吃葱蒜五辛类食物。

③蛋奶素食主义者，食物除植物外，也包括蛋类和奶类。此类素食主义者也戒吃葱蒜五辛类食物。

④奶素食主义者，食物除植物外，也包括奶类。此类素食主义者一般戒吃蛋和酒，但可接受葱蒜五辛类食物。

素食的食物来源几乎都是植物，提到素食，很多人的第一反应就是营养不良。于是，"弹性素食"的概念也受到一些人的热捧。

弹性素食最初由众多热衷瑜伽的素食者而来，因为他们发现适度地、有弹性地食用动物性饮食比纯素食对健康、瘦身、塑形等更为有益，因而推崇这一饮食方式。弹性素食具有三大特点：其一，在大量食用植物性食物的基础上，根据个人情况适度食用动物性食物，一般一周一次，最多不超过3次。其二，动物性食物主要以鱼类为主，尽量避免肉类。前者富含蛋白质及不饱和脂肪酸，因而更有益健康。其三，尽量保持健康的烹饪方式，同时注意食物品种多样化，以实现营养均衡。

其实，素食"素"到何种程度并不重要，只要掌握均衡营养、平衡膳食，就能达到健康饮食的目的。美国饮食营养领域最权威的机构——美国膳食营养协会（American Dietetic Association，ADA）在综合评价了与素食相关的上百个科学证据后，得出结论：均衡规划的素食有益健康，可以提供充足的营养，而且可以帮助预防和治疗某些特定的疾病——降低缺血性心脏病的死亡率，维持理想的血脂和血压，降低罹患高血压的风险。

二、生机养生

酵素，即酶，是一种生物催化剂和特殊的蛋白质，几乎参与所有的生命活动。酵素被称为"活的、掌握所有生命活动的物质"。生机饮食是补充酵素等活性成分最重要的途径，也是防治许多"文明病"最有效的方法。这也是当今世界流行生机饮食的魅力所在。

（一）生机饮食的概念

狭义的生机饮食（livingfooddiet）最初可以简单地定义为"生食+有机"的饮食方式，具体是指食用新鲜的、没有加工和加热、没有污染、回归自然的天然植物。需要注意的是，这些食用植物在耕种过程中，不使用农药、化肥原料、除草剂，灌溉水源无污染，完全以自然农耕法生产，在再制造过程中也不使用化学合成添加剂。从食品安全的角度而言，有机食品是最安全放心的，次之为绿色食品，再次之为无公害食品。经过演化和完善的生机饮食概念认为动物类蛋白质对人体来说同样不可或缺，强调均衡饮食。因此，广义的生机饮食指的是少吃动物性食品，少吃或不吃精制食品，尽量生食新鲜洁净的蔬菜、水果、坚果、海藻类等，并熟食米、麦及各种杂粮，秉持饮食清淡的原则，力求食物多元化，多摄取五颜六色的自然食物，并采取少量多餐的进食方式。

可见，无论是狭义的生机饮食还是广义的生机饮食，都倡导食用新鲜的天然食材，正当产季的蔬果永远是最好的选择；选择安全健康的农产品，不使用农药、化肥、食品添加剂、激素等物质；减少加工程序，在烹饪方法上讲究健康与环保。因此，生机饮食又可叫作回归自然养生疗法。

（二）生机饮食的适宜人群

凡事都切忌过于进取。任何一类食物过度摄食，都会导致人体内部拮抗作用发生。只有均衡、多样化地摄取食物，同时按照季节交替分食不同的有机食品，才是生机饮食的正道。

三、饮品养生

水的最佳来源是天然矿泉水、过滤的纯净水和新鲜的榨果蔬汁。新鲜果水汁不仅提供充足的水分，而且还提供丰富的营养，包括维生素、矿物质、酵素和抗氧化剂等，并且有助于癌症病人康复治疗。

果蔬汁对亚健康人群来说，也是不错的饮食选择。果蔬汁疗法是在《营养革命Ⅱ》中所倡导的生食疗法中的一个部分，可以预防和治疗包括消化不良、便秘、皮肤问题和免疫力低下等数十种疾病。

选择果蔬食材首选有机果蔬，其次为绿色果蔬、无公害果蔬和普通果蔬。应该以天然果蔬汁为主，尽量控制在果蔬汁中添加糖类、乳制品或中草药的量。当然，果蔬汁不能代替鱼类、蛋类和肉类等富含优质蛋白和脂肪的食品。

可尽量用纯净水直饮、做饭、稀释果蔬汁、泡茶和冲咖啡。不仅安全健康，并且口感甜醇，不会产生茶垢和牙垢。饮料不能代替水，更不能代替果蔬汁。此外，茶和咖啡等刺激性饮料需要根据自身情况，控制饮用。

本章小结

本章主要介绍康养旅游餐饮概述。从我国康养餐饮发展史、饮食文化与食养的历史脉络中探寻康养旅游餐饮概念、背景，从营养膳食的角度剖析旅游餐饮中的问题及解决举措，并从素食养生、生机养生、饮品养生的视角辨析康养餐饮的社会需求。通过本章内容的学习，学习者能够了解我国康养餐饮发展历史和阶段，知晓现代康养餐饮及西方营养学对康养餐饮的影响；了解饮食与饮食文化、食养、茶养、饮酒养生的功用；掌握康养旅游概念、发展背景、营养膳食的内涵；了解旅游饮食中的健康问题及解决举措；掌握素食养生、生机养生、饮品养生等康养餐饮发展的社会需求。为康养旅游餐饮从业人员筑牢知识储备，塑造职业素质。

思考与练习

一、名词解释

康养旅游　食养　食药同源　素食养生

二、填空题

1. 我国康养餐饮主要经历了_____、_____、_____、_____和现当代阶段。

2. 食养的历史可以分为两个阶段：第一个阶段为唐代以前的_____阶段；第二个阶段则在唐代孙思邈首提食治（即今天常说的食疗）理论后的_____阶段。

3. "食养"一词，最早出现在《_____》中。

4. 食养的内容，主要包含了_____、_____和_____三部分。

三、问答题

1. 食养的原则有哪些？
2. 饮茶的功用有哪些？
3. 古人对酒的认知有哪些？
4. 旅游饮食中存在哪些问题？

参考答案

第二章

康养旅游餐饮的组成要素与表现形式

本章重点

本章主要介绍康养旅游餐饮的组成要素及通过这些要素所体现的形式,在内容上主要体现康养旅游餐饮营养要素、食材要素、制作技术以及特色康养旅游餐饮表现形式等。

学习目标

通过本章内容的学习,能够了解康养旅游餐饮的组成要素,通过要素了解康养旅游餐饮与普通餐饮的区别。掌握康养旅游餐饮食材的选择、营养素的组成等。能够针对不同的康养旅游者或群体进行康养旅游餐饮制作,知晓特色康养旅游餐饮的表现形式,从而具备康养旅游餐饮从业人员的职业认知。

本章思维导图

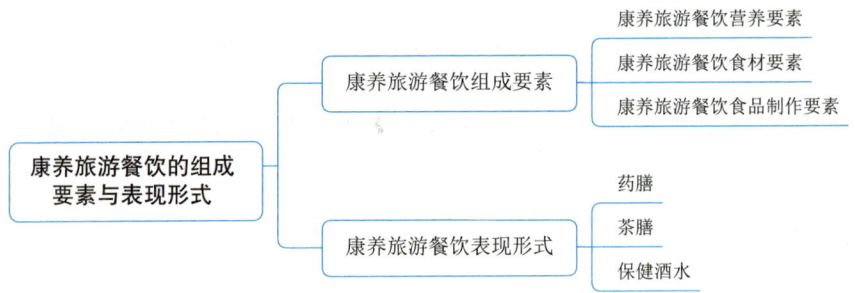

第一节　康养旅游餐饮组成要素

通常情况下，我们把康养旅游餐饮分成两大部分，即康养食品与康养服务，而康养食品又是康养旅游餐饮的核心，其组成要素主要包括康养旅游餐饮营养要素、康养旅游餐饮食材要素、康养旅游餐饮食品制作要素等。

一、康养旅游餐饮营养要素

随着人们生活水平的提高，营养膳食被提到了一个越来越重要的位置，可是营养究竟是什么？怎么样才算营养？好多人都很困惑。其实营养不仅仅是实验室里的化学分析，不仅是书本上的 A、B、C、D，也不仅仅是种种高蛋白食材的堆积。营养是一种和谐——饮食和人之间的和谐。

（一）康养旅游餐饮中的营养素

营养素（英语：Nutrient，又称为养分）是人体所需的一些物质，主要分为人体需求量较大的宏量营养素和需求量较小的微量营养素，包括碳水化合物、油脂、蛋白质、维生素、水以及无机盐等。

1. 碳水化合物

碳水化合物是人体最主要的热量来源，参与许多生命活动，是细胞膜及不少组织的组成部分；维持正常的神经功能；促进脂肪、蛋白质在体内的代谢作用。

2. 油脂

油脂是油和脂肪的统称。脂肪是人体组织细胞的一个重要组成成分，它被人体吸收后供给热量，是同等量蛋白质或碳水化合物供能量的两倍；脂肪还是人体内能量供应的重要的贮备形式。油脂还有利于脂溶性维生素的吸收；维持人体正常的生理功能；体表脂肪可隔热保温，减少体热散失，支持、保护体内各种脏器，以及关节等不受损伤。

3. 蛋白质

如果把人体当作一座建筑物，那么蛋白质就是构成这座大厦的建筑材料。人体的重要组成成分，如血液、肌肉、神经、皮肤、毛发等都是由蛋白质构成的；蛋白质还参与组织的更新和修复；调节人体的生理活动，增强抵抗力；蛋白质还产能，为儿童生长发育提供能源，故又是产能营养素。

4. 维生素

维生素是维持人体正常生理功能必需的一类化合物，它们不提供能量，也不是机体的构造成分，但膳食中绝对不可缺少，如某种维生素长期缺乏或不足，即可引起代谢紊乱，以及出现病理状态而形成维生素缺乏症。

5. 水

水是人类和动物（包括所有生物）赖以生存的重要条件。水可以转运生命必需的各种物质及排除体内不需要的代谢产物；促进体内的一切化学反应；通过水分蒸发及汗液分泌散发大量的热量来调节体温；关节滑液、呼吸道及胃肠道黏液均有良好的润滑作用，泪液可防止眼睛干燥，唾液有利于咽部湿润及吞咽食物。

6. 无机盐

无机盐即无机化合物中的盐类，旧称矿物质，在生物细胞内一般只占其鲜重的1%~1.5%，在人体中已经发现20余种，其中常量元素有钙Ca、磷P、钾K、硫S、钠Na、氯Cl、镁Mg（也称常量元素），微量元素有铁Fe、锌Zn、硒Se、钼Mo、氟F、铬Cr、钴Co、碘I等。虽然无机盐在细胞、人体中的含量很低，但是作用非常大，如果注意饮食多样化，少吃动物脂肪，多吃糙米、玉米等粗粮，不要过多食用精制面粉，就能使体内的无机盐维持正常应有的水平。

（二）康养旅游餐饮中的营养要求

康养旅游餐饮中的营养要求主要是指满足人们用餐对热能、营养素的全面需要，保证营养平衡。

1. 膳食应满足人体对热能、营养素的全面需要

按照《中国居民膳食指南》的要求，食物中蛋白质、脂肪、维生素和各种矿物质的含量应满足机体的需要，食物搭配不仅品种要多样，而且数量要充足，膳食既要满足就餐者需要，又要防止过量。对于特殊人群，如儿童、青少年、孕妇和乳母，更应注意均衡营养。

2. 各营养素之间的比例要适宜

膳食中能量来源及其中各餐的分配比例要合理。要保证膳食蛋白质中优质蛋白质占适宜比例。要以植物油作为油脂的主要来源，同时还要保证碳水化合物的摄入和各矿物质之间配比要适当。

3. 食物搭配要合理

注意酸性食物与碱性食物的搭配，主食与副食、粗细粮、荤素等食物的搭配。

4. 膳食计划要合理

一般应定时、定量进餐，成人一日三餐，儿童和老人可以在三餐以外适当加些糕点。

（三）特殊康养旅游人群的营养

不同的康养旅游人群，具有不同的营养需求，所需要的营养要素也不尽相同。

1. 学龄前儿童与青少年康养旅游者的营养

①热能：学龄前儿童对热能的需要相对成人较高，因为学龄前儿童的基础代谢率高，还要维持生长与发育，另外，学龄前儿童比较好动，如果热能供给不足，其他营养素也不能有效地发挥作用。

②蛋白质：由于学龄前儿童处于生长发育期，对蛋白质的需要较多，蛋白质的推荐摄入量与蛋白质的质量有关，质量高，则推荐摄入量较少；质量差，则推荐摄入量较多。蛋白质的需要量与热能摄入量有关，我国学龄前儿童蛋白质所供热量占总热量的 13%~15% 为宜。

③无机盐：学龄前儿童骨骼的生长发育需大量的钙、磷。我国四岁以上学龄前儿童每日钙的膳食适宜摄入量为 80mg，7~11 岁为 80mg，并需注意维生素 D 的营养状况。学龄前儿童由于生长发育，对铁的需求量增加，我国建议对铁的推荐摄入量为：4 岁以上学龄前儿童为 12mg，7~12 岁为 12mg。另外，锌和铜对学龄前儿童生长发育十分重要，应注意这些微量元素的供给。

④维生素：硫胺素、核黄素和尼克酸的需要量与能量有关，学龄前儿童对热能的需要较多，故对维生素 A、C、D 的摄入量也应增加。

2. 孕妇康养旅游者的营养

孕妇营养分孕前营养和孕期营养。孕前营养状况好可为妊娠提供良好条件。平时营养较差的孕妇，易患妊娠毒血症、佝偻病，胎儿死亡率高，新生儿体重低。而孕期营养指热能、蛋白质、无机盐等营养素。

①热能

为满足婴儿和母体相关组织的生长需求，孕期能量储备的总量约为 335MJ，此值对应 8.5kg 组织和 4kg 的脂肪储备，故孕妇体重增加约为 12.5kg。前三个月，热能的增加并不明显，第 4 个月后，各种营养素和热能的需要增加，我国建议每日应增加 0.84MJ 热能。

②蛋白质

我国建议，孕妇在前 3 个月蛋白质的推荐摄入量增加 15g，在 7~9 个月，蛋白质推荐摄入量应增加 20g。

③无机盐

我国建议孕妇在妊娠中期，钙的适宜摄入量为 1000mg，后期量为 1200mg。同时注意供给充足的维生素 D，每日可耐受最高摄入量为 200mg。

3. 老年康养旅游者的营养

①热能

老年人热能需要量应视个人具体情况而定。有人建议60~75岁总热能减少20%，即65岁以上应控制在7.89~10.08MJ。

②蛋白质

在衰老过程中，蛋白质代谢以分解代谢为主，合成代谢逐渐缓慢，如红血蛋白合成减少，因此老年性贫血较常见。老年人贫血除与缺铁有关外，还与蛋白质合成有关。老年人膳食中应供给生物学价值高的优质蛋白质，一般认为优质蛋白含量应占总蛋白质量的50%。虽然老年人蛋白质代谢以分解为主，蛋白质需要量应该增加，但是老年人消化功能较弱，肾功能减退，这样可能会增加体内胆固醇的合成，故在量上又不宜过多。

③碳水化合物和脂肪

碳水化合物和脂肪是身体（或机体）重要的能量来源，但不宜摄入过多，并且要限制精制蔗糖的摄入。膳食纤维可刺激消化液分泌，而老年人易发生便秘，应适当供给较细的膳食纤维。脂肪可促进脂溶性维生素的吸收，但不宜摄入过多，否则易发生冠心病和其他老年性疾病。老年人应该减少胆固醇的摄入，但不宜过分限制，因为血清胆固醇升高主要是由于体内胆固醇代谢紊乱，其他因素也对血清胆固醇有影响，而不完全是因为胆固醇的作用。

④无机盐

在选择食物时，也应注意体内维生素D的水平。我国老年人钙的适宜摄入量为1000克，老年人还应多吃含铁丰富且质量较高的食物。钠、钾离子和水在维持机体酸碱平衡中起重要作用。氯化钠摄入量高，高血压发病率也高。

⑤维生素

维生素D可以促进钙的吸收和调节体内钙的代谢，预防老年骨质疏松症的发生，故老年人应注意维生素D供给。维生素C可以促进胆固醇的排出，防止老人血管硬化，延缓衰老，故可以多供给老年人维生素C。维生素E可以保护细胞膜免受体内过氧化酶的损害，有抗衰老作用，应注意供给含维生素E多的食物。

二、康养旅游餐饮食材要素

（一）康养旅游餐饮食材选择

"民以食为天"，日常不可或缺的饮食，是康养保健的首要内容。而不同的康养旅游者，由于个体差异和自身身体状况，对饮食有不同的需求和禁忌，因此，在进行康养食品制作过程中，要有针对性地选择食材。

图2-1 以香菇为代表的菌类是康养旅游餐饮常用的食材

（图片来源：四川省旅游学校美食学院）

（二）康养旅游餐饮食材的应用

1. 痛风旅游者食材选择

痛风是尿酸以单钠盐的形式沉积在骨关节、肾脏和皮下等部位，引起反复发作的急、慢性炎症和组织损伤，表现为痛风性关节炎、痛风肾和痛风石等症状，与人体内嘌呤代谢紊乱或尿酸排泄障碍所致的高尿酸血症直接相关。

①宜选食物

根据病情，可调整膳食中的嘌呤含量，少选嘌呤含量高的食物。急性期，应严格限制嘌呤，以低嘌呤食物为主，如谷类、面粉类、牛奶及其制品、蛋类和蔬菜水果；缓解期，可选择中嘌呤食物，如畜肉、禽肉、鱼虾类，但应适量。无论是急性期还是缓解期，均应避免高嘌呤食物，如动物内脏、沙丁鱼、凤尾鱼、鲭鱼、牡蛎、蛤蜊、小虾、浓肉汁、浓鸡汤、鱼汤、火锅汤等。由于食物中的嘌呤可溶于汤内，故肉类、鱼类建议煮后弃汤再进行烹调。

表2-1 食物的嘌呤含量分类

分类	食物
低嘌呤食物	大米、富强粉、通心粉、面条、面包、馒头、玉米；白菜、卷心菜、芹菜、韭菜、黄瓜、苦瓜、冬瓜、南瓜、丝瓜、茄子、豆芽菜、青椒、胡萝卜、洋葱、番茄、西葫芦、莴苣、马铃薯、芋头；鸡蛋、鸭蛋、皮蛋、牛奶、奶粉、芝士、酸奶；橙子、橘子、苹果、梨、桃、西瓜、哈密瓜、香蕉；红枣、葡萄干、瓜子、杏仁、栗子、莲子、核桃仁、枸杞、茶

续表

分类	食物
中嘌呤食物	绿豆、豌豆、菜豆、四季豆、豆腐干、豆腐；猪肉、牛肉、羊肉、兔肉、鸡肉、鸭肉、鹅肉、鸽子肉、鹌鹑肉、火腿、鳝鱼、鲤鱼、草鱼、鲑鱼、鳕鱼、鲈鱼、鱼丸、鳗鱼、虾、龙虾、乌贼、螃蟹、鲜蘑、芦笋、菠菜
高嘌呤食物	猪肝、牛肝、猪小肠、猪脑、猪胰脏、带鱼、鲇鱼、沙丁鱼、凤尾鱼、鲢鱼、鲱鱼、鲭鱼、小鱼干、鱼子、牡蛎、蛤蜊、鸡汤、肉汤、火锅汤、酵母粉

根据上表食物中嘌呤的含量列表，提醒我们在给痛风旅游者进行康养食谱编制时，在食材的选择上应有针对性。请试着编制痛风康养旅游者食谱食材选择清单，并说明主要食材选用的原则。

②少选或禁忌食材

急、慢性关节炎患者均应忌食高嘌呤食物，如畜肉、动物内脏、肉汁等，水产类如鲭鱼、鳀鱼、鱼子、小虾等，禽类如鸡、鸭、鹅等，还有酿造或烤面包用的酵母。

③其他营养建议

要注意控制总能量，痛风患者能量供给较正常人应减少 10%~15%。可采取低脂肪饮食法，减少碳水化合物摄入；多饮水，多吃新鲜蔬菜和水果，少吃盐，忌饮酒。

2. 脂肪肝旅游者食材选择

脂肪肝是以各种原因引起的肝细胞脂肪过度贮积和脂肪变性为特征的临床病理综合征。

①宜选食材

可选各种新鲜的蔬菜和水果；含脂肪量相对较少的鸡肉、兔肉、鱼、虾、干贝、淡菜、海带、小米等；香菇、木耳、马兰、山楂、乌龙茶、绿茶等。

②少选或忌选食物

包括肥肉、动物内脏、鱿鱼、沙丁鱼、脑髓、鱼子等食物；精制糖类、蜂蜜、果汁、果酱、高糖的糕点和饮料等以及油煎、油炸食物和酒。

3. 恶性肿瘤旅游者食材选择

肿瘤是机体内的正常细胞在各种内因和外因的长期作用下发生了质的改变，从而有过度增殖的能力后形成的新生物。

① 宜选食材

可选富含膳食纤维的全谷类食物，如大麦、小麦、燕麦、荞麦、高粱、玉米、黑米、小米等；豆类，如红豆、绿豆、芸豆、豇豆等；薯类，如红薯、土豆、山药、芋艿等；新鲜的蔬菜和水果，尤其是富含胡萝卜素、维生素 C、叶绿素、膳食纤维的黄绿色蔬菜，如芹菜、空心菜、西蓝花、芥蓝、竹笋、毛豆、胡萝卜等；具有抗癌作用的食物，如香菇、冬菇、金针菇、黑木耳、海鱼、海参、海带、大豆、萝卜、莴笋、大蒜、茄子、茶叶等。

②少选或忌选食物

尽量避免致癌物、诱变剂污染的食物；尽量减少腌制、烟熏食物的摄入，如咸鱼、咸肉、咸菜、咸蛋、火腿、培根、香肠、熏肉、熏鱼、干鱼片、鱿鱼丝、海米、虾皮等；不吃发霉、腐烂变质的食物；少吃煎炸、烧烤、烧焦的食物，如烤羊肉、烤鸭、烤乳猪等；尽量减少高盐和高脂的食物、隔夜饭菜、反复烧开的水、甜食、酒精、高温食物和饮料的摄入。

4. 高血压旅游者食材选择

高血压是以体循环动脉压升高为主要临床表现的心血管综合征，具体检测指未使用降压药情况下收缩压大于等于 140mmHg 和（或）舒张压大于等于 90mmHg。

① 宜选食材

富含钾的新鲜蔬菜和水果，如扁豆、蚕豆、豆芽、青椒、冬菇、竹笋、番茄、香蕉、柑橘、桃等；富含钙的食物，如牛奶、虾皮、黄豆、鸡蛋、芝麻酱等；富含镁的食物，如菠菜、苋菜、虾皮、荞麦、海参、墨鱼等；各种鱼类、绿豆、茄子、紫菜、黑木耳、黄瓜、冬瓜、胡萝卜、芹菜、玉米、苦瓜、莴笋等也可以选用。

② 少选或忌选食材

尽量控制烹饪的食盐量，每天摄盐量小于 5g；味精、酱油等调味品和含钠较多的加工食品；过咸或腌制的食品，如咸（酱）菜、咸肉（蛋）、腐乳等；肥肉、猪皮、奶油、冰激凌、油炸食品、动物内脏、鱼子、蛋黄、蟹黄等富含饱和脂肪酸和胆固醇的食物。少选蛋糕、甜饼、甜点心、糖果等甜食和辛辣、刺激性食物；忌烈性酒和烟，如果饮酒应以低度酒为宜，且应适量。

案例 2-1

哪些食物隐藏盐？

食盐在烹饪中的主要作用是调制口味和增强风味，食盐也是食品保存中最常用的抑菌剂。家庭中常见的隐藏盐有酱油、咸菜、味精等以及在食品加工过程中添加的含钠的食品添加剂，如谷氨酸钠（味精）、碳酸氢钠（小苏打）、碳酸钠、苯甲酸钠等，都会增加食品的钠含量。平时生活中常见的高钠食物有奶油五香豆、海苔、紫菜、方便面、盐水鸭、酱鸭、咸鸭蛋、虾米、干鱼片、熏鱼、鸡精、味精、老抽、生抽、辣椒酱、榨菜等，高血压人群都应该减少摄入量。

【案例分析】

该案例根据食物中的含盐成分，引导我们在为高血压旅游者设计食谱时要注意原材料的选择原则，并列举了部分我们日常生活中的高钠含量食物供参考。不妨再列举一些日常生活中遇到的高钠食材。

5. 血脂异常和脂蛋白异常旅游者食材选择

血脂异常是指血液中脂的质量的异常，包括胆固醇和（或）甘油三酯水平升高，和（或）高密度脂蛋白胆固醇水平降低。

① 宜选食材

各种粗粮，如玉米、土豆、芋艿、高粱、红薯、燕麦、荞麦、黑米等；各种富含蛋白质的食物，如瘦猪肉、鸭肉、黄鱼、泥鳅、鳝鱼、虾、鸡蛋白、黄豆、豆浆、豆腐、低脂奶、酸奶等；各种蔬菜和菌类，如青菜、菠菜、白菜、芹菜、生菜、空心菜、甘蓝、苦瓜、丝瓜、冬瓜、茄子、竹笋、莴笋、萝卜、西蓝花、豆芽、香菇、鸡腿菇、黑木耳、银耳、竹荪、海带、山药、腐竹等；各种水果，如黄瓜、枣、山楂、番茄、苹果、柚子、梨、李子、香蕉、石榴等；也可适当饮用各式茶水，如绿茶、乌龙茶、普洱茶、菊花茶、决明子茶、苦丁茶等。

② 少选或忌选食材

富含饱和脂肪酸的食物，如肥肉、猪油、猪皮、鸡皮、油渣、鸡油等；富含反式脂肪酸的食物，如奶油蛋糕、奶油面包、饼干、蛋黄派、巧克力派、油酥饼、方便面、甜甜圈、炸薯条、炸鸡翅、汉堡、南瓜饼、榴梿酥、奶茶、咖啡伴侣、爆米花、冰激凌等。膳食胆固醇虽然对血液胆固醇影响较小，但富含胆固醇的食物（如动物内脏、蛋黄、鱼子、蟹黄等）也应适量控制。

6. 糖尿病旅游者食材选择

糖尿病是一组由多种病因引起的胰岛素分泌和（或）作用缺陷、以慢性高血糖为特征的代谢性疾病，一般指空腹血糖大于等于 7.0 mmol/L，或口服葡萄糖耐量试验餐后 2 小时血糖大于等于 11.1 mmol/L，或糖化血红蛋白大于等于 6.5%，或多饮、多食、多尿、体重减轻等"三多一少"症状加随机血糖大于等于 11.1 mmol/L。

①宜选食材

低脂食物，如粗加工谷类中的大麦、硬质小麦、通心粉、黑米、荞麦、强化面条、玉米面、稻麸等；干豆类及其制品，如绿豆、蚕豆、扁豆、四季豆等；奶类及其制品，如低脂酸奶、酸奶、奶粉等；可用土豆、山药等块根类食物代替部分主食；水果类，如番茄、黄瓜、李子、樱桃、猕猴桃、柚子等，应根据血糖情况酌情选用；含糖量较低的蔬菜，如青菜、韭菜、冬瓜、西葫芦、青椒、苦瓜、洋葱、茄子、莴笋等都可选用。

②少选或忌选食材

白糖、红糖、冰糖、蜂蜜、葡萄糖、麦芽糖、水果糖、果酱、水果罐头、甜饮料、甜饼干等高糖食物和西瓜、橘子、荔枝等含糖量较高的水果；富含饱和脂肪酸与胆固醇的食物，如牛油、猪油、奶油、肥肉、动物内脏、蟹黄、鱼子等；富含反式脂肪酸的食物，如蛋糕、甜面包、冰激凌、奶茶、甜甜圈、薯片和速冻加工食品等。

7. 肥胖症旅游者食材选择

肥胖症是指体内脂肪堆积过多和（或）分布异常以及体重过重。我国对于一般人群，体重超过理想体重的 20% 即为肥胖（BMI 24~28 kg/m^2 为超重）；腰围男性大于 85 cm、女性大于 80 cm 为腹部脂肪蓄积，也可认定为腹部肥胖。

①宜选食材

富含水分、维生素、微量元素和膳食纤维的各类新鲜蔬菜和水果；蔬菜，如青菜、菠菜、油麦菜、冬瓜、辣椒、茄子、芹菜、绿豆芽、韭菜、竹笋、萝卜、苦瓜等；水果，如苹果、番茄、黄瓜、李子等；低 GI（血糖生成指数）的全谷类食物、香菇、黑木耳、白木耳等；大豆及其制品、低脂奶、瘦猪肉、鸡肉、鸭肉、鱼、虾等。

②少选或忌选食材

炸鸡翅、炸薯条等高脂油炸（煎）食品；巧克力、冰激凌、糖果、甜糕点、蔗糖、麦芽糖、蜜饯、蛋糕、含糖饮料等高糖食物；肥肉、猪油、牛油、动物内脏等富含饱和脂肪酸的食物；咸肉（蛋）、腌制食品等含钠盐比较多的食物；零食、快餐、罐头食品等低营养食物。酒精饮料含热能，而且常伴随过量食物一起摄入，也应限制。

8. 贫血旅游者食材选择

贫血是指人体外周血红细胞容量减少，低于正常范围下限，不能运输足够的氧气到组织而引起的综合征。临床上常以测定血红蛋白（Hb）浓度来诊断贫血，我国贫血标准为成年男性 Hb < 120g/L、成年女性（非妊娠）Hb < 110g/L，孕妇 < 100g/L。

①宜选食材

富含铁的食物，如猪肝、猪肾、鸭肝、鸭血、蛏子、贻贝、蛤蜊、河蚌、田螺、海参、虾米、海带、紫菜、香菇、黑木耳、黑芝麻、芝麻酱、黄豆、黑豆、豆腐干等；富含维生素 C 的新鲜蔬菜和水果，如辣椒、豌豆苗、番茄、西蓝花、苦瓜、酸枣、山楂、青菜、木瓜、橘子、猕猴桃等；富含叶酸的食物，如黄豆、菠菜、芹菜、猪肝、腐竹、小白菜、茼蒿、花生、核桃、竹笋、蒜苗、豌豆、鸡蛋、豆腐等；富含维生素 B_{12} 的动物内脏、鱼、禽、蛋类，如牛肝、羊肝、猪肝、海蟹、鸭蛋、鸡蛋黄、猪肉等。

②少选或忌选食材

茶叶、咖啡、可可中含有鞣酸或多酚类物质会影响铁的吸收，吃饭前后不宜饮用；钙制剂、锌制剂、抑酸剂等均影响铁的吸收，应少食用或与铁剂、含铁丰富的食物错时食用。带壳谷物和某些蔬菜中的植酸盐、草酸盐会影响铁的吸收，应尽量避免与铁剂同时服用，继发性贫血患者需注意原发病的饮食宜忌。

9. 便秘旅游者食材选择

便秘是指排便困难费力，排便不畅，排便次数减少，粪质硬结，量少。主要表现为每周排便少于 3 次，排便困难，每次排便时间长，排出粪便干结如羊粪且数量少，排便后仍有未排尽的感觉，下腹胀痛、肛门疼痛、肛裂、痔疮等。

①宜选食材

富含膳食纤维的豆制品、荞麦、燕麦、糙米、麦麸、全麦面包、麦片粥、红薯、土豆、南瓜、山药、玉米、芹菜、韭菜、菠菜、白菜、西蓝花、豆芽、青椒、蒜苗、洋葱、黄花菜、竹笋、芦笋、萝卜、海带、黑木耳、香菇、冬菇、芝麻；水果，如香蕉、梨、苹果、西瓜、草莓、猕猴桃；富含水分的酸奶、米粥（可做成红薯粥、南瓜粥、燕麦粥、百合粥等）、红豆汤、紫菜汤、银耳汤、果汁（带渣，不建议过滤）；其他，如决明子茶、红薯叶煮水有一定的促进排便作用，也可适当选用。

②少选或忌选食物

含膳食纤维少的过于精细的食物（如精制的白米、白面等）和西餐（如汉堡、比萨等）；辛辣、刺激性强的食物，如辣椒、咖喱、芥末、胡椒等；油炸（煎）酥脆的食物，如油条、炸春卷、炸鸡翅、薯条等；戒烟和酒。

10. 急性肠道传染病旅游者食材选择

肠道传染病是指细菌或病毒经口侵入肠道，引起以消化道症状为主的传染性疾病，包括细菌性食物中毒、细菌性痢疾、霍乱、病毒感染性腹泻、伤寒、副伤寒等。

①宜选食材

富含蛋白质和维生素、细软易消化的食物；流质，如米汤、蛋花汤、少油的肉汤、菜汤等；半流质，如各种米粥、面条、馄饨、水蒸蛋、麦片粥、藕粉等；蔬菜可切细切碎后加入半流质，根据病情再逐步过渡到软食和普食，恢复期食物宜富有营养且品种多样化。

②少选或忌选食材

腹泻时忌食生冷食物（如雪糕、冰激凌、冰水、生冷瓜果、凉拌菜等）以及油腻、刺激性强的食物（如肥肉、高脂点心、辣椒、芥末、烈酒等）；少食可诱发肠出血和肠穿孔的高膳食纤维食物（如竹笋、韭菜、芹菜等）和油炸（煎）等较坚硬的食物；豆浆、豆奶、牛奶、土豆、红薯、萝卜、蔗糖等容易产气的食物，不仅会加重腹胀，还可诱发肠出血和肠穿孔，也应少食用。

三、康养旅游餐饮食品制作要素

（一）康养餐饮食品制作的原则

1. 膳食平衡

根据膳食营养目标，合理选择和搭配食物，以满足平衡膳食的要求。不同年龄、性别、劳动强度、生理状态及疾病的个体其营养需求有差异，烹饪原料提供的营养素必须适应其营养需求，以保证食物营养素齐全、水平适宜。平衡膳食不仅表现在热量和每一种营养素必须满足机体的生理需求，还表现在热量和营养素以及营养素之间要有合适的比例。例如，各种蛋白质、脂肪、碳水化合物、维生素、矿物质之间的平衡，必需氨基酸之间的平衡，维生素B_1、维生素B_2、维生素PP（烟酸）和热量之间的平衡，呈酸性和呈碱性元素之间的平衡等。

2. 食物种类多样化

常用的烹饪原料营养成分各有侧重，食物种类多样，才能保证各类营养素需要。《中国居民膳食指南》将食物分为五大类，即谷类和薯类、蔬菜和水果类、动物性食物类、豆类及其制品及纯热量食物类。谷类及薯类主要提供碳水化合物、蛋白质、膳食纤维及B族维生素等；蔬菜和水果主要提供膳食纤维、矿物质、维生素C和胡萝卜素等；动物性食物主要提供蛋白质、脂肪、矿物质、维生素A和B族维生素等；豆类及其制品主要提供蛋白质、脂肪、膳食纤维、矿物质和B族维生素等；油类主要提供热量，植物油还可以提供维生素E和必需脂肪酸。

每日膳食应包括这五大类食物,每类食物选 2~4 种,一天至少能吃到 10~20 种食物。

3. 合理的营养成分

没有一种天然食物包含人体所需要的所有营养素。如猪肉富含蛋白质、脂肪、无机盐,但缺少碳水化合物与维生素;某些蔬菜无机盐、维生素 C 含量十分丰富,但缺乏维生素 B_2。合理配菜,能使各种原料的营养成分互为补充,提高菜肴的营养价值。在有限的进食量中获得尽可能多的营养素,在合理配菜中获得合理营养。

4. 合理配菜

①重视具有特殊营养价值的原料

我国多数居民的膳食食物组成是以谷类为主的植物性食物,在不影响治疗的情况下,配菜时应当特别重视选择富含优质蛋白质、钙、维生素 A、赖氨酸、维生素 B_2、可溶性膳食纤维等原料。在不影响疾病状态下,多选用富含如香菇素、番茄红素、葱蒜素、葡甘聚糖、可溶性膳食纤维等生理活性成分的原料,如菌类、生葱、生蒜、番茄、魔芋、苹果等。

②尽量少配"单料菜点"

根据烹饪原料的品种、数量、质量及其营养价值,按照进餐者的生理和治疗需要,把主料和若干辅料进行合理搭配,使各种原料的营养成分互为补充,提高菜肴营养价值。尽量少配"单料菜点"(指单一原料组成的菜点),即使是某些具有特殊风味的传统单料菜,如香酥鸭、北京烤鸭、樟茶鸭、烤猪方等,也提倡搭配适宜的蔬菜。即使是主食,也因品种、加工方法不同,而应采取粗细粮混食、粗粮细作、干稀搭配、粮豆配合、面点小吃与单一的主食配合等方式,例如各类荤素包子、饺子、馄饨、烩面等。这样,可使主食中的各种营养素相互补充,达到尽可能全面地摄取营养素之目的。

③满足特殊营养素需求

通过合理配菜,可以有目的地给人们提供一些富含某种营养素的特殊菜肴,如蛋白质、维生素 B_1 含量高的干烧鲫鱼等;粗纤维、维生素 C、胡萝卜素含量高的素炒豌豆芽、韭黄肉丝、珊瑚鸡丸等;铁、钙、维生素 B_2、维生素 A 含量高的白油肝片、熘鸭肝等。合理配菜也可以依患者特殊情况有目的地提供某种特殊成分少的膳食,如低嘌呤菜肴、低糖膳食等。

(二)康养餐饮食品制作技巧

1. 畜、禽、鱼、蛋的烹调

畜、禽、鱼类食品在烹调加热过程中,蛋白质含量的变化不大,而且经烹调后蛋白质更利于消化吸收。矿物质和维生素在炖、煮过程中损失不大,但水溶性营养素，如可溶性含氮物、矿物质及水溶性维生素等会向汤中转移，如果弃汤则可能造成损失。高温处理时间过长，B族维生素会损失较多，如油炸处理。

蛋的常用烹调方法有煮、煎、炸、蒸等，除硫胺素少量损失外，对其他营养成分影响不大。烹饪过程中的加热不仅具有杀菌作用，而且还具有提高其消化吸收率的作用。在生蛋中含有抗生物素和抗胰蛋白酶成分，加热烹调可破坏其活性，消除其对蛋白质消化吸收和利用的不良影响。

应该根据肉类原料质地，利用不同方法对肉类进行加工，避免高温、长时间烹调肉类。码味时不要加碱，可通过挂糊、上浆和收汁有效地防止肉中的汁液渗出，从而减少维生素和无机盐的损失。由于有氨基酸、无机盐和维生素溶解在汤汁中，要充分利用烧炖类肴菜的汤汁。

图 2-2　干烧鱼

（图片来源：四川省旅游学校美食学院）

2. 谷物烹调

大米在烹调前淘米的过程，可使米粒外层的水溶性营养素发生流失，主要是B族维生素和矿物质流失。营养素损失的程度与淘洗次数、浸泡时间和用水温度等密切相关。淘米时水温较高、搓洗次数多、浸泡时间长，营养素的损失就大。一般淘米，硫胺素会损失30%~60%，维生素B_2和烟酸损失20%~25%，矿物质损失70%。

不同的烹调方法引起的营养素损失也不同。一般而言，米、面在烹调中采用弃汤方式，如捞饭、捞面等可使B族维生素和矿物质因溶解于汤而蒙受损失；在烹调中加碱，如在制作面条的时候加入小苏打会加速硫胺素和核黄素的破坏；高温油炸也会促使B族维生素的破坏，如制作油条时，加碱的同时又高温油炸，会使硫胺素全部损失，核黄素和烟酸也损失一半。

米饭在电饭煲中保温时，随着时间延长硫胺素的损失也会不断增加。

面食在焙烤时，如烤面包，硫胺素有一定的损失；如果再加上碱性物质，如小苏打，可加剧 B 族维生素的破坏。在焙烤时，因还原糖与氨基化合物发生的美拉德反应，使部分赖氨酸失去效能，从而影响蛋白质的营养价值。

尽量选购正规厂家生产的免淘洗大米。如确实需要淘洗，正确的方法是先挑除杂质如沙石、谷皮等，再用足量的冷水淘洗 2~3 次，不可用力搓洗、长时间浸泡及热水淘洗或流水冲洗。

3. 蔬菜、水果的烹调

根据蔬菜、水果的营养特点，在烹调中应注意水溶性维生素及矿物质的损失和破坏，特别是维生素 C。

烹调对蔬菜维生素的影响与烹调过程中的洗涤方式、切碎程度、用水量、pH 值、加热温度及时间等有关，如蔬菜煮 5~10 分钟，维生素 C 损失达 70%~90%。

蔬菜清洗不合理，如先切后洗或切后泡在水中，维生素 C 等水溶性物质会严重丢失，合理做法是先洗后切或现炒现切。维生素 C 在 80℃以上温度快速烹调损失较少，凉拌加醋可减少维生素 C 的损失。烹调时应尽量避免挤去菜汁和弃除菜汤，烹调后的蔬菜放置时间不宜过长，否则果蔬的感官性状会有所改变，维生素也会有所损失。使用合理加工烹调方法，如旺火急炒、现吃现做是保存蔬菜中维生素的有效措施。在烹调绿色蔬菜时，适当提高 pH 值，有助于保持叶绿素的稳定，但会加大维生素 C、硫胺素和核黄素的破坏。

为了减少营养素的损失，烹调加工蔬菜水果时，可采用临用现购、合理整理、尽量利用、先洗后切、急火快炒、现烹现吃、适当生食的方法。有时通过加醋调味、挂糊上浆、勾芡收汁、荤素搭配也能保护营养素免遭流失或破坏分解。水果以生食为主，烹调加工影响小，但在加工成拼盘时，其营养成分会有不同程度的损失，应注意不能放置时间太久。

第二节　康养旅游餐饮表现形式

康养旅游餐饮一般是通过康养食品和康养饮品等形式呈现，通常体现为药膳、茶膳、保健酒水等。

一、药膳

（一）药膳在康养旅游餐饮中的作用

药膳是将中国传统的医药知识与烹调经验相结合的产物。药膳既是营养丰富的美味菜肴，又具有滋补疗疾的作用。

1. 药膳是中药与食物根据中医方剂理论组合而成的特殊食品

药膳由药物、食物、调料部分组成，其组合依据为"药食同源"。食品也具有四气、五味以及归经的药物功能。如虾，甘、温归肝肾经，功能补肾壮阳，与锁阳、沙苑子同为补阳类。因此中药与食物可以而且必须根据中医方剂理论来组合。

2. 药膳是具有治疗功效和营养作用双重功能的特殊食品

药膳既含有人体代谢所必需的种种营养成分，又含有扶正固体、养生健体、防病治病的药性。如虫草甲鱼，含有高蛋白（占可食部分的16.5%）、脂肪、碳水化合物、钙、磷、铁、硫胺素、维生素A等，又具有较强的滋阴作用，对于癌症病人有较好的辅助疗效。

3. 药膳是传统的食物烹调技术和中药炮制技术完美的结合

药膳的加工烹调除了食品加工的基本要求（色、香、味、形、质）外，还必须依照药膳的具体功效，对入膳的药物按照中药炮制技术进行特殊的制作，当然还必须兼顾可食性和药用性。

（二）药膳的特点

1. 注重整体，辨证施食

所谓"注重整体""辨证施食"，即在运用药膳时，首先要全面分析患者的体质、健康状况、患病性质、季节时令、地理环境等多方面情况，判断其基本证型；然后再确定相应的食疗原则，给予适当的药膳治疗。如慢性胃炎患者，若证属胃寒者，宜服良附粥；证属胃阴虚者，则服玉石梅楂饮等。

2. 防治兼宜，效果显著

药膳既可治病，又可强身防病，这是有别于药物治疗的特点之一。药膳尽管多是平和之品，但其防治疾病和健身养生的效果却是比较显著的。如山东中医学院根据古代食疗和清宫保健经验研制而成的"八珍食品"，含有山药、莲子、山楂等8种食用中药，资料记载幼儿食用30天后食欲增加者占97%，生长发育也有改善；再如，莱阳梨香菇补精，是由莱阳梨汁和香菇、银耳提取物制成，中老年慢性血栓病患者服后不仅能显著改善各种症状，而且可使高血脂者血脂下降，并可使免疫功能得到改善。

3. 良药可口，服食方便

由于中药汤剂多有苦味，故民间有"良药苦口"之说。有些人，特别是儿童多畏其苦而拒绝服药。而药膳使用的多为药食两用之品，且有食品的色、香、味等特性，即使加入了部分药材，由于注意了药物性味的选择，并通过与食物的调配及精细的烹调，仍可制成美味可口的药膳，故谓"良药可口，服食方便"。

（三）药膳的功效

1. 养生保健

养生保健药膳，主要是供无病但体质偏弱的人、老年人、特殊需求人员食用，具有养生保健、增强体质、提高免疫力的功效，以达到美容美体、减肥瘦身、健脾、补肾、养肝养血、抗衰老及延年益寿的目的。

此类药膳主要包括减肥药膳、美容药膳、增智药膳、增力药膳、明目药膳、聪耳药膳、益寿药膳及防病与抗衰老药膳等。

2. 治病或辅助治疗

治病或辅助治疗药膳按"五味相调，性味相连"的原则，以及"寒者热之，热者寒之，虚者补之，实者泻之"的法则，在专业药膳师或临床医师指导下，遵循辨证施膳的原则而遣药配膳。

此类药膳主要有解表药膳、祛痰止咳平喘药膳、健脾助消药膳、清热生津药膳、益阳祛寒药膳、泻下通便药膳、理气止痛药膳等。

（四）药膳的四季应用

《素问》曰："天覆地载，万物悉备，莫贵于人。人以天地之气生，四时之法成。"药膳应根据四季气候、环境等情况适当调整，辨证用膳。

1. 春季

春季是万物之始，天气由寒转暖，早春营养构成以高热量为主，应多食清淡蔬菜及豆类食品。适用的药膳有百合粳米粥、山药甘蔗羹、辛夷花烫鸡蛋、白糖栗子糊、黑白木耳猪心汤等。

2. 夏季

夏季暑热夹湿，人们会明显地感到身体上的不适，如没胃口、心情烦闷、燥热等，此时饮食应当以甘寒清淡为主。适用的药膳有清补凉煲老鸭、麦冬芦根汤、银花甘草茶、桂圆枸杞桂花膏、莲子丝瓜排骨汤等。

拓展阅读1

3. 秋季

秋季天气从热转变为寒冷，凉风初起，燥气袭人，饮食当坚持养收的原则，多食润燥益气、少摄取辛辣、多增加酸性的食物，能够很好地起到补肝、健脾及清肺的作用。适用的药膳有银耳百合羹、菊花粥、玉参焖鸭、贝母甲鱼、参麦玉鸡清汤、枸杞糖醋藕、枸杞山药排骨汤、西芹百合炒腰果等。

4. 冬季

冬季气候寒冷，阴盛阳衰。人体受寒冷气温的影响，机体的生理功能和食欲等均会发生变化。冬天营养应以增加热能为主，可适当多摄入富含碳水化合物、优质蛋白及脂肪的食物。适用的药膳有膳药羊肉汤、归芪炖母鸡、莲子茯苓糕、花生桂圆红枣膏、桂圆酸枣饮、银耳人参汤、虫草花排骨汤、紫灵芝炖鸡汤、燕窝瘦肉汤等。

二、茶膳

（一）茶膳认知

所谓茶膳，即将茶用作主料或辅料，配合其他食品原料制作而成的食品。自古以来，我们的祖先就有"吃茶"的习惯。中国古代《茶赋》中就有记载："茶，滋饭蔬之精素，攻肉食之膻腻。"以茶入菜，历史悠久，它顺应了人们对食物返璞归真、养生保健等消费新需求。茶叶入馔，既要了解茶性，也要了解食性，还要注重烹饪方式。从喝茶到吃茶，对茶叶的选料、厨师的技法、营养的搭配，如何让茶叶与食物完美搭配，都是一门高深的学问。从饮茶到茶膳，从品饮到养生，从茶叶到美食，茶叶被赋予了更多丰富的内涵与饮食的文化，而茶膳，除了传统烹饪上要求的色、味、香之外，意美形雅也是不可少的。所以，出色的茶膳烹调师，要会做菜，也得懂茶。茶膳，也是烹饪与制茶两大领域的交互融合。

（二）茶膳的发展演变

第一阶段："神农尝百草，日遇七十二毒，得茶以解之……"最早，茶的发现与利用，是作为药用存在的。

第二阶段：春秋到西汉时期。茶叶主要作为饭菜食用，这便是后来茶膳的起源。

第三阶段：西汉到隋朝。茶叶发展为以药物食用，具有明显的药用价值。

第四阶段：隋朝到宋朝。茶叶开始朝着茶饮方向发展，以饮为食，延续至今。

第五阶段：现代文明阶段。以20世纪80年代为起点，由于茶叶的茶疗养生效用显著，人们开始更加深入且科学化地研究茶叶。此时，人们对茶叶的应用不仅仅是以饭为食、以药为食和以饮为食，更多的是对茶叶的全方位渗透和综合开发利用。

第六阶段：茶膳进入了完整的膳食阶段。以近几年时兴的茶宴作为例证。

（三）茶膳的构成

（1）食，即主食，或饭。茶食有茶水饺、茶米饭、面条、碧螺春卷、翠芽泡饭等选择。

（2）肴，指主菜。茶膳中的主菜诸如茶香排骨、银针悬宝、霸王赏菊、观音送子、寿眉戏三姑、银针庆有余、香炸云雾、猴魁面筋、樟茶鸭等，富有诗情画意名字的菜肴和以雅为名的茶不得不说是绝佳匹配。

（3）汤，则指食物入水煮熟后的汁水。水多物少谓之汤，水少物多谓之肴。水多物少，以汤为主。在茶汤里桃溪浮翠、银针清汤燕窝、乌鱼茶汤等都是有名的茶汤。

（4）点，即指小点和冷盘，是食和肴的最佳后卫。点心是茶余饭后的必备品，茶点有茶元宵、茶鸡玉屑、玉叶淇淋等。

（5）酒，指酒水、饮料。和其他宴席一样，在茶宴上，茶酒饮料必不可少。茶酒有乌龙茶酒、龙井茶酒、红茶鸡尾酒等，而茶饮料有罐装乌龙茶、茶可乐等。

（四）茶膳的特点

1. 讲求精巧、口感清淡

茶膳以精为贵，以清淡为要。比如春芽龙须这道菜，选用当天采摘的绿豆芽，掐头去尾，掺以当年采摘的水发春茶芽（去掉茶梗及杂叶），味微咸、清香、色白绿相间，用精致小木盆上菜，深受顾客喜爱。茶膳口味多酥脆型、滑爽型、清淡型，每道菜都加以点饰。

2. 有益健康

茶膳选用春茶入饭，茶菜中不少原材料来自山野。春茶和山野茶都不施用化肥，而且富含对人体有益的多种维生素。

3. 融餐饮、文化于一体

比如"怡红快绿"这道菜的创意源于古典名著《红楼梦》；"银针庆有余"则把"年年有余"的中国民俗与明前银针茶融于茶菜中。又比如，茶膳使用八仙桌椅、木质餐具，在用传统茶艺表演为客人品尝茶膳助兴时，可以播放专门编配的茶曲，使客人在传统民族文化形式与现代艺术形式相结合的氛围中，既饱口福又饱眼福，将餐饮消费上升到文化消费的层次。

4. 雅俗共赏，老少咸宜

茶膳顺应人们返璞归真、注重保健、崇尚文化品位等日益增强的消费新需求，从几元钱的茶粥、茶面到上千元的茶宴都能供应，又有新意，适应面较广。而且，茶膳原材料资源十分丰富，成本相对较低，具有广泛的开发价值和商业前景。

(五) 茶膳的营养

经分析鉴定，茶叶内含化合物多达 500 种。这些化合物中有些是人体必需的营养成分，如维生素类、蛋白质、氨基酸、类脂类、糖类及矿物质元素等，它们对人体有较高的营养价值。还有一部分化合物是对人体有保健和药用价值的成分，如茶多酚、咖啡碱、脂多糖等。以茶入菜，可使茶膳形成独特的营养。

1. 可以补充人体需要的多种维生素

茶叶中含有多种维生素，按其溶解性可分为水溶性维生素和脂溶性维生素。其中水溶性维生素（包括维生素 C 和 B 族维生素），可以通过饮茶直接被人体吸收利用。由于脂溶性维生素难溶于水，茶叶用沸水冲泡也难以被吸收利用。因此，现今提倡适当"吃茶"来弥补这一缺陷，即将茶叶制成超微细粉，添加在各种食品中，如含茶豆腐、含茶面条、含茶糕点、含茶糖果、含茶冰激凌等。吃了这些茶食品，则可获得茶叶中所含的脂溶性维生素营养成分，以更好地发挥茶叶的营养价值。

2. 可以补充人体需要的蛋白质和氨基酸

茶叶中能通过饮茶被直接吸收利用的水溶性蛋白质含量约为 2%，大部分蛋白质为非水溶性物质，存在于茶渣内。茶叶中的氨基酸种类丰富，多达 25 种以上，其中的异亮氨酸、亮氨酸、赖氨酸、苯丙氨酸、苏氨酸、缬氨酸，是人体必需的 8 种氨基酸中的 6 种。这些氨基酸在茶叶中含量虽不高，但可作为人体日需量不足的补充。

3. 可以补充人体需要的矿物质元素

茶叶中含有人体所需的大量元素和微量元素。其中常量元素主要是磷、钙、钾、钠、镁、硫等，微量元素主要是铁、锰、锌、硒、铜、氟和碘等。如茶叶中含锌量较高，尤其是绿茶，每克绿茶平均含锌量达 73 μg，高的可达 252 μg；每克红茶中平均含锌量也有 32 μg，茶叶中铁的平均含量，每克干条中为 123 μg；每克红茶中含量为 196 μg。这些元素对人体的生理机能有着重要的作用。

(六) 茶膳的调味手法

以茶入菜讲究手法，要做好茶膳首先要熟悉每种茶的特性。一道好的茶膳，既要了解茶性，也要了解食性，还要注重烹饪方式。若茶叶或茶汤用多了，菜会变苦涩；茶叶或茶汤用少了，又显不出茶香味。另外，葱、姜、蒜等重味佐料尽量少放，也不要过分夸张，这才合乎茶的本性和健康的要求。烹调方式不同，搭配的茶叶也要不同。如果从烹调效果来看，铁观音茶叶大，冲泡后散发浓郁的兰香，茶性清淡，涩中带苦，适合泡出茶汤做饺子，或经炸制后配菜效果较好；寒凉的海鲜用同是凉性的绿茶烹调，如龙井虾仁；温性的乌龙茶与凉性的鸭肉配合，如川菜樟茶鸭；普洱茶的茶汤色泽红亮，适合做卤水汁，用于焖、烧效果最好，热性的牛肉可搭配温性的红茶。蔬菜中比较脆爽的一部分梗类原料可以制作茶叶菜，选用的茶叶以香味充足的红茶为优，而且大多可用来制作凉菜。

（七）茶膳的发展与未来

目前茶膳还处于发展的初级阶段，要在实践的基础上，逐渐丰富改进。从长远的发展来看，应确立并实行综合开发、实施特色取胜的发展方针。

（1）注重茶膳体系建设。突出口味清淡、制作精巧和富有文化内涵的特点，使茶膳真正成为特色中餐。

（2）积极宣传引导消费。采用多种宣传方式，向消费者进行茶膳知识普及，了解茶膳的功效，提升茶膳的知名度。

（3）搭建国际化发展的舞台。茶膳在中国有着悠久的历史，如今也深得人们喜爱，有些地方已经形成了独具特色的茶膳文化。茶膳若要获得持久稳定的发展，应该通过多种渠道、多种方式，使之走向国际，获得更多的认同。

三、保健酒水

（一）酒水保健认知

所谓酒水保健，即人们通过饮用适当的酒精饮料和非酒精饮料，预防由多种因素引起的各种躯体疾病的发生，以保持和增进身心健康。恰当地选择饮品，并采用正确的饮用方法，能够起到积极的保健作用。

（二）酒水的保健作用

1. 酒精类饮料

（1）葡萄酒

葡萄酒含有多种维生素，其中维生素 B_1 在每 500 ml 酒中平均含量为 0.065 μg，烟酸的平均含量为 373 mg。此外，还含有肌醇，每升在 220 mg 以上。葡萄酒中的氨基酸多达 23 种。组成人体内蛋白质的氨基酸已发现的有 26 种，人体只能合成一部分，而另一部分在人体内不能合成或合成速度不能满足人体需要，这种氨基酸必须由食物供给（被称为"必需氨基酸"），已知的一共有 8 种，在葡萄酒中均有。葡萄酒含有抗氧化成分和丰富的酚类化合物，可防止动脉硬化和血小板凝结，起到保护心脏、防止中风的作用。其中含有的单宁酸，能预防蛀牙、防止辐射伤害。可以说葡萄酒对人体有较好的保健作用，是一种有效的抗病毒药剂，也是滋补饮料。饮用葡萄酒可养气活血，预防老年痴呆，降低心血管病发病率，特别是对身体虚弱、患有睡眠障碍者及老年人更有好处，是一种理想的滋补药和辅助治疗药。

（2）啤酒

啤酒是一种低浓度酒精饮料，它以大麦芽、大米为原料，加入少量酒花，经糖化、低温发酵制成，被称为"液体面包"。具有浓郁的麦芽香味，酒体较醇厚，含有饱和溶解的二氧化碳，有利于啤酒的起泡性，饮用后有一种舒适的刺激感觉。啤酒应长时间保持其光洁的透明度，在规定的保存期内，不应有明显的悬浮物。适量饮用啤酒有消暑解热、帮助消化、开胃健脾、增进食欲等功能。啤酒中含有氨基酸、维生素等人体所需元素，乙醇含量少，少量饮用反而对身体健康有益。

（3）黄酒

黄酒是所有酒类中最健康的，其营养丰富，含有麦芽糖、葡萄糖以及琥珀酸、乳酸、氨基酸、酯类和醛类等。特别是含有的21种氨基酸，包括8种"必需氨基酸"，可被人体全部吸收，对组织细胞的生成和修补及一些激素、抗体的合成具有重要作用。黄酒还具有一定的药用价值，性温，味甘苦辛，大热，气味芳香，入心肝肺胃经；能中能散，宜行药势，具有活血通络、散寒、祛风的作用，可治疗风寒祛痛、筋脉挛急、胸痹、心腹冷痛等。冬天温饮黄酒，可活血祛寒、通经活络，有效抵御寒冷刺激，预防感冒。适量常饮有助于血液循环、促进新陈代谢，并可补血养颜、舒筋活血、健身强体、延年益寿。

（4）保健酒

保健酒是以蒸馏酒、发酵酒或食用酒精为酒基，以可用动植物为保健功效成分来源，以食品添加剂为呈色、呈香、呈味物质的一种保健食品。保健酒既能降低疾病的生成条件，又可增强机体，扶正固本，对正常人能巩固身体健康，预防疾病发生；对亚健康人及体弱多病者能助其尽快恢复健康；对老年人能改善体质虚弱，增强身体健康，提高生存质量。根据不同的制作配方，保健酒可具有滋阴壮阳、养血补肝、健脾和胃、润肺化痰、补心益脑、补肾强体、排毒祛邪、美容养颜、抗衰补虚、祛风活血等功效。

2. 非酒精类饮料

（1）茶

茶叶中含有较多的维生素E，是当今世界公认的抗衰延寿佳品。科学研究证实，茶内的茶多酚对抗衰老作用大于维生素E十多倍。同时，茶中富含的多种维生素及微量元素，有防治心血管病及癌症的双重功效，善饮茶对养生保健大有益处。

（2）豆浆

豆浆营养丰富，味美可口，富含人体所需优质植物蛋白、8种"必需的氨基酸"、多种维生素及微量元素，并且含有丰富的不饱和脂肪酸、大豆皂苷、异黄酮、卵磷脂等有益物质，营养价值很高。豆浆中不含胆固醇，所含的大豆皂苷能抑制体内脂肪发生过氧化现象，故能防止动脉硬化，延缓衰老。豆浆中含有的钙、烟酸等成分可防治年老者骨质疏松。另外，豆浆易于消化吸收，又价廉物美，对养生十分有益。

（3）乳品

牛奶、酸奶等乳制品对人体健康具有重要的意义，不仅在于它们能提供丰富的营养物质，帮助预防我国居民容易缺乏的三大营养素，还在于其中的蛋白质、活性肽和其他因素对机体的调节作用。此外，乳制品对预防心脑血管疾病有一定益处，牛奶中的蛋白质、肽，特别是发酵乳品的免疫调节功能也已被广泛确认。

（4）果蔬汁

蔬果汁能合理为身体补充维生素及其钙、磷、钾、镁等矿物质，能够调节身体体质，调理肠胃，推动消化酶代谢、缓解疲劳。新鲜的蔬果汁还能加快血液和组织液循环系统，有利于尿液、黏液和汗水的代谢，提升身体免疫力，降低病症，防衰老。果蔬汁有原果蔬汁、浓缩果蔬汁、果蔬汁糖浆等种类，是理想的保健饮品。

（5）保健饮料

强化饮料：是在配方中添加了某些人体所缺少的营养成分，添加的营养成分被称为强化剂。常用的强化剂有维生素、氨基酸、无机盐三大类，它们可以单独添加，也可以联合添加。

运动饮料：运动员是一种比较特殊的职业，他们在训练和比赛过程中，由于运动量过大，精神高度紧张，会失去大量水分、无机盐、维生素和能量，若不及时补充，人体就无法进行正常训练和比赛，不但会影响成绩，严重时还会导致运动员心律失常或者产生肌肉抽搐等后果。还有些职业，如高温作业、重体力劳动人群等，运动饮料对他们也同样适用。

疗效滋补饮料：是一种对人体某些疾病有疗效、对机体有滋补作用的饮料。这类饮料对某些疾病，特别是慢性病，如高血压、神经衰弱、冠心病、肥胖病、风湿病等病症有独特疗效。主要是饮料里含有传统中草药成分。

拓展阅读2

其他保健饮料：具有一定的生理调节功能，可促进人体健康的保健饮料，如花粉饮料、固体饮料等。

本章小结

本章主要内容包括康养旅游餐饮的组成要素与表现形式。重点介绍了康养旅游餐饮营养要素、康养旅游餐饮食材要素、康养旅游餐饮食品制作要素。并从药膳、茶膳、保健酒水等方面阐述了康养旅游餐饮的具体表现形式。

思考与练习

一、填空题

1. 茶膳的营养有_____、_____、_____等。
2. 人体缺乏铁易患_____症，儿童缺钙易患_____症，成人缺钙易患_____症。
3. 《中国居民膳食指南》将食物分成谷类和薯类、蔬菜和水果类、_____、_____、_____等五大类。
4. 人体必需的六大营养素有碳水化合物、_____、_____、_____、_____、_____。
5. 药膳的功效有_____、_____等。

二、选择题

1. 根据国人的饮食习惯，人体能量最重要的营养素是_____。
   A. 蛋白质　　　B. 脂肪　　　C. 碳水化合物　　　D. 维生素
2. 下列维生素中，_____摄入过多时，易产生过多症。
   A. 维生素 A　　　B. 维生素 C　　　C. 维生素 E　　　D. 维生素 B_1
3. 食材中的维生素在食品制作过程中损失最大的是_____。
   A. 矿物质　　　B. 动物胶　　　C. 蛋白质　　　D. 油脂类
4. 痛风旅游者不宜食用_____。
   A. 谷物　　　B. 面食　　　C. 蔬菜　　　D. 动物内脏
5. 黄酒是所有酒类中最健康的酒，据统计其含有的氨基酸共_____种。
   A. 11　　　B. 21　　　C. 31　　　D. 41

三、问答题

1. 什么是营养素？

2. 举例说明蛋白质的互补作用。

3. 合理烹饪的意义是什么？

4. 如何为康养旅游者合理配菜？

5. 在康养餐饮食品制作过程中，如何减少原料类营养素的损失？

四、实践题

根据三春的气候变化而对应的饮食要求，季节中时间的不同，饮食也各有侧重，相应的食材选择也各有不同。请试着根据自身的特点，列出自己在春季不同时间段的食材选择。

参考答案

第三章

康养旅游餐饮的分类

本章重点

本章主要介绍康养旅游餐饮菜品、康养旅游餐饮饮品的相关概念，重点介绍康养餐饮特色菜品的常见分类与特色饮品的分类。

学习目标

通过本章内容,学习者可以掌握康养旅游餐饮菜品的特点,通过康养旅游餐饮菜品的特点可以总结出其概念;还可以掌握康养旅游餐饮饮品的概念,并了解康养旅游餐饮饮品的常见重要分类。

本章思维导图

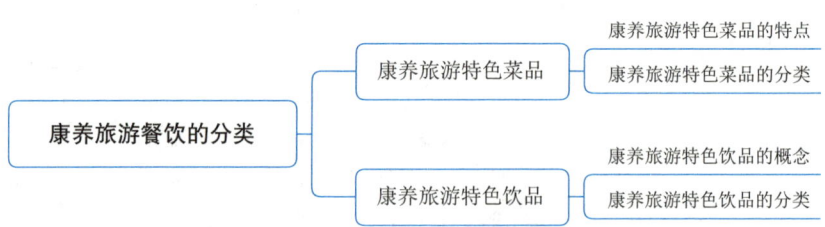

第一节　康养旅游特色菜品

营养膳食是康养旅游中的重要环节，随着人们物质生活水平的提高，食品的安全与健康越来越受重视，消费者也更加追求菜肴的品质和特色。在竞争十分激烈的餐饮市场，康养餐饮的崛起和发展壮大必须依托于特色餐饮品的不断开发，满足消费者的新需求，才能在市场竞争中立于不败之地。

一、康养旅游特色菜品的特点

（一）与医疗保健联系紧密

早在几千年前，我国人民就开始重视养生，讲究"医食同源""药膳同功"。利用食物本身的药用价值，烹调出各种佳肴美味，达到强身健体、预防疾患、治疗疾病的目的。

饮食与康养是密不可分、相辅相成的。中国古代很多医疗典籍记载，口味与身体的调和是通过特定意义的饮食烹调达到长寿的目的，其中最具代表性的是《黄帝内经》中所记载的"五味入于口也，各有所走，各有所病，酸走筋，多食之，令人癃；咸走血，多食之，令人渴；辛走气，多食之，令人洞心；苦走骨，多食之，令人变呕；甘走肉，多食之，令人悗心。"

五味之甘而致四时之和气，可补五脏之不足。根据季节变换及食物特性口味合理安排饮食也是非常重要的内容。中医讲究饮食要五味平衡、比例合适、配合得当；日常膳食中，酸、甘、苦、辛、咸五味调配得当，可增进食欲、有益健康，反之则会带来危害。饮食康养，最主要、最集中的表现就是以味养生。因为味是人体气血平衡的生化之源，是人生命活动的物质基础。汉末张仲景指出："饮食滋味，以养于人，食之有妨，反能为害。"

（二）历史悠久

《黄帝内经·素问·藏气法时论》中明确指出了"五谷为养，五果为助，五畜为益，五菜为充，气味合而服之，以补精益气"的膳食搭配原则。它从医学角度高度概括了我国民族的康养饮食特色和康养饮食原则。

从古至今，我国广大人民群众经常利用现有的动植物原料来滋补身心、防病治病。唐代名医孙思邈说过："夫为医者，当须先晓病源，知其所犯，以食治之，食疗不愈，然后命药。"这说明我国古代就重视康养饮食养生的治疗，城镇、乡村到处都有食药兼用的食物原料，它们的根、茎、叶、花、果实和皮、肉、骨、血、脂、内脏，全部组合或按照一定比例组合，运用在食物烹调中，既可满足食欲、起到滋补作用，又可健身强体、治病疗疾。

二、康养旅游特色菜品的分类

中国是一个餐饮文化大国、烹饪大国，中国菜肴讲究色、香、味、性，选料极为广泛，从山珍海味到一般动植物，均可入菜。长期以来在我国某一地区由于地理环境、气候物产、文化传统、民族习俗以及饮食习惯等因素的影响，形成有一定亲缘承袭关系、菜品风味相近、知名度较高，并为部分群众喜爱的地方风味著名流派。康养菜品具有四大风味和八大菜系之说，其中四大风味为鲁、川、粤、淮扬；八大菜系一般指鲁（山东）菜、川（四川）菜、湘（湖南）菜、苏（江苏）菜、浙（浙江）菜、徽（安徽）菜、粤（广东）菜和闽（福建）菜。

中国"八大菜系"的烹调技艺各具风韵，其菜肴之特色也各有千秋。鲁菜历史悠久，"食不厌精，脍不厌细"，文化底蕴浓厚；川菜采巴蜀丰富的物产，烹巴蜀之美味，"七滋八味"尽在其中；湘菜，香甜酸辣，诸味俱全，风味浓郁；苏菜"金齑玉脍"，技法精妙，玲珑剔透；浙菜南料北烹，味贯南北，清鲜爽脆；徽菜古色古香，河鲜家禽，尽入其味；粤菜清淡鲜活，博采众长，影响深远；闽菜清鲜和醇，色香味形，无一不备。

（一）鲁菜

鲁菜，又叫山东菜，是我国北方的代表名菜、黄河流域烹饪文化的代表、中国饮食文化的重要组成部分。鲁菜历史悠久，自宋代以后鲁菜就成为"北食"的代表。明、清两代，鲁菜已成宫廷御膳主体，对京、津、东北各地的影响较大，因此鲁菜为八大菜系之首。鲁菜的形成和发展与山东地区的文化历史、地理环境、经济条件和习俗尚好有关。山东是我国古文化发祥地之一。地处黄河下游，气候温和，胶东半岛突出于渤海和黄海之间。境内山川纵横，河湖交错，沃野千里，物产丰富，交通便利，文化发达。其粮食产量居全国第三位；蔬菜种类繁多，品质优良，号称世界三大菜园之一，如胶州大白菜、章丘大葱、苍山大蒜、莱芜生姜等都蜚声海内外。鲁菜风味清香、鲜嫩、味醇，一菜一味，百菜不重。善于以葱香调味，原料多选用畜禽、海产、蔬菜，善用爆、熘、扒、烤、焗、拔丝、蜜汁等烹调手法，尤重制汤，清汤、奶汤的使用及熬制都有严格规定，菜品以清鲜脆嫩著称。

现今鲁菜是由济南和胶东两地的地方菜演化而成的，分为济南（齐鲁）风味菜、胶辽风味菜和孔府风味菜三种。并以济南风味菜为典型，在山东北部、天津、河北一带盛行。用高汤调制是济南菜的一大特色。擅长爆、烧、炸、炒，注重实惠，花色多样，善用葱姜。糖醋黄河鲤鱼、九转大肠、汤爆双脆、奶汤蒲菜、济南烤鸭等都是家喻户晓的济南名菜。德州菜也是齐鲁风味中重要的一支，代表菜有德州脱骨扒鸡。

胶辽风味菜，亦称胶东风味菜，以青岛菜为代表，流行于胶东、辽东等地。胶辽菜起源于福山、烟台、青岛，以烹饪海鲜见长，口味以鲜嫩为主，偏重清淡，讲究花色。青岛菜代表有肉末海参、香酥鸡、家常烧牙片鱼、崂山菇炖鸡、扒原壳鲍鱼、酸辣鱼丸、炸蛎黄、油爆海螺、大虾烧白菜、黄鱼炖豆腐。

孔府风味菜，以曲阜菜为代表。流行于山东西南部和河南地区，和江苏菜系的徐州风味较近。孔府菜有"食不厌精，脍不厌细"的特色，其用料之精广、筵席之丰盛堪与过去皇朝宫廷御膳相比。和江苏菜系中的淮扬风味并称为"国菜"。孔府菜的代表有一品寿桃、翡翠虾环、海米珍珠笋、炸鸡扇、燕窝四大件、烤牌子、菊花虾包、一品豆腐、寿字鸭羹、拔丝金枣。

（二）川菜

川菜也是一个历史悠久的菜系，其发源地是古代的巴国和蜀国。据《华阳国志》记载，巴国"土植五谷，牲具六畜"，并出产鱼盐和茶蜜；蜀国则"山林泽鱼，园囿瓜果，四代节熟，靡不有焉"。当时巴国和蜀国的调味品已有卤水、岩盐、川椒、"阳朴之姜"。在战国时期墓地出土文物中，已有各种青铜器和陶器食具，川菜的萌芽可见一斑。川菜的形成大致在秦始皇统一至三国鼎立之间。在秦末汉初就初具规模。唐宋时发展迅速，明清已富有名气，现今川菜馆遍布世界。在国际上享有"食在中国，味在四川"的美誉。

四川古称巴蜀之地，号称"天府之国"，位于长江上游，气候温和，雨量充沛，江河纵横，群山环抱，盛产粮油，蔬菜瓜果四季不断，家禽家畜品种齐全。正宗川菜以四川成都、重庆两地的菜肴为代表。重视选料，讲究规格，分色配菜主次分明，鲜艳协调。其特点是酸、甜、麻、辣香、油重、味浓，注重调味，离不开三椒（即辣椒、胡椒、花椒）和鲜姜，以辣、酸、麻脍炙人口，为其他地方菜所少有，形成川菜的独特风味，享有"一菜一格，百菜百味"的美誉。烹调方法擅长于烤、烧、干煸、蒸。川菜善于综合用味，收汁较浓，在咸、甜、麻、辣、酸五味基础上，加上各种调料，相互配合，形成各种复合味，如家常味、咸鲜味、鱼香味、荔枝味、怪味等23种。代表菜肴有大煮干丝、宫保鸡丁、鱼香肉丝、毛肚火锅、黄焖鳗、夫妻肺片、怪味鸡块、麻婆豆腐等。

国际烹饪大师屈浩认为，一方水土养一方人，传统的川菜太重口味、重油、高盐、偏麻辣，四川因为地域原因，湿气重，多吃一些花椒和辣椒除湿对身体很好，但是北方的气候偏干燥，多吃麻辣对身体也不利。对消费者来说，要尽量做到膳食合理搭配，像辣子鸡、毛血旺等辣椒较多的川菜，不妨搭配一些白萝卜。因为萝卜属于凉性，既能解辣，还能顺气。如果点了水煮鱼等含油较多的川菜，最好同时点一盘凉拌豆腐或凉拌黑木耳，清火又刮油。"苦"味食物更是油腻、麻辣的天敌，当首推苦瓜，不管是凉拌、素炒还是煲汤，都能达到去油清火的目的。

（三）湘菜

湘菜即湖南菜，是由湘江流域、洞庭湖地区和湘西山区等地方菜发展而成。湘江流域的菜以长沙、衡阳、湘潭为中心，是湖南菜的主要代表。其制作精细，用料广泛、品种繁多，特色是油多、色浓，讲究实惠。在品味上注重香酥、酸辣、软嫩。湘南菜擅长香酸辣，具有浓郁的山乡风味。湘菜历史悠久，早在汉朝就已经形成菜系，烹调技艺已有相当高的水平。早在西汉初期就有羹、炙、脍、濯、熬、腊、濡、脯、菹等多种技艺，现在擅长腊、熏、煨、蒸、炖、炸、炒等烹调方法。油重色浓，多以辣椒、熏腊为原料，刀法奇异，形态逼真，巧夺天工，口味注重香鲜、酸辣、软嫩。湖南菜最大特色一是辣，二是腊。其著名菜肴品种有腊味合蒸、东安子鸡、麻辣子鸡、红煨鱼翅、汤泡肚、冰糖湘莲、金钱鱼、油爆肚尖、生熏大黄鱼等。

（四）苏菜

苏菜即江苏地方风味菜。江苏是名厨荟萃的地方。我国第一位典籍留名的职业厨师和第一座以厨师姓氏命名的城市均在这里。制作野鸡羹供帝尧食用，被封为大彭国，亦即今天的徐州，故名彭铿，又名彭祖。夏禹时期，淮夷贡鱼、淮白鱼直至明清均系贡品。"菜美之者，具区之菁"，商汤时期的太湖佳蔬——韭菜花已登大雅之堂。春秋时齐国的易牙曾在徐州传艺，由他创制的"鱼腹藏羊肉"千古流传，是为"鲜"字之本。

苏菜由淮扬、金陵、苏锡、徐海四个地方风味组成，起始于南北朝时期，唐宋以后，与浙菜竞秀，成为"南食"两大台柱之一。其特点是浓中带淡，鲜香酥烂，原汁原汤浓而不腻，口味平和，咸中带甜。其烹调技艺擅长于炖、焖、烧、煨、炒。烹调时用料严谨，注重配色，讲究造型，四季有别。苏锡菜口味偏甜，配色和谐；淮扬菜清淡适口，主料突出，刀工精细，醇厚入味；金陵菜口味和醇，玲珑细巧，尤以鸭制的菜肴负有盛名。江苏菜式的组合也颇具特点，江苏"三筵"具有独特之处。其一为船宴，常见于太湖、瘦西湖、秦淮河；其二为斋席，常见于金山、焦山斋堂、苏州灵岩斋堂、扬州大明寺斋堂等；其三为全席，如全鱼席、全鸭席、鳝鱼席、全蟹席等。著名的菜肴品种有清汤火方、鸭包鱼翅、松鼠鳜鱼、西瓜鸡、金陵盐水鸭、天目湖砂锅鱼头、金蹬仙裙、扬州大煮干丝等。

（五）浙菜

浙菜以杭州、宁波、绍兴三种地方风味菜为代表，成名较早。浙菜系的历史也相当悠久。京师人南下开饭店，用北方的烹调方法将南方丰富的原料做得美味可口，"南料北烹"成为浙菜系一大特色，如过去南方人口味并不偏甜，北方人南下后，影响南方人口味，菜中也放糖了。汴京名菜糖醋黄河鲤鱼到临安后，以鱼为原料，烹成浙江名菜西湖醋鱼。

浙菜的特点是清、香、脆、嫩、爽、鲜，菜式小巧玲珑、清俊秀丽。浙江盛产鱼虾，又是著名的风景旅游胜地，湖山清秀，山光水色，淡雅宜人，故其菜如景，不少名菜来自民间，制作精细，变化较多。烹调技法擅长于炒、炸、烩、熘、蒸、烧，重原汁原味。久负盛名的菜肴有西湖醋鱼、生爆鳝片、东坡肉、龙井虾仁、干炸响铃、叫化童鸡、清汤鱼圆、干菜焖肉、大汤黄鱼、爆墨鱼卷、锦绣鱼丝等。

（六）徽菜

徽菜又称"徽帮""安徽风味"。以沿江、沿淮、徽州三地区的地方菜为代表构成的。皖南的徽州菜是徽菜系的主要代表，起源于黄山麓下的歙县，即古代的徽州。后因新安江畔的屯溪小镇成为"祁红""屯绿"等名茶和徽墨、歙砚等土特产品的集散中心，饮食业发达，徽菜的重点逐渐转移到屯溪，在这里得到进一步发展。宋高宗曾问歙味于学士汪藻，汪藻举梅圣俞诗对答"雪天牛尾狸，沙地马蹄鳖"。徽菜系在烹调技艺上擅长烧、炖、蒸，而爆、炒菜较少，重油、重色、重火工。其特点是选料朴实，讲究火工，重油重色，味道醇厚，保持原汁原味。徽菜以烹制山野海味而闻名。其烹调方法擅长于烧、焖、炖。著名的菜肴品种有符离集烧鸡、火腿炖甲鱼、腌鲜鳜鱼、火腿炖鞭笋、雪冬烧山鸡、红烧果子狸、奶汁肥王鱼、毛峰熏鲥鱼、无为熏鸭、方腊鱼、蝴蝶面等。

（七）粤菜

广东菜，简称粤菜，是我国八大菜系之一，有"食在广州"的美誉。粤菜系由广州菜、潮州菜、东江菜三种地方风味组成。广州菜包括珠江三角洲和肇庆、韶关、湛江等地的名食在内，地域最广，用料庞杂，选料精细，技艺精良，善于变化，风味讲究，清而不淡，鲜而不俗，嫩而不生，油而不腻。夏秋力求清淡，冬春偏重浓郁，擅长小炒，要求掌握火候和油温恰到好处。潮汕菜古属闽地，其语言和习俗与闽南相近。潮州菜以烹制海鲜见长，更以汤菜最具特色，刀工精巧，口味清醇，注重保持主料原有的鲜味，东江菜主料突出，朴实大方，有独特的乡土风味。

粤菜西汉时就有记载，南宋时受御厨随往羊城的影响，明清发展迅速。20世纪随对外通商，吸取西餐的某些特长，粤菜也推向世界，仅美国纽约就有粤菜馆数千家。粤菜的原料较广，花色繁多，形态新颖，善于变化，讲究鲜、嫩、爽、滑。调味有所谓"五滋（香、松、臭、肥、浓）""六味（酸、甜、苦、咸、辣、鲜）"之别。其烹调擅长煎、炸、烩、炖、煸等，菜肴色彩浓重，滑而不腻。尤以烹制蛇、狸、鼠等野生动物而负盛名，著名的菜肴品种有三蛇龙虎凤大会、五蛇羹、盐焗鸡、蚝油牛肉、烤乳猪、干煎大虾碌、冬瓜盅等。

（八）闽菜

闽菜是福建菜的简称，起源于福建省闽侯县，是以福州、泉州、厦门等地的菜肴为代表发展起来的。闽菜历来以选料精细，刀工严谨，讲究火候、调汤、佐料，和以味取胜而著称。其特点是以色调美观，滋味清鲜而著称。烹调方法擅长于炒、熘、煎、煨，尤以"糟"最具特色。又包括福州、闽南和闽西三路不同风味的地方菜。

唐朝徐坚的《初学记》有记载："瓜州红曲，参糅相半，软化膏润，入口流散。"当中的红曲，是唐以前中原地区的一种烹饪作料，之后这种作料随移民流入福建，并被当地人大量使用于食物中，红色自此也就成为闽菜烹饪艺术上的一大特色，出现了红糟鸡、红糟鱼等主要菜肴。随着时代发展，海外技艺的传入，闽菜也逐渐朝精细、清淡、典雅的品格演变，已发展成为格调甚高的一大菜系。

作为闽菜的三大主角，福州菜、闽南菜和闽西菜各有特色。福州菜善用红糟为作料，讲究调汤，予人以百汤百味、袭鼻之香，其中肉米鱼唇、茸汤广肚等都是极具地方特色的佳肴。闽南菜重鲜醇、清淡，用料讲究，善用香辣，东譬龙珠、炒沙茶牛肉、葱烧蹄筋等都反映了浓郁的闽南风味。闽西菜，以烹制山珍野味见长，特点是浓香醇厚，其代表作品有爆炒地猴、金丝豆腐干、烧鱼白等。

闽菜作为一个整体，具有鲜明的特征，主要体现在以下四点：一是刀工严谨，菜中生趣，其刀工有"切丝如发、片薄如纸"的美称，菜肴的造型更是别出心裁，让人叹为观止；二是汤菜居多，滋味鲜醇，因为福建拥有丰富的海产资源，而汤菜能保证质鲜味醇的烹饪要求，因此决定了汤菜的主导地位；三是调味奇异，偏于甜、酸、淡、善用糖、醋；四是烹制细腻，丰富多样，"坛启荤香飘四邻，佛闻弃禅跳墙来"，正是制作精细的当地煨菜之冠佛跳墙的生动写照。此外，色调洁白、鲜嫩松脆的生炒海蚌，酥香细嫩、滑润爽口的荔枝肉、肉烂味鲜、甜美适口的红糟羊等更是闽菜内涵丰富的体现。

由于福建地处东南沿海，盛产多种海鲜，如海鳗、蛏子、鱿鱼、黄鱼、海参等，因此，多以海鲜为原料烹制各式菜肴，别具风味。著名菜肴品种有佛跳墙、醉糟鸡、酸辣烂鱿鱼、烧片糟鸡、太极明虾、清蒸加力鱼、荔枝肉等。

第二节 康养旅游特色饮品

一、康养旅游特色饮品的概念

饮品主要指通过加工制作成的满足人们解渴及提供营养需求的液体，广受各年龄段消费群体的青睐。康养饮品不同于传统高热量饮品之处在于，无论从原材料选取还是调味添加剂，都立足于健康理念，是满足人们养颜健体需求的健康饮品。

二、康养旅游特色饮品的分类

（一）酒精饮料

酒，是指用粮食、水果等含淀粉或糖的物质发酵制成的含乙醇的饮料。酒中含有丰富的维生素、蛋白质、矿物质、氨基酸、糖分等营养成分。经医学证明，适量饮酒可使人兴奋、促进人体血液循环、驱寒散湿、预防疾病等养生保健作用。

1. 黄酒

黄酒是所有酒类中最健康的一类。黄酒营养丰富，含有麦芽糖、葡萄糖以及琥珀酸、乳酸、氨基酸、酯类和醛类等。其中，含有 21 种氨基酸，其中 8 种为人体不能自我合成。黄酒南方以糯米，北方以黍米、粟及糯米（北方称江米）为原料，一般酒精含量为 14%~20%，属于低度酿造酒。黄酒历史悠久，与啤酒、葡萄酒并称为世界三大古酒。

功效与适宜人群

①黄酒能提供人体所需的氨基酸、有机酸、糖分和维生素等多种营养成分；

②黄酒中含有丰富的维生素（如：维生素 E、维生素 B_1、B_2）和烟酸，

可抗衰老和美容养颜，特别适宜于女性饮用；

③适量饮用黄酒后，可加速人体新陈代谢和血液循环，起到减肥的作用，适宜于减肥人群；

④黄酒中的多种功能性低聚糖进入人体后，可促进双歧杆菌的生长发育，可增强人体的免疫力，改善肠道功能，适宜于肠道功能弱的人群；

⑤在民间有产妇适量饮用黄酒用于促进子宫收缩，顺利排出恶露、祛风活血、舒筋活络的习俗。在煮黄酒时，可加入荔枝、桂圆、人参、红枣、核桃，能起到补气养血的作用；

⑥寒冷的冬季，加入少许姜片与黄酒温煮后饮用，可驱寒暖身，同时还可预防感冒发生，适宜于手足冰凉、易寒体质的人群；

⑦黄酒不仅是一种酒，同时也是一种理想的"药引子"。由于它的酒精度适中，能有效地溶解出中药的成分，可达到较好的治疗功效，从而被广泛使用。

2. 葡萄酒

根据国际葡萄与葡萄酒组织的规定（OIV，1996），葡萄酒只能是破碎或未破碎的新鲜葡萄果实或葡萄汁经完全或部分酒精发酵后获得的饮料，一般酒精度数在8%~14%。葡萄酒品种繁多，口感不一，营养与保健价值颇高，是健康养生的佳品。

（1）功效与适宜人群

①葡萄酒中含有人体必不可少的维生素、矿物质、糖、氨基酸等多种营养成分，可被人体直接吸收，并产生较高的氧化剂作用，能消除或对抗自由基，具有防衰老、延年益寿的养生功效，一般人均可饮用；

②葡萄酒中的钙、镁、钾可起到预防心脏疾病、保护心肌的作用，研究发现，常饮葡萄酒可以降低70%的心脏病死亡率，故患心脏病或心肌功能弱的人可适量饮用；

③经科学研究发现，葡萄酒中的"白藜芦醇"非酒精成分对软化血管、降低甘油三酯和胆固醇有明显的功效，患甘油三酯和胆固醇的人群可选择饮用；

④研究证明，保留在葡萄皮中的"白藜芦醇"自然化合物可抑制肺部疾病中有害化学物质的产生；

⑤长期按照女性1杯、男性2杯为标准的饮酒量饮用低甜度、低酒精度的葡萄酒，可预防糖尿病；

⑥葡萄酒在增食欲、促消化、利尿、杀菌方面也有较强的作用，可谓医养功效不少，深受大众喜爱。

（2）分类

①按照是否含有二氧化碳分

天然（静态）葡萄酒：一次性自然发酵，葡萄酒内不含二氧化碳。

起泡酒和汽酒：二次发酵，葡萄酒内含有二氧化碳。香槟酒就是起泡酒。

②按颜色分

红葡萄酒：红黑葡萄带皮、带梗酿造，葡萄皮和梗中最重要的就是颜色和单宁物质，而单宁物质构成葡萄酒的骨架和灵魂。

白葡萄酒：白葡萄品种和红黑葡萄去皮以后发酵酿造。其特点为单宁少、果香浓郁、涩度小，适合初次接触葡萄酒的人。

桃红葡萄酒：红葡萄品种在酿造过程一半的时候去掉皮渣取得。

③按含糖量分

干型：含糖量（以葡萄糖计）≤ 4.0g/L（干红、干白也就是干型红、白葡萄酒）。

半干型：含糖量（以葡萄糖计）4.1g/L~12.0g/L。

半甜型：含糖量（以葡萄糖计）12.1g/L~45.0g/L。

甜型：含糖量（以葡萄糖计）≥ 45.1g/L。

④特种葡萄酒

利口葡萄酒：在天然葡萄酒中加入白兰地、食用蒸馏酒精或葡萄酒精、浓缩葡萄汁等，酒精度在15%~22%。

加香葡萄酒：以葡萄原酒为基酒，经浸泡芳香植物或加入芳香植物浸泡的浸出液（或蒸馏液）而制成的葡萄酒。

冰葡萄酒：经葡萄推迟采收，当气温低于-8℃，使葡萄在树上保持一定时间，结冰，然后采收、带冰压榨，用此葡萄汁酿造的葡萄酒（加拿大冰酒）。

贵腐葡萄酒：在葡萄成熟后期，其果实感染了贵腐葡萄球菌，使果实的成分发生明显的变化，用这种葡萄酿造的葡萄酒。

强化葡萄酒：酿造过程中加入酒精，酒精度在16%~22%，主要代表有西班牙雪利酒、葡萄牙波特酒。

葡萄蒸馏酒：经过蒸馏但没经过调配的葡萄酒。

⑤按葡萄汁含量分

全汁葡萄酒：是发酵原酒，酒中除加入杀菌剂外，不另外加入酒精、糖等其他成分。

半汁葡萄酒：除酒精、糖分以及50%的葡萄汁外，其余全部为辅料。

3. 啤酒

啤酒是由水、麦芽、酵母和啤酒花组成的天然饮品，是一种古老的酒精饮料，已有几千年的生产历史，是世界三大古酒之一。如今啤酒已成为世界上产量最多、分布最广的饮料酒。啤酒是一种营养丰富的低酒精浓度的饮料酒，享有"液体面包"的美称。啤酒具有较高的热量，1L 啤酒的热量相当于 20g 面包、5 个鸡蛋或 200g 牛奶产生的热量。啤酒含有多种维生素，尤以 B 族维生素最突出。另外，啤酒中含有蛋白质、17 种氨基酸和矿物质。

（1）功效与适宜人群

①啤酒中含有大量的有机酸，具有清醒、提神的作用。适量饮用可减少过度兴奋和紧张情绪，并能促进肌肉松弛；

②啤酒中低含量的钠、酒精、核酸能增加大脑血液的供给，扩张冠状动脉，加快人体的代谢活动；

③啤酒含大量维生素 B 族，特别是维生素 B_{12}、维生素 B_2（核黄素）。维生素 B_{12} 对抗贫血和调节大脑中枢神经代谢机制有一定好处。维生素 B_2 对保护视力有重要作用；

④啤酒能起到很好的减肥效果。因为啤酒中含有非常少的钠、蛋白质和钙，不含脂肪和胆固醇，对抑制体形的过快增长非常有效；

⑤啤酒中主要含有大麦、醇类、酒花成分和多酚物质，能增进胃液分泌，兴奋胃功能，提高其消化吸收能力；

⑥啤酒是由天然原料制成，是可靠的纯天然食品；

⑦啤酒具有较高的水含量（90% 以上），喝起来清火润喉，夏日一杯啤酒，恰似清凉爽心头，其感觉美不胜收。

（2）分类

①按颜色分

淡色啤酒：俗称黄啤酒，根据其颜色的深浅不同，又将淡色啤酒分为三类，其一为淡黄色啤酒，酒液呈淡黄色，清亮透明，香气突出，口味淡雅；其二为金黄色啤酒，呈金黄色，口味清爽，香气突出；其三为棕黄色啤酒，酒液大多呈褐黄、草黄，口味稍苦，略带焦香。

浓色啤酒：色泽呈棕红或红褐色，原料为特殊麦芽，口味醇厚，苦味较小。

黑色啤酒：酒液呈深棕红色，大多数红里透黑，故称黑色啤酒。

②按麦汁浓度分

低浓度啤酒：原麦芽汁浓度为 7%~8%，酒精含量在 2% 左右。

中浓度啤酒：原麦芽汁浓度为 11%~12%，酒精含量在 3.1%~3.8%，是中国各大型啤酒厂的主要产品。

高浓度啤酒：原麦芽汁浓度为 14%~20%，酒精含量在 4.9%~5.6%，属于高级啤酒。

③按是否经过杀菌处理分

鲜啤酒：又称生啤酒，是指在生产中未经杀菌的啤酒，但也属于可以饮用的卫生标准之内。此酒口味鲜美，有较高的营养价值，但酒龄短，适于当地销售。

熟啤酒：经过杀菌的啤酒，可防止酵母继续发酵和受微生物影响，一般酒龄长、稳定性强，适于远销，但口味稍差，酒液颜色深。

④按传统的风味分

白啤酒或称麦酒（Ale）：主要产于英国，是用麦芽和酒花酿制而成的饮料，采用顶部高温发酵法，酒液呈苍白色，具有酸味和烟熏麦芽香，酒精含量为 4.5%，麦芽浓度为 5%~5.5%。饮时需稍加食盐，为欧洲人所喜爱。

黄啤酒（Beer）：是市场上销售最多的一种啤酒，呈淡黄色，味清苦、爽口、细致。目前世界上公认 12°（指麦芽浓度）以上的啤酒为高级啤酒，酒精含量一般在 3.5% 左右。

熟啤酒或称拉戈啤酒（Lager）：主要产于美国，采用底部低温发酵法酿制，在储存期内使酒液中的发酵物质全部耗尽，然后充入大量二氧化碳气装瓶，是一种彻底发酵的啤酒。

烈啤酒或称司都特啤酒（Stout）：主要产于英国和爱尔兰。它与白啤酒风味近似，但比白啤酒强烈。此酒最大的特点是酒花用量多，酒花、麦芽香味极浓，略有烟熏味。

黑啤酒或称跑特啤酒（Porter）：最初是伦敦脚夫喜欢喝的一种啤酒，故以英文"Porter"相称。使用较多的麦芽、焦麦芽，麦汁浓度高，香味浓郁，泡沫浓而稠，酒精含量为 4.5%，其味较烈啤酒要苦、浓。

烈黑啤酒或称博克啤酒（Bock）：是一种使用焦香麦芽和黑麦芽酿制的浓质啤酒，通常比一般的啤酒黑而甜，但酒性最强，酒精浓度一般在 7%~12%。它通常是冬天制，春天喝。最早出现于 13 世纪的德国。

扎啤（Jar）：即高级桶装鲜啤酒。这种啤酒的出现被认为是啤酒生产史上的一次革命。鲜啤酒即人们称的生啤酒，它和普通啤酒相比只是在最后一道工序中未经杀菌处理。鲜啤酒中仍有酵母菌生存，所以口味淡雅清爽，酒花香味浓，更易于开胃健脾。生啤酒的保存期是 3~7 天。随着无菌罐装设备的不断完善，现在已有能保存 3 个月左右的罐装、瓶装和大桶装的鲜啤酒。啤酒的酵母菌是由多种矿物质组成的细胞体，维生素含量高，且无毒性，常饮新鲜啤酒对身体有益。

⑤按啤酒酵母性质分

上发酵啤酒：在发酵过程中，酵母随着二氧化碳浮到发酵液面以上，发酵温度为15℃~20℃。啤酒的香味突出。属于高温发酵啤酒。

下发酵啤酒：发酵完毕后，酵母凝聚沉淀到发酵容器底部，发酵温度为5℃~10℃。啤酒的香味柔和。属于低温发酵啤酒。世界上绝大部分国家采用的都是下发酵啤酒。我国生产的啤酒均为下发酵啤酒，著名品牌有青岛啤酒、燕京啤酒、雪花啤酒等。

4. 中国白酒

中国白酒是以谷物为原料，以大曲、小曲或麸曲以及酒母等为糖化发酵剂，经糖化、发酵、蒸煮、蒸馏、勾兑调校而制成的含有酒精的饮料。酒质无色（或微黄色）透明，质地纯净，无浑浊，气味芳香醇正，入口绵甜爽净，酒精含量较高，刺激性较强，经储存老熟后，具有以酯类为主体的复合香味。饮后留余香，比较有回味。

（1）功效与适宜人群

①有失眠症者睡前饮少量白酒，有利于睡眠；

②适量饮用白酒可使循环系统发生兴奋效能；

③适量饮用可延缓衰老，预防心脑血管病、癌症；

④能刺激胃液与唾液分泌，起到健胃作用；

⑤有通风、散寒、舒筋、活血作用。

（2）分类

①按照香型分

酱香型：以贵州茅台酒为代表，又称茅型。口感风味具有酱香、细腻、醇厚、回味长久等特点。

浓香型（大曲香型）：以四川泸州老窖大曲酒为代表，又称泸型。口感风味具有芳香、绵甜、香味协调等特点。

兼香型：以安徽口子窖为代表，其口感"香气馥郁，窖香优雅，富含陈香、醇甜及窖底香"。兼香型白酒的特点是酱香协调、优雅舒适、细腻丰满、回味爽净、余味悠长、风格突出。

米香型：以广西桂林三花酒为代表，口感风味具有蜜香、清雅、绵柔等特点。

凤香型：代表产品是陕西西凤酒，以乙酸乙酯的香气为辅。其特点是清而不淡、浓而不艳、无色、入口突出醇的浓厚、挺烈、非暴烈、落口干净、爽口。

芝麻香型：以山东景芝酒为代表。此类酒香气淡雅，焦香突出，入口芳香，以焦香、煳香气味为主，无色、清亮透明，口味比较醇厚、爽口，后味稍有苦味。

豉香型：以广东玉冰烧酒为代表。以大米为原料、小曲为糖化发酵剂，边固态液态糖化边发酵酿制而成。

清香型：以山西汾酒、二锅头、老白干为代表，又称汾型。具有清香、醇甜、柔和等特点，是北方的传统产品。

特香型：以四特酒为代表。以大米为原料，中高温大曲为糖化发酵剂，香味协调，入口绵甜、圆润，余味悠长。

药香型：以贵州董酒为代表。又称董型。其特点是清澈透明，香气典雅，品味浓郁甘美、略带药香、协调醇甜、爽口，后味悠长。

②按酒精度分

高度白酒：酒精含量50%以上的白酒。

中度白酒：酒精含量在40%~50%之间的白酒。

低度白酒：酒精含量为40%以下的白酒。

5. 其他酒精饮品

世界上比较著名的酒精饮品还有威士忌、白兰地、伏特加、金酒、特基拉酒、朗姆酒、利口酒、味美思、苦味酒、茴香酒、鸡尾酒等。

（二）无酒精饮料

1. 中国茶

中国茶，历史甚为久远，种类繁多。通常将茶分为六大类，即绿茶、黄茶、白茶、乌龙茶、红茶、黑茶。茶叶中保留了大量的茶多酚、茶色素、茶多糖等天然物质和多种对人体有益的营养成分，有提高人体的免疫力和杀菌力、抑制和预防疾病的发生、清热解毒、提神醒脑、减肥瘦身、美容养颜等功效，一般人四季均可饮用。

功效与适应人群

①绿茶

据文字记载，绿茶是中国历史最为久远的茶类，是以采摘茶树最新的芽或叶后，经过杀青、揉捻、干燥等主要工序制作而成，属于不发酵茶。

绿茶性凉、微寒，含有大量的茶多酚、脂多糖、维生素C等营养成分，有助于清热解毒、提神醒脑、保肝明目等，特别适合偏热或易上火体质、长期食用油腻食物或饮酒及抽烟者、久坐上班族、三高（高血糖、高血脂、高血压）人群在春夏季节饮用。

② 黄茶

黄茶的制作工艺与绿茶相近，是在绿茶制作的基础上增加一道"闷黄"工艺，故黄茶属于"轻发酵茶"类。

黄茶的性质介于绿茶和红茶之间，功效除与红茶相似的促消化外，还特别对改善肥胖体质有较为明显的作用。

③ 白茶

白茶系微发酵茶，多选择茶叶的芽头为成品茶，芽头的背面生长的一层细茸毛干燥后呈白色，故因此而得名。

白茶性凉，与绿茶的功效相近。焦虑、压力甚大者可常饮白茶，以达到舒缓压力、稳定情绪的功效。

④ 乌龙茶

乌龙茶属于半发酵茶，性质与黄茶相同，有减肥去脂、促进消化、利尿、缓解秋燥等功效。肥胖人群可长期饮用。

⑤ 红茶

红茶系全发酵茶，因冲泡后，茶汤颜色呈红色，味醇香甜而得名。

红茶性温，有驱寒暖胃、生津利尿、促消化等作用，适用于怕冷体质和肠胃功能弱的人群饮用。

⑥ 黑茶

黑茶系后发酵茶，因成品茶的外观呈黑色，故得名。黑茶性温，与红茶的驱寒暖胃，乌龙茶的减肥去脂、促进消化功效相同。适用于肥胖体质、肠胃功能弱和高血脂、高血压、高血糖的"三高"人群。

2. 花草茶

除中国茶外，源于欧洲的花草茶在养生保健方面的功效也不可小觑。花草茶是一种仅选取花卉植物中的花蕾、花瓣或嫩叶为材料，经过采收、干燥、加工后制作而成的保健饮品。花草茶虽以茶命名，但因其并不含有任何茶叶成分，故不能将其归为真正意义的茶饮，而应属于香草类的饮品。

功效与适宜人群

花草茶中含有大量的矿物质、维生素、鞣质、精油、苦味素等物质，不仅能增强人体免疫力、利尿、止咳、防腐、防心血管疾病、防癌，还具有极高的美容养颜保健功效。不同体质的人群在四季均可选用花草茶饮用。

① 茉莉花、藿香、紫苏叶泡茶，适合肥胖体质、冠心病、糖尿病、中风者饮用；

② 山楂、陈皮、菊花、玉蝴蝶泡茶，适合抑郁气质人群饮用；

③ 车前子、薄荷、紫苏叶泡茶，适合心情易急躁、脸部易油光、身体疲

倦者饮用；

④罗汉果、菊花、人参花泡茶，适合易感冒、气短、疲倦者饮用；

⑤益母草、桃花、桃仁泡茶，适合皮肤暗淡无光、有斑点、干燥者饮用；

⑥百合、何首乌、西洋参、地黄泡茶，适合口干舌燥、心情易烦躁、瘦弱体质者饮用；

⑦桂花、茉莉花、生姜泡茶，适合易寒怕冷体质人群、缺乏阳气者。

 案例 3-1

养生茶饮品配方

（1）红枣葱白汤

原料：红枣 20 颗，葱白 10 棵，红糖适量。

制法：先把红枣用温水泡发、洗净，放入砂锅中，加清水适量，上火煎 30 分钟；然后将葱白打扁，与红糖一起放入红枣沸水中，继续用小火煎 10 分钟即可食用。

功效：可以祛风散寒、健脾养心。适用于神经衰弱、失眠、胸中烦闷以及风寒感冒、咳嗽等。

（2）生姜红糖水

原料：红糖 30g，无核金丝枣 4 颗，姜片。

制法：将红糖、无核金丝枣、姜片放入炖煮的容器中，注入适量清水（用矿泉水最好），盖上盖子炖煮半个小时即可。

功效：具有养血、活血作用，可改善体表循环、治疗伤风感冒。需要注意的是，生姜红糖水只适用于风寒感冒或淋雨后胃寒，不能用于暑热感冒或风热感冒。

（3）红枣桂圆茶

原料：桂圆 10 颗，红枣 20 颗，白糖适量。

制法：将桂圆去除外壳以及果核，红枣去除果核；然后将桂圆、红枣以及白糖一起放入杯子之中，加入开水进行冲泡，十分钟之后就可以服用了。

功效：桂圆具有很好的补气、补血以及润肤等功效，日常如果身体出现了气血不足、神经衰弱或者是虚弱的情况，服用之后可获得很好的效果。

（4）柠乐姜茶

原料：可乐 300ml，姜丝，柠檬片。

制法：准备一瓶可乐。把柠檬切片，姜去皮切丝待用，找一个可直烧的壶，将柠檬片和姜丝置于里面，加入适量的可乐，于电磁炉上烧开，倒入一个色彩斑斓的杯子。

功效：人们在感冒初起时，会煮沸可乐，加入柠檬及老姜，相信此举能消除感冒，暖水、姜可舒缓发冷及喉部不适。

（5）姜枣茶。姜枣茶是冬季养生推荐的一道热饮，非常适合脾胃虚寒、怕冷的朋友。

原料：生姜50g，红枣20枚，蜂蜜适量。

制法：每天将适量生姜、红枣切片煮熟后，放温，再加一些蜂蜜。

（6）紫苏生姜红枣汤

原料：鲜紫苏叶10g，生姜3块，红枣15g。

制法：先将红枣放在清水里洗净，然后去掉枣核，再把姜切成片。将鲜紫苏叶切成丝，与姜片、红枣一起放入盛有温水的砂锅里用大火煮，锅开以后改用文火炖30分钟。然后将紫苏叶、姜片捞出来，继续用文火煮15分钟。

功效：此汤具有暖胃散寒、助消化行气的作用。

（7）红参大枣茶

原料：红参半颗，红枣6枚，枸杞适量。

制法：将半颗红参泡入热水，加上适量红枣、枸杞，还可以加几片生姜或者三四颗桂圆干，最后加点红糖调味。

功效：红参能益气摄血，用于体虚欲脱、肢冷脉微，还有改善心力衰竭的成效。冬天喝些红参，不仅暖胃，对痛经的疗效也非常好。

3. 蔬果汁饮品

蔬果汁饮品是以新鲜蔬菜和水果以及其他一些材料为原料经过物理方法如压榨、离心、萃取等得到汁液产品，再经加工制成的饮品。因做法简单、营养丰富，兼具养生保健功能而备受人们青睐。尤其是近些年来，随着物质条件的丰富，在家里自己手工制作蔬果汁已成为越来越多人的选择。

（1）蔬果汁饮品分类

①纯蔬果汁：顾名思义，是指使用某一种单一蔬菜或水果为原料制作的蔬果汁；

②复合果汁：使用多种蔬菜和水果制作的混合蔬果汁。

（2）功效和适应人群

果汁中保留了水果中的大部分营养成分，例如维生素、矿物质、糖分和膳食纤维中的果胶等，常喝果汁可以助消化、润肠道，补充膳食中营养成分的不足，有助于增强人体免疫力、促进人体新陈代谢、补充因运动流失的糖分和水分、预防疾病等功效，男女老少皆宜。

①苹果汁：性平，苹果有生津、止渴、润肺、养神、除烦、清热、解毒、化痰、开胃、降低血脂、补充能量等多重功效。适合调理肠胃，促进肾机能，预防高血压；

②橙子汁：性温。橙子有去油消脂、美容、改善便秘、降低血脂、促进肠道蠕动，有利于清肠通便，排出体内有害物质。能够补充人体一天所需的维生素C，促使肠胃正常工作；

③菠萝汁：性平，帮助消化，去除油脂。具有清热解渴、消积止泻的功效，对去除体内毒素、维持血管和心脏正常运作有一定功效。但有皮肤湿疹的人不宜饮用；

④椰子汁：有止咳润喉，预防关节炎、心脏病的功效；

⑤香蕉汁：性寒。香蕉中含有大量的果胶，可以帮助胃肠蠕动，易排便，还能吸附肠道内的细菌和毒素，能保持血脉畅通、滋润肺肠、强健肌肉；

⑥葡萄柚汁：有降压和维持肾脏功能、预防癌症的功效；

⑦葡萄汁：性平。有舒筋活血、开胃健脾、助消化、补虚、止吐、镇痛、提神、抗衰老等功效。常食可辅助治疗神经衰弱和过度疲劳。有安神、促消化、强肝、强肾的功效；

⑧芒果汁：性凉。祛痰止咳，对咳嗽、痰多、气喘等症有辅助治疗作用。同时能抗癌，促进肠胃蠕动，富含胡萝卜素，能保护视力，润泽肌肤，促进新陈代谢；

⑨梨汁：可维护肠胃功能正常运行；

⑩西瓜汁：性寒。具有清热消烦、止渴解暑、宽中上气、利小便、降血压、治血痢、解酒毒等功效，并能很好地补充皮肤所缺少的水分；

⑪草莓汁：能强健神经、止泻、利尿、补充血液；

⑫柠檬汁：性寒。具有祛暑消炎、生津止渴、去脂的功能，可促进消化、清理肠胃、排毒素、化痰止咳、滋润肌肤、振奋精神、补充人体所需的维生素C。女性可经常食用；

⑬木瓜汁：性平。含有食物纤维、维生素C、木瓜蛋白分解酵素、钙、钾、铁等，能促消化、润肺。适合少女、肠胃不佳及便秘者食用；

⑭李子汁：性平。具有清肝、生津、利尿等功效，有助于消除疲劳，改善便秘，预防贫血，增进食欲；

⑮猕猴桃汁：性寒。有清热生津、利尿、健脾胃等功效，可用于改善消化不良、食欲不振以及尿路结石；

⑯橘子汁：性凉。橘子能生津止渴、开胃理气、解酒润肺、通便。适合

消化不良、胃酸不足的人食用；

⑰白萝卜汁：性凉。白萝卜有润肺止渴、活血化痰、健脾止泻等功效，对咳嗽痰多、感冒等均有疗效；

⑱卷心菜汁：性平。富含维生素，能够有效地调理肠胃；

⑲菠菜汁：性凉。滋阴润燥、养血止血、通肠利胃，对于便秘、贫血、高血压以及血虚所引起的头晕等均有疗效；

⑳黄瓜汁：性凉。具有消除水肿和利尿功效，富含维生素C，有助于美白抗氧化，黄瓜含96%的水分，热量低，富含钾，因此常被拿来减肥食用；

㉑番茄汁：性寒。有美容养颜、消除疲劳、增进食欲、消除胃胀、提高消化蛋白质能力等功效。体质虚寒者不宜吃太多，肠胃不佳之人也不能空腹吃；

㉒胡萝卜汁：性凉。富含β-胡萝卜素、钠、钾等，抗氧化能力强，属高纤维低热量食物，能增强体力及抵抗力。可预防干眼症、夜盲症，消除眼部疲劳，尤其适合用眼过度的人；

㉓苦瓜汁：性寒。具有清热降火之功效，富含维生素C，能增强免疫力，促进肌肤的新陈代谢；

㉔油菜汁：性温。可清血散热，富含钙、铁以及多种维生素。有口腔溃疡、牙龈出血、便秘等症状的人可以多吃；

㉕南瓜汁：性温。有润肺补中的功效，含有胡萝卜素，可增强视力，还能预防感冒，预防皮肤粗糙；

㉖洋葱汁：性温。发散风寒、增进食欲、促进消化、防癌抗癌、提神抗氧化、防治骨质疏松症。含前列腺素A，能扩张血管、降低血液黏度。富含微量元素硒，能增强细胞的活力和代谢能力，防癌抗衰老，对复发性口腔溃疡有一定疗效；

㉗芹菜汁：性寒。含有蛋白质、多种维生素、烟酸、钙、铁、镁等，富含钠离子、钾离子以及人体不可缺少的膳食纤维，能降血压，可以预防高血压和肥胖等症；

㉘甜椒汁：性热。含丰富的维生素C、B族维生素及胡萝卜素，为强抗氧化剂，可抗白内障、心脏病和癌症。所含的维生素C远胜于其他柑橘类水果，比较适合生吃；

㉙橘子胡萝卜汁：可除斑、美肤、抗氧化、降低胆固醇；

㉚葡萄菠萝杏汁：可清理肠道、利尿、止泻、防止感染；

㉛木瓜生姜汁：可防衰老、抗癌；

㉜芒果椰子汁：可防暑、促睡眠、促饮食；

㉝菠菜柳橙汁：对荨麻疹、气喘、恶性贫血等有一定疗效；
㉞红枣苹果汁：可养血、安神、益气，特别适合生长发育中的孩童；
㉟蜂蜜苹果胡萝卜：可强健牙齿和骨骼。改善皮肤粗糙，防眼疾、癌症；
㊱苹果葡萄汁：可预防心脏病、血压上升、动脉硬化；
㊲番茄芹菜柠檬汁：适宜于肥胖体质人群，具有较好的减肥功效；
㊳番茄哈密瓜汁：消除疲劳、增强体力，适宜于运动后饮用；
㊴青苹果薄荷汁：可美白、抗皱、调养肌肤；
㊵香蕉牛奶：可增食欲、促消化；
㊶草莓柠檬汁：减缓压力、消除疲劳、增强抵抗力、美容养颜；
㊷桃子柿子汁：可增强人体免疫力。

◀◀◀ 案例 3-2 ▶▶▶

养生蔬果汁饮品配方

（1）苹果茶。苹果是好吃又养生的水果，还能够做茶饮。

原料：苹果1枚，肉桂粉适量，方糖1枚。

制法：把苹果连果皮一同放到清水中，撒一点肉桂粉煮沸，再加入红茶和方糖即可。

功效：苹果营养丰厚，且易被人体吸收，是四大水果之冠。多吃苹果能爱护心脏，降低患感冒的概率，还能改善呼吸系统和肺功能。不只如此，苹果还能润滑、娇嫩肌肤，热量又很低，是美容减肥的好水果。

（2）蜂蜜柚子茶。甘美又顺口，是很多女性喜爱的饮品，假定能自己亲手分配一杯，喝起来会愈加适口，而且制作也很简单。

原料：柚子1枚，蜂蜜适量。

制法：将柚子皮洗净温水浸泡，再切成细丝，和捣碎的果肉一起，用中小火慢熬1小时，冷却至60摄氏度以下，再加入蜂蜜拌匀，搁置15天就可以食用了。想喝的时候，用适量的温开水调匀即可。

功效：蜂蜜柚子茶是很好的养生饮品，具有清凉祛火、镇咳化痰、养颜益寿等效果，尤其适合女性长期食用，能让你愈加健康美丽。

（3）金橘柠檬茶

原料：金橘3枚，柠檬半枚。

制法：取金桔2~3颗切开待用，半个柠檬取汁，而后用开水冲泡，加入喜欢的红茶即可，还可以适当放点冰糖。

功效：金橘带着幽香的酸味，已经完整成熟了的小金橘带着分外香甜的味道，配合柠檬的酸味，在带给你酸甜清新口感的同时，用丰富的维生素C帮你抵抗感冒的侵袭。

4. 咖啡

咖啡，是用经过烘焙磨粉的咖啡豆制作出来的饮料。它源于埃塞俄比亚，距今已有2000多年的发展历史，与茶、可可并称为世界三大饮料。

功效与适应人群

①咖啡中的咖啡因能抑制人体疲劳因子的功能发挥，具有提神或消除疲劳的作用，同时还能提高人体3%~10%的新陈代谢率，能提高10%~29%的脂肪燃烧速率，具有快速减脂的作用。肥胖人群可在每天早上喝一杯咖啡，有助于减肥；

②咖啡可以增加人体血液中的脂肪酸，在人们健身时，可为其提供额外的动力。适合运动健身的人群在锻炼后饮用；

③醉酒者饮用咖啡，可使乙醛快速氧化，分解成水和二氧化碳排出体外，达到解酒的功效；

④长期面对电脑办公的上班族适量饮用咖啡后，能提高人体的抗氧化能力，还能减少电子产品对人体的辐射伤害。

拓展阅读

5. 其他无酒精康养饮品

适合养生保健的无酒精饮品还包含乳制品、豆浆、可可、保健饮料和运动饮料等。

本章小结

本章主要介绍了康养旅游餐饮的分类，概括了康养旅游特色菜品的特点和康养旅游特色饮品的特点，具体讲述了康养旅游菜品和康养旅游饮品的常见分类，并详细分析了各种特色康养饮品的功效，有助于学习者根据自身的实际情况来进行合理的康养餐饮安排。同时，根据康养旅游饮品的特点结合生活中的实际需求编制了简单易学的康养特色饮品的制作方法。

思考与练习

一、填空题

1. 鲁菜分为＿＿＿、＿＿＿和＿＿＿三种风味，其代表菜品有＿＿＿、＿＿＿、＿＿＿、＿＿＿、＿＿＿、＿＿＿。（每种风味写两个代表菜品）
2. 川菜的代表作品有＿＿＿、＿＿＿、＿＿＿、＿＿＿等。
3. 葡萄酒按照颜色分为＿＿＿、＿＿＿、＿＿＿。
4. 啤酒按照颜色分为＿＿＿、＿＿＿、＿＿＿。

二、简答题

1. 简要叙述葡萄酒按照含糖量的分类方式与依据。
2. 简要叙述啤酒按照传统风味的分类与产地。
3. 简要叙述白酒的香型与特点。

三、论述题

金秋十月，正值"十一"黄金周旅游旺季，你所在的餐厅接待了一桌三代同堂的10位客人，其中，年长者65岁，年幼者3岁。请你根据客人年龄特点，查阅资料，合理为客人安排一桌康养餐饮菜品。

参考答案

第四章

康养旅游餐饮服务人员素质与要求

本章重点

本章主要介绍康养旅游餐饮服务人员素质与要求，在内容上主要体现康养旅游餐饮从业者的职业素养、行为规范和服务技巧等。

学习目标

通过本章内容的学习，能够了解康养旅游餐饮业对从业者身体素质要求，在熟悉餐饮职业道德规范和服务意识的基础上认识行业服务要求；通过熟悉康养旅游餐饮从业人员职业仪容、仪表和仪态等服务行为规范形成对康养旅游餐饮从业人员的形象定位；掌握康养旅游餐饮服务技巧，为客人提供个性化的优质服务。通过本章内容的学习，具备康养旅游餐饮从业人员的职业素养和餐饮服务能力。

本章思维导图

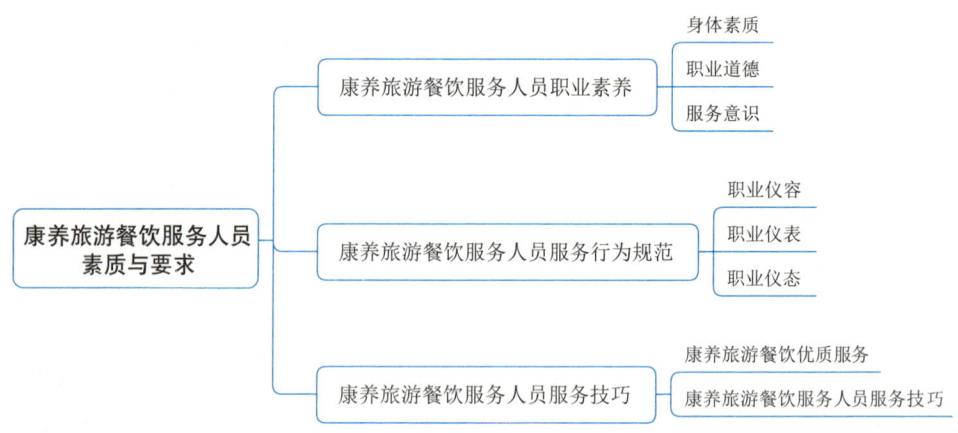

第一节　康养旅游餐饮服务人员职业素养

在大力发展健康文化旅游的宏观背景下，我国旅游已逐步迈向康养旅游大时代，成为旅游行业的新业态，翻开了旅游建设的新篇章。随着人们对享受和体验高品质健康养生餐饮生活的向往与追求，康养旅游餐饮服务产业快速崛起并发展迅猛。从业人员综合素质的高低和对客服务质量的优劣已成为决定和影响产业发展的重要因素，因此，培养高素质从业人员是加快康养旅游餐饮服务产业良性发展的首要任务。

一、身体素质

（一）身体健康

康养旅游时代，餐饮从业人员必须身体健康，上岗前取得卫生防疫部门核发的《健康证明》方可参加工作，并定期进行检查。

（二）身心素质强

康养旅游餐饮服务是一项劳动强度大且复杂多变的工作，健康的身体素质是开展各项工作的前提条件，优良的心理素质，如良好的心态、较强的抗压力、稳定的情绪等，能增强从业人员的工作信心，减少工作压力，是保证工作顺利圆满完成的基础。

二、职业道德

康养旅游餐饮从业者职业道德是指从事康养旅游餐饮行业的人，在职业活动的整个过程中，应该遵守的行为规范和行为准则。主要从思想素质和职业精神两个方面来体现。

（一）思想素质

要做好康养旅游餐饮服务工作，从业人员在思想上应树立正确且积极的人生观、世界观、价值观和择业观。

1. 政治思想素质

康养旅游餐饮服务人员在对客服务工作中要遵守外事纪律，有原则、讲团结，树立大局观，不做有损国格、人格的事。

2. 专业思想素质

康养旅游餐饮产业是在文化＋康养＋旅游＋餐饮的基础上产生并发展起来的，它对康养旅游餐饮服务人员提出了更高的要求，从业人员必须充分认识到餐饮服务工作的重要作用，热爱本职工作，树立良好专业信念，练就过硬专业技能，养成良好职业习惯。

（二）职业精神

康养旅游餐饮职业精神是职业道德的直观体现。

1. 敬业

敬业是职业精神的首要内涵，是餐饮工作人员最基本的职业意识，是对自己所从事的康养旅游餐饮职业的尊敬和热爱，对工作认真负责，主动尽自己最大努力为宾客提供最优服务。

2. 责任

康养旅游餐饮作为服务行业，优质的服务质量是立命之本。服务员是企业奋斗在第一线的工作人员，身上担当着义不容辞的责任。每一位员工都是企业的形象代言人，在与客人互动过程中要有"首问责任"意识，积极服务客人，给客人最优质、最高效的服务感受。

康养旅游餐饮从业人员需不断加强自我职业道德素质方面的修养和学习，努力成为一名有责任心、诚信礼貌、优质服务、爱岗敬业、遵守企业规章制度、严守企业机密、爱护公共财产、团结协作的员工。与企业的同事和领导共同营造出融洽、愉快的工作氛围，为顾客提供更多、更优质的服务。

案例 4-1

突然加班

2015年"十一"黄金周，北京某酒店服务员小夏下了中班刚刚休息了一会就接到餐厅经理的电话，称餐厅宾客爆满，人手不足，请他救救急再加一个班。听完经理的请求，小夏二话不说骑上电动车就赶往酒店。不巧遇上下雨，雨天路滑，小夏摔了一跤，时间紧迫他顾不上多想爬起来就继续赶往酒店，到了酒店就投入到了工作中。当客人陆续离开后，餐厅部经理发现小夏的胳膊已经抬不起来了，翻开衣袖一看，里面已经血肉模糊。原来他为了不耽误工作，一直强忍着疼痛工作着，正是由于这份敬业和坚持，小夏得到了顾客和领导的赏识，后来晋升成了餐厅部经理。

【案例分析】

酒店餐饮业节假日更忙，常遇到加班情况，作为企业一员，需要具有职业精神，爱岗敬业，发挥主人翁精神，以大局为重，为顾客提供优质服务。

三、服务意识

康养旅游餐饮服务是与客人面对面的交流,体现了对客人无微不至的关怀,应主动为客人提供一切现实的、潜在的帮助,这就需要从业人员具有较强的服务意识,富有爱心、同情心,主动、热情地为客人提供舒适和方便。

(一)服务态度

服务态度是反映服务质量的基础,优质的服务是从优良的服务态度开始的。

1. 主动

康养旅游餐饮服务从业者应牢固树立"宾客至上"的专业意识,掌握工作规律,时时处处主动为顾客着想,把服务工作做在顾客提出要求之前。

2. 热情

康养旅游餐饮服务从业者在工作中,热爱服务工作,尊重服务对象,做到待客面带笑容、态度和蔼、语言亲切、热情诚恳。

3. 耐心

康养旅游餐饮服务人员尽管工作繁忙、压力大,但在面对不同需求、不同类型的顾客时都要保持不急躁、不厌烦,镇定自如地对待顾客。顾客有意见,虚心听取,顾客有情绪耐心接待,保持恭敬谦让之心。

4. 周到

康养旅游餐饮服务人员工作中要善于观察和分析顾客的心理特点,懂得从顾客的神情、举止发现顾客的需要,正确把握服务的时机,服务于顾客开口之前,效果超乎顾客的期望之上,力求服务工作体贴入微、面面俱到。

<<< 案例 4-2 >>>

用心服务

服务员小李是青岛一家餐厅的服务员,一日王先生第一次来餐厅用餐,服务过程中小李发现王先生面前的"木瓜雪蛤盅"没有动,上的甜品王先生也没有吃,其他菜都吃得挺好,是这两道菜不合口味,还是……?小李带着疑问继续服务。后来王先生掏出了降糖药,小李才明白原来王先生是血糖高,他立马将茶水换成了一杯温水,并撤下了那两道菜,王先生一边吃药一边称赞小李的细心。随后小李又交代厨房做了一份精致的蔬菜拼盘送给了王先生。小李的用心服务让客人很感动,给予了他很高的评价。

【案例分析】

优质的服务来自主动、热情、周到的对客服务意识，要将客人的需要放在第一位，为客人提供高品质的服务。

（二）服务知识

康养旅游餐饮服务知识涉及很多方面，服务基础知识大致有语言、社交、旅游、心理学、服务技术、民俗学、营养学及生活常识等。

员工尤其必须要熟悉康养餐饮的基础知识，例如康养餐饮的营养、食材选择、烹饪制作、药膳、茶膳等特色康养餐饮，康养餐饮的营养配餐等内容。

第二节　康养旅游餐饮服务人员服务行为规范

康养旅游餐饮从业人员的礼仪行为规范是日常工作的重要组成部分，也是对客服务质量的衡量标准之一。从业人员应严格遵循礼仪行为规范要求，为顾客提供优质服务。

一、职业仪容

仪容是指人的容貌，是职业形象塑造的重中之重。康养旅游餐饮业对从业者的仪容基本要求是健康、整洁、自然、大方。

（一）头发

长发女员工应用固定发夹或发网盘发，短发女员工应将左右两边的头发放入耳后，前不过眉，后不过肩；男员工头发前不过眉，后不过衣领，发角不过耳；男女员工的发型均应保持清洁、整齐，给人自然、大方的感觉。

（二）面容

应保持干净清爽、端庄大方；女员工应该化淡妆，男员工每日须剃胡须。男女都应保持口气清新，不得在上班前食用带刺激性气味的食物或饮品。

（三）手部

应使用7步洗手法清洁手部，保持手部的干净卫生；指甲须定期修剪整齐，保持干净，女员工只允许涂透明无色指甲油。

第四章 康养旅游餐饮服务人员素质与要求

(四)个人卫生

做到个人卫生"五勤"要求,即勤洗手、勤剪指甲、勤剃胡须、勤理发、勤换工装。

图4-1 康养旅游餐饮职业形象

(图片来源:德州职业技术学院)

<<< 案例4-3 >>>

化不化妆都是错?

小美和小康是北京一家酒店餐厅的实习生。第一天上班,她们都被客人投诉,原因是小美是一位追求时尚的女孩,她认为服务岗位规定要带妆上岗,第一天上班就非常细致用心地化了一个精致美艳的桃面妆,不曾想被一位女士投诉"浓妆艳抹这不是来服务的"。小康是一位朴素的女孩,她认为自然美才是最好的,实习第一天简单洗了洗脸就上班了,结果被客人投诉双眼无神、头发凌乱、面色苍白,是不是酒店让生病的员工为他们服务。结束当天实习后,餐厅主管好好为她们普及了一下职业仪容的要求和目的,她们才明白原来职业仪容不是简单地化不化妆,而是给客人健康、整洁、自然、大方的专业形象才最重要。

【案例分析】

仪容反映一个人的精神面貌,餐饮业职业仪容是向服务对象传递最直接生动的第一信息,自然的淡妆是告诉服务对象"我已经准备好精神饱满的为您服务,我将用最为专业的服务为您提供最清洁、舒适、方便的感受"。

二、职业仪表

仪表是人的外表,包括容貌、服饰、个人卫生等,康养旅游餐饮职业仪表强调工作人员的服饰修饰。

(一)工装

康养旅游餐饮员工着装,均有统一规定或配有专门的工作服装,简称工装。员工在上岗时应按要求穿工装进入工作场所,工装应保持清洁、平整、美观、合身、无掉扣、无破损,未经允许,不得穿工装出入公司以外的公共场所。

图4-2 康养旅游餐饮职业形象

(图片来源:德州职业技术学院)

(二)配饰

服饰包括服装和配饰。康养旅游餐饮职业形象服装要求是工装,配饰可以佩戴员工名牌,名牌必须端正地佩戴在工装左胸规定的位置。上班期间均不可佩戴首饰,手表和结婚戒指除外,手表应以商务款式为宜,女员工允许佩戴耳钉。

(三)鞋袜

康养旅游餐饮职业形象要求男员工应穿黑色或深色袜子,女员工应穿肉色袜子,袜子不可有抽丝或破洞;男员工应穿黑色平底皮鞋,女员工应穿黑色中跟皮鞋,并保持清洁光亮完好。

三、职业仪态

康养旅游餐饮职业仪态主要指在工作中的姿势、举止,包括规范的站姿、优雅的坐姿、正确的走姿、得体的蹲姿、恰当的手势、真诚的表情等。

(一) 站姿

站姿是服务工作中最常见的静态姿势之一，也是餐饮服务人员在工作中最基本的仪态，受顾客的关注度较大，常作为评价服务人员基本素质的重要标准。

1. 女士站姿要求

身体保持直立，抬头挺胸立腰，下颌微收，双目平视前方，嘴角上扬，展示出微笑的表情；双手五指自然并拢，虎口交叉相握，右手握于左手上，置于腹前；两膝并拢，两腿绷直，脚跟靠紧，脚尖自然分开10cm，约45度呈"V"字形或呈"丁"字形。

图4-3　女士站姿

（图片来源：德州职业技术学院）

2. 男士站姿要求

身体保持直立，抬头挺胸，下颌微收，双目平视前方，嘴角上扬，展示出微笑的表情；双手自然下垂于身体两侧或双手握于身后；两膝并拢，两腿绷直，脚跟靠紧，脚尖自然分开呈"V"字形，或两腿自然分开与肩同宽，脚尖朝前。

3. 站姿禁忌

站立时，不可低头、歪脖子、弓背；不可面无表情；不可双手抱胸或插入衣裤口袋中；不可将身体倚靠在门、墙面、柱子等物体上。

（二）坐姿

优雅的坐姿往往给人一种自然、大方、稳重的美感，能体现出服务人员良好的气质和精神面貌。

1. 女士坐姿要求

从座位的左边入座，要稳而轻；入座后，头正，下颌微收，双目平视前方，嘴角上扬，展示出微笑的表情；上体双肩平正、挺胸、立腰、直背；双臂自然弯曲，右手叠放在左手上，置于双腿中间；双膝并拢，两腿垂直，双脚并拢或脚尖自然分开成"V"字形或"丁"字形；起身离座要动作稳重，从座位的左边离席，身体保持自然、稳当。

图 4-4　女士坐姿

（图片来源：德州职业技术学院）

2. 男式坐姿要求

从座位的左边入座，要稳而轻；入座后，头正，下颌微收，双目平视前方，嘴角上扬，展示出微笑的表情；上体双肩平正、挺胸、立腰、直背；双臂自然弯曲，双手分别放于两腿膝盖处；双腿自然分开，与肩同宽，脚尖平行且朝前；从座位的左边离座，身体保持自然稳当。

3. 坐姿禁忌

服务人员在就座时应该避免出现前倾后仰，身体歪斜；双腿过于叉开，或长长地伸出；坐下后随意挪动椅子；不停抖动腿、脚；脱掉鞋袜等情况。

图 4-5　男士坐姿

（图片来源：德州职业技术学院）

（三）走姿

走姿是人动态美的一种重要展示形式，也是无声的肢体语言表达方式。

1. 走姿的要领与要求

服务人员在走路时，要保持头正、肩平、身躯挺拔、步幅适中、步位直、步速平稳。

2. 常见走姿类型

（1）侧身步：在迎宾或引领时，服务人员应该走在客人的左前方。上身略向右转，左肩略前、右肩略后，侧身朝向客人，与其保持1m远的距离，步幅适中、步速平稳。

（2）后退步：在与客人告辞时，服务人员应先向后退两三步，再缓慢转身离开。后退时，应先转身体，再转头部，脚步要轻、稳，步幅要小，不可抬高小腿。

3. 走姿禁忌

餐饮工作人员走路时，要避免头部和身体左右摇摆，扭动臀部；双手背于身后或插入衣裤口袋中；脚步呈"内八字"步或"外八字"步；脚步重且声音大；一边走一边看手机或吃东西等，上述行为均属于不良走姿，应杜绝。

（四）蹲姿

服务工作中所使用的蹲姿，是指服务人员按照规范要求蹲下拾起掉落在地上的物品的动态行为，它是所有姿态规范中最不易掌握的，容易出现内衣外露的不雅情况，服务人员应多加练习，掌握要领，规范使用。

1. 基本要领

下蹲拾物时，上体应保持头正，双肩自然下垂，上体与膝关节在一个角度上，双脚踩实地面，合力支撑身体，避免滑倒。

2. 常见蹲姿类型

（1）高低式（适用于男女员工）：下蹲时左脚在前，右脚稍后，两腿靠紧向下蹲。左脚全脚着地，小腿基本垂直于地面，右脚脚跟提起，脚掌着地。右膝低于左膝，右膝内侧靠于左小腿内侧，形成左膝高右膝低的姿态；

（2）交叉式（适用于女员工）：下蹲时右脚在前，左脚在后，右小腿垂直于地面，全脚着地。左膝由后面伸向右侧，左脚跟抬起，脚掌着地。两腿靠紧，合力支撑身体。臀部向下，上身稍前倾；

（3）半蹲式蹲姿：餐饮服务人员专用蹲姿，常用于餐厅服务人员为客人拉椅让位和起落托盘的时候。

图 4-6　女士高低式蹲姿　　图 4-7　女士交叉式蹲姿　　图 4-8　女士半蹲式蹲姿
（图片来源：德州职业技术学院）（图片来源：德州职业技术学院）（图片来源：德州职业技术学院）

3. 蹲姿禁忌

在下蹲时，不可弯腰、突然蹲下、在距离顾客较近的地方蹲下、蹲在地上休息；穿裙装制服的女员工在下蹲时，不可将双腿过分分开。

（五）手势

手势礼仪是日常工作中最常见的礼仪规范之一，它具有表达形式多样化、表达方式直接、表达内容丰富且通俗易懂等特点。在对客服务过程中，可以单独使用手势礼仪，也可以与其他礼仪规范相配合使用，表达效果一致。

图4-9 手势

1. 常见的手势类型与要领

（1）低位手：身体向前倾，略弯腰，右手自然前伸，高度不超过胯部，表示"请"的意思；

（2）中位手：身体向前倾，略弯腰，右手随身体自然前伸，高度不超过肩膀，表示指引的方向；

（3）高位手：右手肘关节自然弯曲，手的高度以胸前为宜，讲到被介绍人的名字时，手要自然地指向被介绍者，用于"他人介绍"；

（4）前位手：身体略向前倾，手臂自然伸直，与上体成45度，手心向上，五指自然并拢指向凳椅，身体随轴心转动，目光与他人进行交流，面带微笑，表示"请坐"的意思。

2. 手势的禁忌与注意

在运用手势指引方向、物体时，切忌使用单根手指指引；在他人面前不可使用表示不卫生或不雅的手势，如掏耳朵、搔头皮、抠鼻孔、剔牙齿、摸脚丫、咬指尖、抬胳膊、折衣角手势。通常情况下掌心不可朝下；不可动作速度过快、幅度过大。谈到自己时，应用手掌轻按自己的左胸，那样会显得端庄、大方、可信；谈到他人时，应该五指并拢，掌心向上，手指指向的位置与他人应保持一定的距离。

（六）表情

1. 微笑

微笑是一种世界人际交往的通用"语言"，它能向人们传达真诚友善的信号，能缩短人与人

图4-10 康养旅游餐饮从业人员微笑表情

（图片来源：德州职业技术学院）

之间的心理距离,产生较强的信任感。康养旅游餐饮服务从业人员在对客服务过程中使用微笑服务,能向客人展示出快乐、健康的形象,能使客人在身心放松的状态下,享受健康饮食为其带来的身心愉悦感受,从而达到健康美容养颜的效果。

康养旅游餐饮从业人员应将微笑服务当作一种工作习惯,坚持长期深入地开展微笑服务,用真诚的、亲切的、自然的微笑为客人提供舒心满意的服务,为企业创建一张"活"名片。

2. 眼神

眼神是面部表情的核心,康养旅游餐饮从业人员可以从宾客的眼神中读取信息,也可以用真挚的眼神向宾客传递亲切友好、专业自信,给客人安心、被关注、被尊重的感受。

<<< 案例 4-4 >>>

愤怒的客人

刘先生和朋友相约在某酒店聚餐,因为刘先生有事耽误了一会儿,所以当刘先生到达酒店的时候朋友们已经在包厢等待了。由于刘先生不知道包厢的具体位置,就问服务员小郑。小郑因为和男朋友闹别扭心情不好,便一脸冷冰冰的表情对客人说:"跟我走吧。"于是刘先生就跟着服务员小郑往包厢走,整个引位过程,小郑都阴沉着脸,到包厢门口的时候也是毫无感情色彩地说:"到了。"小郑刚想转身走掉,没想到被刘先生叫住,并问:"我是第一次来你们酒店吧?"小郑依旧面无表情地回答:"是。""我没欠你钱吧?"小郑愣了一下说:"没有。""那你为什么一副我欠了你钱似的表情!"刘先生的音量明显变大了,接着说,"我还是第一次遇到你这样的服务员,冷着张脸给谁看啊?我们花了钱是来享受的,不是来受气的!"

【案例分析】

微笑迎宾"您好!请问您预订了几号房间?";用规范引领手势引领客人到房间"您好!您预订的房间到了,您里面请";面对客人的批评,小郑应该说"对不起,先生,您批评得对!我不该把生活的情绪带到工作中来,我马上改正!"

第三节 康养旅游餐饮服务人员服务技巧

现代营销学之父菲利普·科特勒曾说过:"服务目的更重要的是满足客人的感觉。"人们对一切事物的认识都源于"感觉",感觉的好坏将直接影响人们对事物评价的结果。享受和体验健康饮食服务的顾客较享受传统餐饮服务的顾客在消费目的上具有更强的明确性和指向性,更在意服务过程中的感觉。因此,服务人员在对客服务时,应做到"眼观六路,耳听八方",全心全意为顾客提供服务,满足顾客对良好服务感觉的要求。

一、康养旅游餐饮优质服务

(一)服务的定义

"为满足顾客的需求,供方与顾客接触的活动和供方内部活动所产生的结果。"这是国际标准 ISO 9004-2《服务指南》中给服务下的定义。在这个定义中可以看出服务离不开供方和顾客双方的互动,餐饮行业通常以英语 service(服务)单词字母构成来解读服务的内涵。

1. 从服务人员为顾客提供的服务角度来看"service"

"Service"可以解释为 Smile(代表微笑服务)、Excellent(出色的服务)、Ready(随时准备好服务)、Viewing(把每一位客人视为重要人物的服务)、Inviting(邀请客人加入的服务)、Creating(创造性服务)和 Eye(眼睛时刻关注顾客需要的服务)。

2. 从顾客的需要角度来看"service"

"Service"可以解释为 Safe(安全的需要)、Ease(舒适的需要)、Recreative(休闲娱乐的需要)、Value(超值感的需要)、Impartial(对平等公正的需要)、Characterful(寻求特色的需要)和 Esteem(受尊重的需要)。

(二)优质服务的内涵

1. 优质服务

优质服务就是最大限度地满足顾客的合理需求。优质服务=规范化服务+个性化服务。

2. 个性化服务

餐饮服务人员在对客服务过程中,积极主动地了解客人,发现客人的心理需求,从而提供针对性的服务,让客人在接受服务的同时产生舒适愉悦的心理感受。康养餐饮作为新兴餐饮不仅需要规范化、标准化的餐饮服务带给顾客良好的消费体验,还要在高水平标准化服务基础上,做好康养餐饮个性化服务,真正为客人提供康养餐饮的优质化服务。

个性化服务要求餐饮服务人员具有较强的服务意识和高超的服务技巧。

 案例 4-5

不吃蛋黄的客人

一天,服务员小芳在为客人提供早餐服务时,注意到一位年老的顾客在吃鸡蛋时,并不像其他客人那样在鸡蛋上撒盐后食用,而是将鸡蛋剥开后,用餐刀将蛋黄和蛋白分离,将蛋黄放在一旁,只吃蛋白配吐司。小芳猜想这位年老的客人可能是患有某种疾病,才会有这样特殊的饮食习惯。

第二天早晨,当这位客人又来到餐桌落座后,未等其开口,小芳便主动上前询问客人:"您是否还享用和昨天一样的早餐?"待客人应允后,服务员便将昨天一样的早餐摆在餐桌上。与昨天不同的是煎鸡蛋只有蛋白而没有蛋黄,客人见状非常高兴。边用餐边与小芳谈起,之所以有这样的饮食习惯,是因为他患有顽固的高血压病,从医嘱的结果。以前在别的餐厅用餐时,他的要求往往被服务员忽视,这次在这家餐厅用餐,他感到非常满意。

【案例分析】

用心观察每一位顾客的需要,发现客人的潜在需要,给予他最良好的感受,这就是用服务技巧提供的优质服务。

二、康养旅游餐饮服务人员服务技巧

(一)通过观察发现客人需要

1. 观察客人要目光敏锐

在客人进入餐厅后,服务人员就要细致敏锐地观察顾客的年龄、服饰、语言、身体语言、行为、态度等显性特征,结合餐厅养生产品的功效,在头脑中,快速反应出适合顾客的养生饮食产品,进行有针对性的推销服务。

2. 观察客人要感情投入

当顾客进入餐厅时,就希望能立即被服务人员注意到,并开始为其提供服务。因此，服务人员应该在顾客距离自己3m远处，停下手中的事，抬起头，看着客人，微笑；距离1m远处时，注视顾客，微笑并问好。通过观察到的客人的情况投入感情换位思考，观察体会客人的潜在需求，采取针对性的、积极的、超前的、有预见性的服务，让康养餐饮理念融入对客服务的每一个环节。

案例4-6

一碟凉拌菜心

某酒店包房服务员小丁正在服务一桌家宴，在祥和的用餐氛围中，小丁发现席中一位老先生面对满桌的鸡鸭鱼肉几乎没怎么夹菜，只要了一碗稀饭在那里小口慢慢喝，看着家人津津有味地大快朵颐。小丁看到这里猜想许是老人年龄大了胃口不好，吃不得油腻的菜肴，他想到自己的爷爷老了最喜欢吃凉拌菜心配粥，就到厨房为老人端上一碟凉拌菜心。看到那碟小菜老人非常开心，对小丁赞不绝口"小伙子，你真细心，看出我吃不得大鱼大肉了，就得意这小菜"，一家人都感谢小丁对老人的照顾，并把这家饭店作为了自己宴请宾朋的必选酒店。

【案例分析】

用心观察，在客人未提出服务要求时主动满足客人的需要，给客人提供"满意＋惊喜"的服务。

3. 观察时注意目光的接触

观察顾客要做到自然大方、不露痕迹，不可表现太过明显，因此要注意眼神的运用。在注视顾客时，应根据自己与顾客的熟悉程度来划分目光注视区域，如对不熟悉的顾客，目光注视在大三角形区域，即头顶为顶点，肩为底线；对熟悉的顾客，目光注视在小三角形区域，即额头为顶点，下巴为底线。

（二）通过聆听发现客人需要

伏尔泰曾说过："耳朵是通向心灵的路。"顾客能否感受到服务人员的用心服务，取决于服务人员在与顾客沟通时，能否使用"倾听"的艺术和技巧来完成对客服务工作。

案例 4-7

这汤我怎么喝?

小刘被学校安排到一家餐厅实习。他的服务热情很高,每次都积极迎接客人,却因为大大咧咧的性格丢三落四,服务不周到多次被顾客投诉,他很苦恼,觉得自己这么热情地接待客人,不明白那些顾客怎么要求这么多。他的师父大刘是餐厅优秀服务员,他给小刘讲了这样一个故事:"一位客人来到餐厅点了一份汤,很快服务员把汤送上来了。客人看了看汤就对服务员说"这汤我怎么喝?",服务员一听立马把汤端回厨房,让厨师重新做了一份端给客人,可是客人仍然看着汤说"这汤我怎么喝?"服务员很困惑,小刘你知道为什么吗? 小刘听了大笑:"我听过这个故事,师父这个服务员太粗心了,他没听懂客人是让他拿勺子的意思。哈哈……"笑过后小刘明白了,师父是通过这个故事让他知道用心听客人真正的需要,不要冒冒失失地猜测。自此,他耐下了性子,调整了自己的服务状态,慢慢他的服务得到了顾客的认可和表扬。

【案例分析】

倾听需要用心,挖掘客人真实的需要,针对性地提供个性化服务。

客人的需求有的会直接说出来,而有的没说出来,这需要服务人员用心去聆听。经常会听到客人说"你们餐厅有什么好菜?",说出来的需求是"要点好菜",真正的需求是"需要有品质保证的菜",没有说出来的需求"菜品要有特色、物美价廉",令人高兴的需求"菜品有折扣",需要服务人员积累经验,分析挖掘客人真实的需求。

尽管服务人员每天会与大量不同类型的顾客进行沟通交流,但就沟通的内容来讲,主要是由两方面构成,即顾客的需求表达和投诉表达。无论是哪种沟通内容,服务人员都应该做到:

1. 在与顾客面对面沟通时,服务人员需双眼注视顾客(根据与顾客的熟悉程度,选择注视的区域),面带微笑,伴随点头动作,表示认可顾客的观点,使顾客感受到受人尊重;

2. 表达内容多且复杂时,服务人员应展示出耐心倾听的对客形象,认真做好相关记录,并重复内容;

3. 倾听的最高境界,即能听出顾客的"话外音",为其提供个性化的服务。

(三) 运用语言艺术了解客人需要

客人对康养餐饮服务有更高的期待，因而服务员在对客服务过程中要做到运用普通话，谈吐文雅，语调轻柔，语气亲切，讲究语言艺术。在服务过程中以"请"字开头，"谢谢"结尾，"您好"不离口，并根据不同的接待对象，用好敬语、问候语、称呼语等。

1. 用语要谦和

对客服务用语要谦和有礼，多使用敬语和谦辞。表达一种意思，选词不同，带给客人感受不同，产生的服务效果也差别很大。如"请跟我来"，这是礼貌引领的意思；去掉"请"就变成"跟我来"，带有命令的语气，客人会比较反感。如用"几位"代替"几个人"；"您贵姓"代替"你叫什么名字"等服务效果会更好些。

2. 常用文明礼貌服务用语

称谓语：如先生/女士等。

欢迎语：如欢迎光临！欢迎您来这里进餐；希望您用餐愉快！

问候语：如您好！早上好/中午好/晚上好！

祝贺语：如祝您节日愉快！祝您生日快乐！

告别语：如再见！欢迎下次光临！

征询语：如请问我能为您做些什么？您喜欢……吗？您需要……吗？

应答语：如不必客气。没关系。这是我应该做的。非常感谢。谢谢您的好意。感谢您的提醒。

道歉语：如实在对不起/请原谅/失礼了/打扰您了/完全是我们的过错，对不起/感谢您的指正。我们立即采取措施，使您满意。

接听电话语：如您好，这是某某餐厅。

案例 4-8

"先生，有什么事我能为您效劳吗？"

一位服务员见一位客人提着沉重的行李来到餐厅，上前询问"先生，需要我帮忙吗？"，这本是一句平常的征询，不想客人却面色阴沉，出言不逊"帮我什么？等着我说谢谢吗？"

"先生，我能帮您做点什么？"这是在餐厅经常可以听到的服务用语。粗略一听，这位服务员说的这两句话似乎都中规中矩、无懈可击，但仔细推敲，就感到有些不妥，问题出在这个"帮"字上。"帮"有一种施以恩泽的含义，会使被"帮"的人有一种受人恩惠的感觉。而客人来餐厅消费，是上帝，我们提供服务不是为了让客人产生接受恩赐的心理,而是让客人体会到被关怀、被尊重。这里用"为"就比较合适,"为",是替客人做的意思,用"为"就摆正了服务与接受服务的关系,使客人倍感尊荣,如果说成:"先生,有什么事我能为您效劳吗?"相信开头的那位客人会更乐意接受服务人员的帮助。

【案例分析】

语言的艺术在于用词准确,服务人员表达对宾客的尊重和关怀,要选择使用敬语和谦辞。

3. 服务过程用语技巧

(1)在推销健康饮食产品时,切忌使用"直问直答"方式,改用"选择提问法",请顾客在服务人员提到的选择范围内进行选择,避免出现顾客不选择的情况;

(2)当顾客选择的产品,今日已售完时,应为顾客提供选择其他产品的建议;

(3)出现投诉情况时,服务人员在倾听的基础上,应多提开放式的问题(不以"是"或"否"回答的问题),使用"我们会……"的句式与顾客进行交流。总之,服务人员应站在顾客的立场,分析问题,提出解决办法。

案例 4-9

"只点一道菜"

王先生由于中午有很重要的会议要出席,仅留出了 30 分钟的时间吃饭,所以就到附近的一家酒店吃午餐。餐厅服务员小苏热情接待王先生,并询问客人要点什么。王先生只是一个人就餐,所以就只点了一道菜和一碗米饭,小苏觉得客人还没有达到平均消费标准,所以感到很失望,态度发生了 180 度的大逆转,同时也很明显地表现在了表情和说话的语气上。态度冷漠地说道:"您才点一道菜啊!"客人听出了小苏的意思,很不高兴地说:"对!只点一道菜,不行吗?你们酒店还有最低消费吗?""哦,不是的,您可以只点一道菜的。"过后王先生向餐厅经理反映这件事,对小苏的态度表示强烈不满。

【案例分析】

案例中的小苏语言艺术运用不当,可以这样说:"不好意思,先生,我不是那个意思!我是怕我听错了,想再向您确认一遍!如果对您造成了不便,还请您原谅！"

本章小结

本章主要介绍了康养旅游餐饮业对从业者职业素养、行为规范和服务技巧方面的具体要求。详解了行业对从业者身体素质的要求是身心健康；职业道德要求不但要具备过硬政治思想素质和专业思想素质，还要具有敬业和责任等职业精神；良好的服务态度和服务知识体现较高的服务意识。从具体要求入手解读了行业对头发、面容、手部、个人卫生等职业仪容；工装、配饰、鞋袜等职业仪表和站姿、坐姿、走姿、蹲姿手势、表情等职业仪态三个方面行为规范衡量标准。分析服务的定义、优质服务的内涵，得出提高服务质量的重要意义，并具体列举出观察、聆听、语言艺术发现客人需要，提供服务的技巧。本章节理论与实践紧密结合，通过学习和实践，让学生能学、会做，为学生提高服务质量指明具体要求和成长途径。

思考与练习

一、名词解释

优质服务　个性化服务

二、简答题

1. 简述康养旅游餐饮服务人员的服务意识包括哪几个方面？
2. 简述康养旅游餐饮服务人员的职业仪容包括哪几个方面？
3. 简述康养旅游餐饮服务人员的职业仪表包括哪几个方面？
4. 简述康养旅游餐饮服务人员的服务技巧体现在哪几个方面？

三、实践题

1. 请同学们以小组为单位排练一组康养旅游餐饮服务职业仪态礼仪操。
2. 结合所学的服务技巧知识，小组创编一段含有服务技巧的个性化对客服务情景表演。

参考答案

第五章

康养旅游餐饮服务技能

本章重点

康养旅游餐饮服务工作与其他类型餐厅服务工作一样，每个岗位都有着详细且标准的工作规范和要求，这就要求服务人员要掌握不同服务环节及岗位的工作要求及服务技能，保证有条不紊地完成餐饮服务工作。

本章从康养旅游餐饮服务所涉及的具体服务技能出发，将整个餐饮活动分为餐前、餐中、餐后三个阶段。餐前涉及托盘、铺台布、餐巾折花、摆台等准备工作；餐中涉及领位、值台等现场服务；餐后涉及结账、送客等工作。饮品服务贯穿于整个餐饮服务环节，又因饮品种类繁多，本章单列一节做黄酒、葡萄酒、茶饮、果饮等服务技能及规范的介绍。

了解并掌握各项工作环节的服务技能，不仅能够提高工作效率，而且能够保证服务质量和规范餐厅的服务工作。

学习目标

能够正确地使用托盘完成餐厅服务；能够熟练地铺设台布；能够根据服务的要求折叠出合适的杯花或者盘花；能够依据服务的需要进行摆台；能够按照规范要求熟练地为客人提供点菜、上菜、分菜等服务；能够依据客人所点的酒水、饮品特点进行合适的酒水饮品服务；能够准确地完成结账收银等工作。

本章思维导图

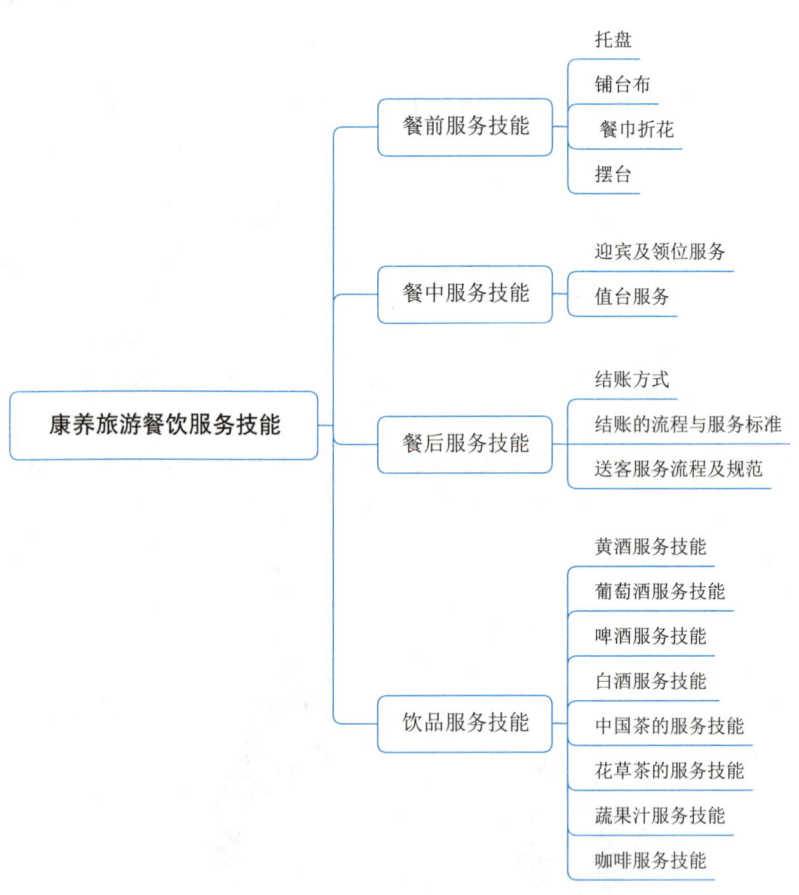

第一节　餐前服务技能

餐前服务技能指为完成开餐前准备工作所需掌握的基本技能，主要包括托盘、铺台布、餐巾折花和摆台。

一、托盘

托盘不仅仅用于餐前准备工作、餐中服务，餐后整理也离不开托盘的身影。因托盘的使用贯穿于整个服务过程，我们将托盘技能在餐前服务环节进行阐述，后面就不再赘述。

托盘是餐厅服务工作中用于运送各种物品的常用工具之一，熟练掌握托盘操作技能可以提高工作效率、保证服务质量、规范餐厅的服务工作。

（一）托盘的分类

1. 按材质分类

大体上可分为金属托盘、胶木托盘和塑胶托盘。其中，金质、银质托盘用于高档豪华餐厅或特色餐厅，造价高；胶木托盘轻便耐用、防滑防腐、结实美观；塑胶托盘因其价格低廉、耐磨而被广泛使用。

2. 按形状分类

可分为圆形托盘、长方形托盘、正方形托盘、异形托盘等。

3. 按规格分类

可分为大号（45~55cm）、中号（35~40cm）、小号（30cm以下）。大号和中号托盘用于摆台、装运菜点和酒水等；小号托盘用于收款、递送账单和信件。

（二）托盘的使用方法

按所托物品轻重，有轻托和重托两种方式。物品重量在5kg以内的，适宜采用轻托方式；物品重量在5kg以上的，则采用重托方式。

1. 轻托

轻托又称"胸前托"，此法多用于中、小型托盘，有便于工作的优点。轻托的动作要领如下：

（1）两肩平行，用左手；

（2）大臂与小臂垂直，呈90°；

（3）手掌掌心朝上，五指张开，指实而掌心虚；

（4）手肘离腰部15cm；

（5）右手自然下垂或放于背后。

2. 重托

重托又称"肩上托"。此法多用于大型托盘。重托的动作要领如下：

（1）用左手；

（2）左手向上弯曲臂肘的同时，手掌向左转动手腕180°至肩上方，手掌略高出肩2cm，五指自然分开，用五指和掌根部控制托盘的平衡；

（3）托盘的位置以盘底不压肩、盘缘不近嘴、盘后不靠发为准；

（4）右手应自然下垂摆动或扶住托盘的前内角。

目前，为了安全省力，餐饮企业一般不采用大型托盘，多用小型手推车递送重物。

无论轻托还是重托，都应做到"三平、二稳、一松"，即三平：双肩平、托盘平、眼睛平；二稳：身体姿势稳、盘内物品稳；一松：面部表情放松。

（三）托盘行走的常用步伐

1. 常步：步履平缓均匀，速度快慢适当，常用于餐厅日常服务工作；

2. 快步：又称疾步，比常步步伐要快、步距要大，但是注意工作过程中不能出现跑动的现象，要保持适当的速度，稳中求快，常用于端送客人急需物品或者传送火候菜品；

3. 碎步：步速快、步距小，常用于端送汤汁较多的菜肴，避免汤汁溢出；

4. 垫步：需要侧身通过狭窄的通道时，可右脚侧步，左脚跟步；

5. 跑楼梯步：身体略向前倾，重心前移，使用较大的步距，保持身体平稳，注意上楼速度快而匀，常用于托送菜品。

（四）托盘的使用步骤及操作规范

托盘的使用一般要经过6个步骤，每个步骤当中都要注意操作要领，确保端托行走自如平稳。

表5-1 托盘的使用步骤及操作要领

序号	步骤	操作要领
1	理盘	在工作台操作，将清洁布折叠成小正方形，由内向外擦拭托盘；对于没有防滑功能的托盘，在盘内垫上整布，垫布中心与托盘中心重叠。
2	装盘	遵循内高外矮、内重外轻的原则。根据所托物品的重量、体积和使用的先后顺序合理装盘，确保重心平衡。物品之间留有一定空隙。
3	起托	左脚向前迈开半步，屈膝直腰，上身稍向前倾，右手将托盘拉出台面，用做好手势的左手伸进托盘底部中心，确定好重心后松开右手，收回左脚，身体上行。

续表

序号	步骤	操作要领
4	行走	将托盘平托于胸前，头正肩平，目视前方，保持微笑，右手可自然下垂并随着走路节奏自然摆动或放于背后，步幅保持等距，步顿稍快。
5	落托	左脚向前迈开半步，屈膝直角，身体重心下移，左手将托盘架在工作台上，右手轻扶盘边右下侧，抽出左手，两手同时将托盘完整推回桌面。
6	卸盘	将托盘置于工作台上，平稳取出物品，将物品归类放回工作台，将取空后的托盘放于工作台一侧。

【实践训练及考核 5-1】

以小组为单位完成以下分组练习。

1. 托盘重力练习：托一瓶酒进行站立与行走练习；托两三瓶酒进行站立与行走练习；

2. 托盘平衡练习：用酒杯装水行走练习平衡度；用汤碗装水行走练习平衡度；

3. 托盘操作流程练习：将训练物品摆放在操作台上，按照托盘使用的 6 个步骤进行练习；

4. 托盘行走步伐练习：使用托盘托取合适的训练物品，进行行走步伐练习。

表 5-2　托盘分组考核

序号	考核项目	考核标准	分值	得分
1	理盘	保持托盘干净整洁，无油渍、无水迹。	5	
2	装盘	物品摆放整齐、美观、合理。	15	
3	起托	起托手势、脚势正确； 身体协调。	10	
4	托盘姿势	掌心向上，五指分开，掌心虚空，手臂自然弯曲成 90°； 平托于胸前，略低于胸部； 面带微笑，表情自然。	30	
5	端托行走	走姿优美、步伐轻盈，右臂自然摆动； 头正肩平，目视前方，表情自然； 行走过程中托盘内物品无碰撞声，物品不倒。	25	
6	落托	落托姿势标准。	8	
7	卸盘	卸盘顺序正确。	7	

二、铺台布

台布是餐厅摆台必备的物品之一,在餐台上起着装饰、保洁的作用。台布的规格及颜色的选择,应与餐台的大小、餐厅的风格协调一致。

(一)台布的种类

台布按质地分,有提花台布、纯棉台布、工艺绣花台布等,其中纯棉台布因为吸湿性能好,成为大多数餐厅的首选。中餐宴会场合有时还会使用到装饰布或桌裙,装饰布多采用较厚的、带有图案或纯色的棉布,平铺于台布之下,起美化台面、渲染气氛的作用。

按颜色分的话,台布的颜色多种多样,但多数餐厅选用白色。台布的颜色要与餐厅的风格、装饰、环境相协调。

如果按形状来分,通常台布的形状有正方形、长方形和圆形三种。中餐摆台中,正方形常用于方台或圆台,圆形台布主要用于圆台。西餐摆台中,常用正方形或长方形台布。

(二)台布的规格

正方形台布的规格有多种,应根据餐桌的大小选择适当规格的台布。如140cm×140cm 的台布适用于 90cm×90cm 的方台;160cm×160cm 的台布适用于 100cm×100cm 或 110cm×110cm 的方台;200cm×200cm 的台布适用于直径 170cm 的圆台;220cm×220cm 的台布适用于直径 180cm 或 200cm 的圆台。圆形台布的规格各有不同,一般的圆形台布多需定制,即根据餐台的大小将台布制成直径大于餐台直径 60cm 的圆形台布,使台布铺于餐台上时圆周下垂 30cm 为宜。

(三)台布铺设

铺台布有三种方法,即推拉式、抖铺式、撒网式,这三种铺台布的方法及操作要领如下表所示。

表 5-3 台布铺设的方法及操作要领

序号	名称	操作要领
1	推拉式	双手将台布打开置于餐台上,两手大拇指和食指分别夹住台布一边距离中线相等的位置,其余三指抓住并收拢台布。将台布贴着餐台推向副主人位,同时松开三指使台布呈扇形打开。
2	抖铺式	台布打开并平行打折后,提拿在手中,利用手腕的力量将台布向前抖开并平铺于餐台上。
3	撒网式	呈右脚在前、左脚在后的站姿,台布打开,两手抓住台布边缘与中凸线等距处,平行打折后提拉至肩处,上身转体,如同渔民撒网一样利用手臂与身体回旋的力量将台布斜向前撒出去。

1. 圆形装饰布的折叠与铺设操作要领

表 5-4　圆形装饰布的折叠与铺设操作要领

序号	步骤	操作要领
1	折叠	沿纵向凸线对折两次，再横向对折两次。
2	打开	以脚为支点拉开主人位席椅，站于主人位，右脚向前一小步，将台布置于餐台，开口处朝向自己，双手将台布沿着折缝打开，台布中线与餐台中心线重叠。
3	推拉式铺台	收：拇指和食指抓住装饰布边缘与中凸线等距离处，上身前倾，其余三手指将装饰布平行打折并向身体方向收拢，两手内扣，用手腕的力量将两边的装饰布收进两手之间截装饰布处。 推：上身前倾，两手均匀用力将装饰布平推向副主人位。 拉：双手轻缓地将装饰布拉正。 调整：调整装饰布，确保台面平整无气泡，十字居中，正面朝上，四周下垂距离均等。
	抖铺式铺台	收：将台布平行打折后，收拢提于胸前。 抛：将台布向前抛出，平铺于餐台上，轻轻拉正一次整理成形，将主人位席椅归位。

2. 方形台布折叠与铺设操作要领

方形台布铺设的方法不同于圆台，要求动作不宜过大，常用方法为推和拉。

表 5-5　方形台布折叠与铺设操作要领

序号	步骤	操作要领
1	台布的折叠方法	将台布沿着横中凸线对折，上下两层台布分别往对边对折，台布两边往竖中凸线折叠，再对折成长方形。
2	铺第一块台布	将台布横向打开，开口朝向自己，中凸线对准桌子纵轴，两手臂张开相等距离，用拇指与食指均匀捏住单层台布左右两侧。 前倾身体，将台布向餐桌中央推去的同时松手放下底层台布边。 采用退拉方式，捏住第一层台布，边退边拉，徐徐将台布拉正，台布拉正后放下下垂部分。
3	铺第二块台布	站在主人位，重复以上步骤，注意第二块台布压在第一块台布上，重叠部分宽 5cm，两块台布的中凸线对齐。

台面效果要求：四边下垂均等，边角正盖住桌脚；中凸线向上，与台面中心线相重叠；台面平整、无褶皱，两块台布中凸线对正。

【实践训练及考核 5-2】

以小组为单位，分别练习圆桌台布以及方桌台布的折叠与铺设，并能够在规定的时间内完成。

表 5-6　圆桌及方桌台布的折叠与铺设考核

序号	考核项目	考核标准	分值	得分
1	圆桌台布折叠	折叠方法正确、折叠平整。	10	
2	推拉式	台布打开方式正确；操作步骤规范；台布一次性铺开；台布十字线居中；四周下垂均等。	20	
3	抖铺式	台布打开方式正确；操作步骤规范；台布一次性铺开；台布十字线居中；四周下垂均等。	20	
4	方桌台布折叠	折叠方法正确、折叠平整。	10	
5	第一块台布铺设	操作步骤规范；凸线朝向正确；下垂部分均等。	20	
6	第二块台布铺设	第二块台布压在第一块台布上，重叠部分宽 5cm，两块台布的中凸线对齐。	20	

三、餐巾折花

餐巾，又称口布，英文 Napkin，是宾客用餐过程中使用的保洁餐布。服务员将餐巾折叠成三角形或对折置于宾客的膝上，宾客用来擦嘴及防止汤汁酒水弄脏衣服。摆台时，餐巾可折叠成各种抽象的艺术形象放于水杯及装饰盘上美化餐台，既是卫生用品又是艺术品。

（一）餐巾的种类及特点

（1）全棉和棉麻混纺餐巾

吸水性强、触感好、色彩丰富，但易褪色、不够挺括，每次洗涤需上浆，平均寿命 4~6 个月。

（2）化纤餐巾

结实耐用，价格适中，但染上污渍不易洗掉。

（3）维萨餐巾

色彩鲜艳丰富、挺括、方便洗涤、不褪色并且经久耐用，可用 2~3 年，但吸水性差、价格较高。

（4）纸质餐巾

一次性使用，成本较低，一般用在快餐厅和团队餐厅。

（二）餐巾折花的种类及特点

1. 按造型外观分类

（1）动物类造型

包括鱼虫鸟兽造型，如凤凰、企鹅、鸽子、海鸭、金鱼、蝴蝶和孔雀等，有的取其特征，形态逼真，生动活泼。

（2）植物类造型

包括各种花草和果实造型，如玫瑰、荷花、水仙、竹笋和玉米等，其造型美观，变化多样。

（3）其他类造型

包括模仿自然界和日常生活中的各种形态的实物造型，如冰川、折扇、领带、西装、水晶鞋、花篮等。

2. 按折叠方法与放置用具的不同分类

（1）杯花

杯花是将折好的餐巾插入水杯或红葡萄酒杯中。其特点是立体感强、造型逼真，常用推折、捏和卷等复杂手法；缺点是容易污染杯具，不宜提前折叠储存，从杯中取出后即散形且褶皱多。一般应用在中式餐台的布置中。

（2）盘花

盘花是将折叠好的餐巾花直接放在餐盘中或台面上。特点是手法卫生简洁，可以提前折叠，便于储存，打开后平整。由于其简洁大方、美观实用的特点，目前被中西餐厅广泛使用。

（3）环花

环花是将餐巾平整卷好或折叠成造型，套在餐巾环内。餐巾环也称为餐巾扣，有瓷制、银制、象牙、骨制、塑料等。此外餐巾环也可用色彩鲜明、对比感较强的丝带或丝穗带代替，将餐巾卷成造型，中央系成蝴蝶结状，然后配以鲜花；餐巾环花通常放置在装饰盘或餐盘上，特点是传统、简洁和雅致。目前多应用于宴会摆台中。

（三）餐巾折花的摆放要求

餐巾折花的摆放需要注意以下五个方面的要求，确保台面整体协调。

1. 观赏面朝向宾客

观赏面可分为正面和侧面，应选择最佳角度摆放。有头、尾的动物造型应头朝右，主人位除外。

2. 突出正副主人位

高的、醒目突出的花型一般为主花，如迎宾天鹅要摆在主位。在中餐宴会摆台中，主人位餐巾花最高，副主人位次之，其他餐巾花高低均匀。

3. 相似花型错开
在餐台上将不同品种但形状相似的花型错开，对称摆放，避免单调。
4. 杯花插入深度适中
餐巾花落杯一般以不超过 2/3 处为宜，插入部分要折叠美观。
5. 摆放距离均匀
摆放餐巾花时要注意间距均等，不遮挡餐具和客人视线，不妨碍服务操作。

（四）餐巾折花的基本技法和要领
餐巾折花的基本手法主要有折叠、推折、卷、翻、捏、拉等。

表 5-7 餐巾折花的基本技法和要领

序号	手法名称	操作要领
1	折叠	先折后叠，辅之以压，将餐巾一折为二，二折为四，是最基本的手法。
2	推折	由推而折，辅之以捏，两个大拇指相对成一直线，拇指和食指捏紧餐巾两头的褶处，向前推至中指处，食指将褶处挡住，中指腾出控制下一个褶的距高。
3	卷	将餐巾依序往前卷成实心卷或圆筒并做出花型，要领是卷得紧凑、挺括。
4	翻	将餐巾折卷或捏褶后的部位翻面，如从前面翻折到后面，从夹层里面翻到外面，将餐巾翻成花卉花瓣、鸟翅、动物头尾等形状。
5	捏	多用于鸟的尖部和嘴形。用大拇指、食指和中指三根指尖捏住餐巾巾角顶端并拉挺，食指将巾角尖端向里下压，形成凹槽，用拇指和中指捏紧成尖嘴状。
6	拉	对半成形的折花进行巾角的提拉和牵引，一只手握住折叠好的餐巾，另一只手对巾角进行向上或向下的提拉，使餐巾造型挺括、线条分明。

【实践训练及考核 5-3】
以小组为单位，分别在规定时间内完成 5 种杯花与 5 种盘花的折叠。

表 5-8 杯花及盘花的折叠考核

序号	考核项目	考核标准	分值	得分
1	仪容仪表	仪容仪表符合餐厅规范要求。	5	
2	操作技法	技法娴熟、规范。	30	
3	折花造型	造型美观、挺括、逼真；操作熟练，一次成型；花型种类丰富。	55	
4	折花速度	能够在规定时间内完成。	10	

四、摆台

摆台，就是在餐台上摆放各种餐具的过程。

（一）中餐宴会摆台的程序及规范

1. 铺台布：具体操作规范参考"铺台布"相关内容。

2. 拉椅：将餐椅摆放在餐台周围。圆桌摆放呈"三三两两式"；方桌摆放呈"两两一一式"或"对称式"；从主位开始，将餐椅正对餐位，椅子之间距离相等，与桌边相距 1.5cm。

3. 摆放转盘和中心装饰物：8 人以上餐台应摆转台；转盘居中摆放，与餐台同心，注意检查转盘旋转是否灵活；摆放中心装饰物，装饰物规格与餐桌比例恰当，外形美观，具有较强观赏价值；中心装饰物要与宴会主题相符，同时起到烘托和点缀主题的作用。

4. 摆餐具：使用托盘操作，从主人位开始，按顺时针方向依次摆放；摆放餐具时要求轻放，注意卫生标准要求。

（1）骨碟定位：拿骨碟边缘，摆在席位正中，间距相等，距桌边 1.5cm，店徽或图案对齐。

（2）汤碗、汤勺和味碟：味碟放在骨碟正上方，距骨碟 1cm；汤碗放在骨碟左上方，距味碟 1cm，勺置于碗中，勺把向左。汤碗和味碟的横向直径在一条线上。

（3）筷架、筷子和牙签：筷架摆在骨碟的右侧，位于筷子上部 1/3 处；筷子、长柄勺摆在筷架上，长柄勺距骨碟右侧边缘 3cm，尾端离桌边 1.5cm；筷子图案向上，后端距桌边 1.5cm；牙签摆放在筷子和长柄勺中间，牙签套正面朝上，底部与长柄勺齐平。

（4）公筷、公筷架、公勺：公筷放置于正、副主人位的正前方，公筷架距离转台 5~8cm，公勺在外，公筷在里，勺柄向右。

（5）水杯、葡萄酒杯和白酒杯：葡萄酒杯放在味碟正上方，葡萄酒杯右侧摆放白酒杯，左侧摆放水杯，三杯成斜直线，与水平线呈 30°角，各杯肚间距 1cm。如果折的是杯花，水杯待餐巾花折好后一起摆上桌。

5. 摆放餐巾折花：中餐宴会可以摆设杯花，也可摆放盘花。应位置摆放得当，美观大方。

6. 检查：摆台后要检查台面摆设有无遗漏，摆放是否规范、符合标准。

（二）中餐零点摆台的程序及规范

1. 铺台布：具体操作规范参考"铺台布"相关内容。

2. 摆放餐具：摆台时需按用餐的要求配备和摆放餐具；使用托盘操作，

从主人位开始，顺时针方向依次摆放；摆放餐具时要求轻放，注意卫生标准。

（1）骨碟定位：拿骨碟边缘，摆在席位正中，间距相等，店徽或图案对齐。

（2）汤碗、汤勺：在骨碟左上方放口汤碗，勺置于碗中，勺把向左。

（3）筷架、筷子、长柄勺：筷架摆在骨碟的右侧，长柄勺和筷子摆在筷架上，长柄勺距骨碟右侧边缘3cm，图案向上，筷子后端距桌边1.5cm。

（4）在骨碟右上方摆水杯和葡萄酒杯（水杯在左，葡萄酒杯在右）；两者间距1cm，横向直径在一条线上；葡萄酒杯底部与筷子对齐。

（5）摆放调味瓶、花瓶等。

3.摆放餐巾折花：餐巾花可根据情况选择花型，位置摆放得当，美观大方。

【实践训练及考核5-4】

以小组为单位分别进行中餐摆台的练习，并在规定时间内完成。

表5-9 中餐摆台考核

序号	考核项目	考核标准	分值	得分
1	仪容仪表	仪容仪表符合餐厅规范要求。	5	
2	摆台准备	物品准备齐全，操作台物品摆放有序、整齐。	10	
3	铺台布	站位准备；一次铺开，台布四周下垂均等；动作标准，姿势优美。	10	
4	摆餐具	骨碟定位准确，间距均等；其他餐具摆放位置准确，距离合适。	40	
5	摆酒杯	位置摆放准确，杯间距均等。	15	
6	摆公用餐具	位置摆放正确。	5	
7	摆餐巾折花	位置摆放正确，观赏面朝向客人。	5	
8	整体效果	——	10	

（三）西餐正餐摆台的程序及规范

摆台前，先要对摆台所需要的餐酒用具进行检查，如有不洁或者破损的要进行更换。摆放时注意操作卫生，手不可触摸杯口以及盘面。

1.摆放展示盘：把餐巾叠成正方形垫在展示盘盘底，左手托起展示盘，从主人位开始，按照顺时针方向将展示盘放置于餐位正前方，展示盘距离桌沿2cm，展示盘间的距离要保持均等。

2.摆放餐刀、餐叉和汤匙：按照左叉右刀的原则，展示盘左侧摆放餐叉，右侧摆放餐刀和汤匙。摆放时注意拿取刀、叉、匙柄处。

（1）餐刀刀柄底端距离桌边 2cm，刀刃向左，距离展示盘 1cm；

（2）汤匙放置于餐刀右侧，距离餐刀 1cm，匙柄底端距离桌边 2cm；

（3）餐叉叉柄底端距离桌边 2cm，距离展示盘 1cm。

3. 摆放面包盘、黄油刀：餐叉左侧放面包盘，距离餐叉 1cm，面包盘中心与展示盘中心在一条直线上。黄油刀置于面包盘偏右 1/3 处，刀刃向左。

4. 摆放酒具：水杯摆放于主餐刀正上方，距离主餐刀尖 2cm。葡萄酒杯放置于水杯右上方，杯底中心连线与餐桌边成 45°角，杯间距 1cm。

5. 摆放餐巾花：将折好的餐巾花放置于展示盘内，花型观赏面朝向客人。

6. 摆放花瓶、椒盐瓶、奶盅、糖缸等公用物品：花瓶放置于餐桌中心位置，奶盅、糖缸摆放在花瓶右侧，椒盐瓶摆放在左侧。

（四）西餐宴会摆台的程序及规范

1. 摆放展示盘：摆放要求同西餐正餐摆台。

2. 摆放餐刀、餐叉和汤匙：主餐刀、主餐叉距离展示盘 1cm，其余刀、叉、匙之间间距 0.5cm。

①摆放主餐刀于展示盘右侧，餐刀下缘与餐盘平齐，刀刃向左；

②摆放鱼刀于主餐刀右侧，鱼刀下缘与餐盘平齐；

③摆放汤匙于主餐刀右侧，汤匙下缘与餐盘平齐；

④摆放沙拉刀于汤匙右侧，沙拉刀下缘与餐盘平齐；

⑤摆放主餐叉于展示盘左侧，餐叉下缘与餐盘平齐；

⑥摆放鱼刀于主餐叉左侧，鱼刀下缘与餐盘平齐；

⑦摆放沙拉叉于鱼刀左侧，沙拉叉下缘与餐盘平齐；

⑧摆放甜品叉、匙于展示盘正上方，甜品叉握柄朝左，甜品匙握柄朝右。

3. 摆放面包盘、黄油碟、黄油刀：餐叉左侧放面包盘，距离餐叉 1cm，面包盘中心与展示盘中心在一条直线上；黄油刀置于面包盘偏右 1/3 处，刀刃向左；黄油碟摆放在面包盘上方，其中心与黄油刀刀尖在一条直线上，距离刀尖 3cm。

4. 摆放酒杯：先摆放白葡萄酒杯于沙拉刀正上方 2cm 处，红葡萄酒杯摆放在白葡萄酒杯左前方，水杯摆放在红葡萄酒杯左前方，三杯中心在一条直线上，与桌边呈 45°角，三杯之间间距 1cm。

5. 摆放餐巾：折好的餐巾花放置于展示盘内，花型观赏面朝向客人。

6. 摆放花瓶、烛台、牙签盅、椒盐瓶：花瓶放置于餐桌中心，分别将两个烛台放置在餐桌长中线两侧，距离花瓶 20cm；椒盐瓶分别摆放在餐桌长中线两侧，距离烛台 10cm；牙签盅摆放在餐桌中心线上，与椒盐瓶呈品字形摆放。

【实践训练及考核 5-5】

以小组为单位分别进行西餐摆台的练习,并在规定时间内完成。

5-10　西餐摆台考核

序号	考核项目	考核标准	分值	得分
1	仪容仪表	仪容仪表符合餐厅规范要求。	5	
2	摆台准备	物品准备齐全,操作台物品摆放有序、整齐。	10	
3	铺台布	站位准备; 一次铺开,台布四周下垂均等; 动作标准,姿势优美。	5	
4	餐椅定位	定位准确。	6	
5	展示盘	定位准确、间距均等。	12	
6	刀、叉、勺	位置摆放准确、间距均等。	25	
7	面包盘、黄油碟、黄油刀	摆放准确。	6	
8	酒杯	摆放准确、间距均等。	18	
9	餐巾折花	位置摆放正确,观赏面朝向客人。	5	
10	花瓶、烛台、椒盐瓶等	摆放正确,符合标准。	8	

第二节　餐中服务技能

餐中服务技能主要包括迎宾及领位服务、值台服务,其中值台服务又可分为点菜服务、上菜服务、分菜服务、酒水服务。关于酒水服务的技能在本章第四节饮品服务技能中有详细讲解,本节不再重复赘述。

一、迎宾及领位服务

(一)迎宾

餐厅开始营业后,领位员站在餐厅门口等候宾客的到来。当客人走向餐厅门口时,领位员要面带微笑,主动与客人打招呼,对客人的到来致以诚挚的欢迎。若客人为常客,则可直接称呼客人的姓氏加职位头衔,并可适当与客人寒暄,但要注意语言分寸。对于不熟悉的客人,领位员要询问客人是否有预订。如果客人有预订,查询预订系统相关记录,再将客人引导至预订的桌位。如果客人没有预订,则需要询问客人有几位,根据客人人数来安排座位,并将客人引领至桌位。

(二)领位

领位又称引客入座。引导客人时,领位员要配合客人走路的速度,以适度的步伐在客人侧前方带领,不时以目光关注客人是否紧随其后。遇到台阶或转弯时,应提醒客人并以手势加强,请客人注意安全。引导客人至桌位后,应先询问客人对桌位的安排是否满意。对于常客或 VIP 客人,要尽量将其安排到其习惯的区域与桌位。

领位员引客入座时,区域服务员要主动上前问候,领位员要及时将区域服务员介绍给客人认识,并协助客人入座。具体操作是:用双手帮客人轻轻拉开椅子,请客人入座,当客人将要坐下时,将椅子轻轻往前推送。拉椅顺序以主宾优先,若无法判断,则以女士及年长者优先。

二、值台服务

(一)点菜服务

1. 中餐点菜服务的基本流程

中餐点菜的基本服务流程从形式上看比较简单,包括递送菜单、问候客人、点菜、介绍推荐、记录菜名和复述确认。

(1)递送菜单:通常在迎宾服务中,由迎宾员(服务员)递上菜单。

(2)问候客人:首先礼貌问候客人,如:"晚上好,先生。很高兴为您服务!"接下来介绍自己,如:"我是服务员小张。"然后询问客人是否可以点菜,如:"请问现在可以为您点菜吗?"

(3)点菜:为客人点菜时,要站在客人的左侧,身体略向前倾,认真倾听客人的叙述。中餐一般都是按照上菜的顺序为客人点菜,常遵循先凉菜,后热菜;先荤菜,后素菜;先风味,后一般菜;先菜肴,后汤品、点心、酒水的顺序。

(4)介绍、推荐菜肴:服务员应该体贴客人的需要。推荐菜肴时首先询问客人的喜好和禁忌,然后根据客人的需要,推荐餐厅特色菜、特价菜等,注意荤素搭配、价格合理,不可一味推荐高价菜品。

(5)记录菜名:清楚、准确地记录不同客人所点的菜肴,避免混淆。

(6)确认点菜:复述客人所点的菜肴及特殊要求,请客人确认。

(7)迅速下单。

2. 西餐点菜服务的基本流程

(1)递送菜单:站在客人右侧呈递菜单,原则上每位客人一份菜单,当无法满足时应告知客人。呈递菜单时注意女士优先的原则，然后沿着餐桌以顺时针方向依次递送给客人。主动向客人介绍餐厅推荐菜品。

（2）接受点叫：记录好每位客人所点的菜肴，特别要注意标注好每位客人的特殊要求及对肉类成熟度的要求。根据客人所点的菜肴，向客人推荐相应的佐餐酒及餐后酒。

（3）记录菜名：清楚、准确地记录不同客人所点的菜肴，避免混淆。

（4）确认点菜：复述客人所点的菜肴及特殊要求，请客人确认。

（5）迅速下单。

（二）上菜服务

上菜是服务员将菜品按规格和一定程序奉上餐桌的一种服务方式。上菜要严格按照上菜的规则进行，并且能够根据宾客的要求和进餐速度灵活掌握上菜的时机，按照上菜顺序进行操作。

1. 中餐上菜服务

（1）中餐上菜的顺序

由于中国菜系品种很多，上菜的顺序也会因各地风俗习惯而有所不同，因此上菜顺序可根据用餐的类型、特点和需要而定。中餐上菜的大体顺序原则是先凉菜后热菜，先荤菜后素菜，先优质或风味菜后一般菜，先菜后汤，先点心后水果。

（2）中餐上菜的位置

中餐厅以不打扰客人用餐为原则上菜，在位置方面比较灵活。中餐宴会的上菜位置一般选择在副主人的右侧，也可选择在陪同与翻译之间，这样有利于向客人介绍菜品。严禁在主人和主宾之间上菜；严禁在老人和儿童、行动不便的人中间上菜。

（3）中餐上菜的时机与节奏

中餐零点应在开出菜单后 5 分钟内上好凉菜，宴会则要在开餐前 15 分钟摆好凉菜。中餐零点在凉菜食用 1/3 或 1/2 时上热菜，宴会则要在凉菜食用 1/2 时上热菜。

一般小桌客人的菜在 20 分钟左右上齐，大桌客人的菜在 30 分钟左右上齐；宴会则要服从于主桌。注意在上菜时，如遇宾主讲话或离席敬酒则不宜上菜，应等讲完话或敬完酒后再上菜。

（4）中餐上菜的操作规范

上菜前服务员要核对好台号、品名、分量，避免上错菜；同时要整理桌面，留出空位，严禁盘与盘之间相互叠压，实在放不下时可以为大盘换小盘。

上菜时要报菜名并对特殊菜肴做出介绍；新上桌菜品要通过转盘转至主

人和主宾之间的位置；有调味料的菜品，主菜与调味料要一起上桌；汤菜要配汤勺一起上桌。

上菜时还要注意服务用语的使用，每上一道菜品都要向客人表示："对不起，打扰一下！""××菜，请品尝！"上最后一道菜时要注意提醒客人："菜已上齐，还有什么需要请随时吩咐！"

（5）菜肴的摆放

中餐菜肴的摆放要根据菜品的颜色、荤素、盛具、形状等进行摆放，讲究一定的造型艺术。整体来看，要遵循"便于观赏、方便取用、造型美观、尊重主宾、尊重习俗"的原则。

（6）特殊菜肴的上菜方法

锅巴类菜肴：讲求上桌速度要快，上桌后随即把汤汁浇在锅巴上，使之发出声响，否则就会失去效果。

盅类菜肴：要求在上桌后当着客人的面启封，以保持菜品的原味，并使菜肴的香气在餐桌上散发，揭盖时要注意翻转移开，避免汤汁滴落到客人身上。

纸包类菜肴：此类菜肴应先端上桌让客人欣赏，再由服务员拿到备餐台上拆开或启封。

拔丝类菜肴：要求出菜与上菜服务速度要快，同时为防止糖浆高温烫伤客人，此类菜品上桌时要跟上一碗凉开水。

铁板类菜肴：此类菜肴在餐厅中较常见，在上菜服务过程中要及时提醒客人注意铁盘的高温，避免烫伤。

2. 西餐上菜服务

（1）西餐上菜的位置

在西餐上菜服务中，一般遵循女士优先、先宾后主的原则。

（2）西餐上菜的顺序

一般遵循面包、黄油→汤→主菜→点心→水果→咖啡或茶的顺序。

（3）西餐的服务方式

法式服务：一般餐厅使用餐具均以银器为主，由受过专业训练的两名服务人员在手推车或服务桌上现场烹饪，再将烹制好的食物分盛于热餐盘服侍客人。

美式服务：是西餐厅最常见的服务形式，又称为餐盘式服务，也是西式服务中最简单、便捷、快速且成本低廉的服务方式。在美式服务餐厅，所有的菜肴在上菜前都已在厨房盛放妥当，直接由服务人员端到客人的餐桌上。客人除享受一道主菜外，还会供应面包、沙拉及咖啡饮品。

英式服务：源自英国传统的饮食习惯，一般在家庭中由主人做切割、配量、分菜的工作，而在餐厅则由服务人员来完成主人的角色。英式服务与法式服务比较类似，唯一不同的是法式服务中，客人可以自取菜品，而英式服务中，服务人员由女主宾开始在其左侧，以逆时针方向用服务叉匙将银盘上的菜肴分至客人餐盘中，故英式服务又被称为"银盘服务"。

俄式服务：俄式服务起源于俄罗斯，拿破仑战争时，在欧洲大陆初次出现。当时欧洲以英式服务和法式服务为主，俄式服务因其简单快速，彰显出了优越性，立即成为皇宫中最受欢迎的服务方式。

（三）分菜服务

1. 中餐分菜服务

（1）中餐分菜的方法

中餐分菜的方法有三种，即餐台分让式、旁桌分让式和二人合作式。

餐台分让式：服务员左手垫上餐巾将菜盘托起，右手使用分餐叉、匙进行分菜。分菜时服务员要站在宾客左侧，身体稍向前倾；可以边分菜边向客人介绍菜品的名称、特色、营养等内容；分菜时要掌握好分菜的分量，做到分让均等，菜品的优质部位应先分给主宾及主人；分菜结束后餐盘中要剩余1/10~1/5的菜肴，不要一次分光。

旁桌分让式：服务人员先将菜品端上餐桌向客人展示，并介绍菜品名称、特色、营养等内容，征得客人同意后将菜品取下放到餐桌旁边的分菜台上，用提前准备好的分菜叉、勺等进行分菜操作，分菜要求速度快、分得匀。将分好的菜盛放于提前备好的干净餐盘中，用托盘端至宾客席，从主宾开始依次递送至客人面前。

二人合作式：二人合作式顾名思义就是由两名服务人员配合完成服务工作，一名服务员负责分菜，一名负责为客人递送到餐桌上。

（2）中餐分菜的步骤

物品准备：提前准备好分菜用到的各种餐具及用具。餐具包括足够数量的骨碟、汤碗、汤勺等；用具包括分餐刀、分餐叉、分餐匙、筷子、汤匙、垫盘、餐巾等物品。

菜肴展示：分菜前应将菜品先端至餐桌上向客人展示，并介绍菜肴的特点、烹饪方法、营养成分等内容。

分菜：菜肴展示完毕，征得客人同意后，进行分菜服务。

（3）分餐工具及使用

分炒菜时，常用分餐叉、分餐勺，也可用筷子与长柄勺相配合；分汤时用长柄汤勺；分鱼、禽类菜品时用分餐刀、分餐叉、分餐勺相互配合。

分餐叉、分餐勺的使用方法是用右手握住叉的后部，勺心向上，叉的底部向勺心；在夹菜肴和点心时，主要依靠手指来控制，右手食指插在勺和叉之间与拇指合力捏住叉把，中指控制勺把，无名指和小指起稳定作用，若菜品带汤汁，用服务勺分汤汁。

（4）汤类的分菜方法

分汤时一般使用大汤勺。若汤的原料为整鸡、整鸭等整菜，可先用分餐叉、分餐勺、分餐刀等工具在餐桌或者服务台进行分割，然后再进行分汤。一般盛放至汤碗的八分满处为宜。

（5）整菜类的分菜方法

整鱼的分法：使用分餐刀、分餐叉、分餐勺依据鱼的烹调方法进行分菜。以家常烧和油泼鱼为例，左手握紧分餐叉将鱼头固定，右手用分餐刀从鱼中骨由头切至鱼尾，将切开的鱼肉向两侧剥离，待鱼骨露出后，用鱼刀从鱼尾向鱼头将鱼骨下层鱼肉与鱼骨剥离。用刀、叉将整条鱼骨放置于餐盘靠近桌心的盘边处，将上下片鱼肉均分分切，并用分餐叉、勺分至客人餐盘中。

整鸡、整鸭的分法：先用分餐刀、分餐叉进行剔骨，分菜时注意按照禽类自身结构来进行分割，保持其形状的完整和均匀，一般头尾不分派，由客人按照各自喜好自取。

2. 西餐分菜服务

（1）西餐分菜工具

分让主料时主要使用分餐刀与分餐叉；分让配料、配汁时主要使用分餐叉、分餐勺。

（2）西餐分菜顺序

西餐分菜通常按照女士优先，先宾后主，即女主宾→女主人→男主宾→男主人→其他宾客的顺序进行。

（3）西餐特殊菜肴的分菜方法

分切牛排：将烹制好的牛排放置在服务车的切板上，推至客人面前，现场进行操作。通常由两名服务员配合完成，一名服务员将配菜放置于餐盘内的盘头一侧，另一名服务员左手使用餐叉按住牛排的一侧，右手用餐刀将牛排切成合适的等份。分切完毕后，将牛排放置在装好配菜的餐盘中，由客人右侧分送至客人餐桌上，同时服务各种调味酱汁。

分切三文鱼：先向客人展示菜肴，然后再进行切配，分切时服务员左手握叉，右手拿刀，刀刃朝向服务员左侧，切鱼时从鱼的右侧向左侧分切。装盘时将鱼均匀放入餐盘的一侧，鱼片应呈对折并码放成阶梯状，餐盘另一侧摆放配料。由客人右侧分送至客人餐桌上，遵循女士优先，先宾后主的原则。

【实践训练及考核 5-6】

以小组为单位，依据教师设定的服务场景，完成迎宾及领位服务。

表 5-11　迎宾及领位服务考核

序号	考核项目	考核标准	分值	得分
1	迎宾	注意力集中，笑容亲切。	10	
		及时问候，音量适中。	10	
		服装得体，礼仪规范。	10	
		准确快速查看预定信息。	10	
		询问是否吸烟。	10	
2	领位入座	引领过程中关注客人。	15	
		至少为一位客人拉椅。	15	
		向客人介绍区域服务人员。	20	

第三节　餐后服务技能

餐后服务主要包括结账服务及送客服务两个环节。

通常而言，上菜完毕后即可做结账准备。结账分为三个步骤，分别为结账准备、递送账单和处理付款。

一、结账方式

（一）现金结账

1. 客人付现金时，服务员要礼貌地在餐桌旁当面点清钱款，请客人稍候；将账单及现金送给收银员后，核对找回的零钱及账单上联是否正确。

2. 服务员将账单上联和所找零钱、发票夹在账单夹内，返回客人右侧，打开账单夹，递送给客人。

3. 如果客人要求去收银台结账，应礼貌地引领客人到收银台。

（二）信用卡结账

1. 首先确认是否是本餐厅接纳的信用卡，然后请客人稍候，并将信用卡和账单送至收银处。

2. 服务员检查无误后将收据、账单及信用卡夹在账单夹内，交还给客人，请客人在账单和信用卡收据上签字，并检查签字是否与信用卡上一致。

3. 将账单第一页、信用卡收据、客人联及信用卡递还给客人，并将其余票据及存根送回收银台。

（三）手机 APP 结账

指导客人用手机打开支付宝或微信等 APP，扫描该店的二维码进行付款。

二、结账的流程与服务标准

（一）结账准备

1. 给客人上完菜后，餐厅服务员要到收银台核对账单。当客人要求结账时，请客人稍后，立即去收银台取账单。

2. 将账单放入账单夹内，并确保账单夹打开时，账单正面朝向客人，准备好结账用笔。

（二）递送账单

走到客人右侧，打开账单夹，右手持账单夹上端、左手托账单夹下端，递送至客人面前，请客人看账单。注意不要让其他客人看到，并说："先生/女士，这是您的账单，请您过目。"

（三）处理付款

从客人处接过现金或信用卡送至收银台，找零或还卡后礼貌致谢。

三、送客服务流程及规范

1. 客人起身时，服务员须主动为客人搬开座椅，并按先宾后主、女士优先的原则。

2. 提醒客人带好随身物品，环顾四周再次确认。

3. 礼貌地向客人道别，感谢客人的光临，送客人至餐厅门口。

4. 如客人乘坐电梯，服务员应为客人叫梯，送客人进入电梯后，目送客人离开。

【实践训练及考核 5-7】

以小组为单位，按照教师设定的情境完成结账送客服务训练。

表 5-12　结账送客服务考核

序号	考核项目	考核标准	分值	得分
1	结账准备	准确核对账单。	5	
		将账单放入账单夹内，并确保账单夹打开时，账单正面朝向客人，准备好结账用笔。	20	
2	递送账单	走到客人右侧，打开账单夹，右手持账单夹上端、左手托账单夹下端，递送至客人面前。	20	
		将账单呈送给客人并说："先生／女士，这是您的账单，请您过目。"	5	
3	处理付款	从客人处双手接过现金或信用卡送至收银台。	10	
		找零或还卡后向客人礼貌致谢。	10	
4	送客	主动为客人拉椅。	10	
		提醒客人带好随身物品。	10	
		礼貌道别，感谢客人光临。	10	

第四节　饮品服务技能

饮品服务技能主要是指在用餐过程中的饮品服务。一般包括饮品准备、饮品展示、饮品斟倒及续添。在康养餐饮服务中，饮品服务尤其是酒水服务是餐厅服务工作中一项基本的服务技能，也是餐厅服务的重要环节。由于酒水的品种繁多，饮用要求的温度、盛载的杯具和服务都不尽相同，因此服务员熟练掌握酒水知识和酒水服务技巧，在操作中做到准确、娴熟、规范、优雅，不仅能增添热烈、友好的就餐氛围，还可以使客人获得精神上的享受与满足，向客人提供真正的优质服务。

一、黄酒服务技能

（一）准备工作

1. 客人订酒后，应主动询问客人是否需要加热、添加生姜、话梅或其他。
2. 将黄酒杯放入托盘内，托至客人右侧，将黄酒杯放在客人饮料杯的右侧。
3. 将冰桶放在冰桶架上，在冰桶内装入 1/3 的开水，将一条叠好的餐巾横放在冰桶上。

（二）展示黄酒

用手将一条干净的餐巾托在黄酒坛下，将商标正面朝向客人，报酒水名，并作简单介绍（包含黄酒加热的时间）。

（三）加热黄酒

打开黄酒，将黄酒倒入加热壶中，将壶放入装有开水的冰桶中加热 2~3 分钟。

（四）斟倒黄酒

1. 服务人员从加热冰桶中取出黄酒加热壶，并用干净的餐巾将其擦拭干净。
2. 站在客人的右侧，按照先女士后男士、先宾后主的顺序为客人斟酒。
3. 斟酒量以八成满为宜。

（五）续酒服务

1. 服务人员应该随时观察客人酒杯中的酒量，适时为客人斟倒黄酒。
2. 随时观察加热壶中的温度，及时更换冰桶中的热水，将加热壶放入热水中继续加热，保持黄酒的饮用温度。
3. 黄酒瓶中若剩下一杯的酒量时，要主动询问客人是否再加订一瓶。若客人不再加订黄酒，应撤下喝完的黄酒杯。

二、葡萄酒服务技能

（一）红葡萄酒服务技能

1. 准备工作

（1）将一块干净的口布铺在酒篮中；

（2）将酒瓶瓶身、瓶口擦干净，检查一下酒是否过期、变质，是不是客人需要的那种酒，酒瓶有没有破裂；

（3）将客人所点的红葡萄酒卧放在酒篮中，酒标朝上。

2. 展示红葡萄酒

（1）站在主人的右后侧，左手托酒篮的底部，右手轻扶酒篮的上端，商标向上，45°倾斜，报酒名，并请客人确认所点酒品；

（2）询问客人是否可以开启红葡萄酒；当客人允许后，才可进行下一步的工作。如果没有得到客人的认同，则去酒窖更换酒品，直到客人满意为止。

3. 开启红葡萄酒

（1）经主人确认并同意后，开启红葡萄酒；用干净的餐巾包住酒瓶，左手扶酒瓶的中下部，右手沿瓶口下沿用开酒刀顺时针割开铅封，并用干净的口布将瓶口擦拭干净；

（2）将酒钻垂直钻入木塞的中心位置，进入瓶塞 2/3 处后，利用杠杆拉力，轻轻拔出木塞，再用餐巾将瓶口擦干净；

（3）将酒塞放入小碟内，请点酒的客人评判酒的品质。

4. 醒酒服务

（1）询问客人是否需要对所点的红葡萄酒进行醒酒服务；

（2）征得客人的同意后，将红葡萄酒缓慢地倒入醒酒器中，等待醒酒。

5. 斟酒服务

（1）徒手斟酒（西餐服务）

①将服务巾折叠成条状包于瓶颈，不能遮挡酒瓶的商标，右手握住酒瓶的包布。左手持一块折叠成小方形的服务巾置于背后；

②站在主人的右后侧，右腿在前，插站于两席椅之间，身体侧向客人，左腿在后稍稍踮起，上身略微前倾，左手置于身后，右手持瓶，商标朝向客人，小臂呈 45°，巧用腕力，为主人斟倒 1/5 杯酒水，请主人试酒，斟完酒，用左手中的服务巾擦拭瓶口以免流酒；

③征得主人的同意后，按照先女士后男士，先宾后主的顺序斟倒酒水，换位斟酒时，先左脚掌落地，右脚收回与左脚并齐，身体复原；

④斟倒酒水时，要保持酒标始终朝向客人，每倒完一杯酒须轻轻旋转一下瓶口，避免酒滴洒在桌布上并用干净的餐巾擦拭瓶口；

⑤斟酒量以 1/2 杯为宜。

（2）托盘斟酒（中餐服务）

①将酒瓶合理摆放于托盘内；

②侧身，身体前倾，右脚跨前，左脚稍稍踮起，伸右臂斟倒；

③左手托盘，右手握瓶的下半部，商标朝向客人，保持托盘平稳；

④回瓶后以弧线路径将酒瓶放回托盘，收回右脚。

6. 续酒服务

（1）应该随时观察客人酒杯中的酒量，适时为客人斟倒酒水；

（2）瓶中若剩下一杯的酒量时，要主动询问客人是否再加订一瓶。若客人不再加订，应撤下喝完的红葡萄酒杯。

（二）白葡萄酒（含香槟）服务技能

1. 准备工作

（1）准备冰桶、冰桶架、一条干净的口布；

（2）在冰桶内装入冰块和水，不超过冰桶 2/3 的高度；

（3）将酒瓶瓶身、瓶口擦干净，检查一下酒是否过期、变质，是不是客人所需要的那种酒，酒瓶有没有破裂；

（4）将白葡萄酒放入冰桶中，商标向外。

2. 展示白葡萄酒

（1）左手托瓶底，右手扶瓶口，酒标朝向客人，报酒名，请客人确认所点酒品；

（2）询问客人是否可以开启酒瓶。

3. 开启白葡萄酒

（1）经客人确认并同意后，开启白葡萄酒，用干净的餐巾包住酒瓶，左手扶酒瓶的中下部，右手沿瓶口下沿顺时针用开酒刀割开铅封，并用口布将瓶口擦拭干净；

（2）将酒钻垂直钻入木塞的中心位置，进入瓶塞 2/3 处后，利用杠杆拉力，轻轻拔出木塞，再用餐巾将瓶口擦干净；

（3）将酒塞放入小碟内，请点酒的客人评判酒的品质。

4. 开启香槟酒

（1）因瓶内气压较大，故软木塞的外面套有铁丝帽以防软木塞弹出。撕开锡箔封套；

（2）冰过的香槟酒要放在桌面或其他平整的物面上，一只手握住瓶塞，拇指紧紧地按在软木塞的顶端，其余手指握紧瓶颈，另一只手转开软木塞上固定用的铁丝网；

（3）左手仍紧握瓶塞以防瓶塞突然冲出，右手慢慢旋转瓶身，当瓶塞已松动时，务必将酒瓶倾斜一个角度，将瓶身略微向外，注意不能对着人；

（4）手掌要紧紧控制住瓶塞，让软木塞缓缓地推出，听到温和的砰的一声即可。

5. 斟酒服务

（1）站在客人的右后侧，为客人斟倒 1/5 杯酒水，请客人试酒；

（2）征得客人的同意后，按照先女士后男士，先宾后主的顺序斟倒酒水；

（3）斟倒酒水时，要保持酒标始终朝向客人，每倒完一杯酒须轻轻旋转一下瓶口，避免酒滴洒在桌布上，并用干净的餐巾擦拭瓶口；

（4）斟酒量以 1/3 杯为宜。

6. 续酒服务

（1）服务员应该随时观察客人酒杯中的酒量，适时为客人斟倒酒水；

（2）瓶中若剩下一杯的酒量时，要主动询问客人是否再加订一瓶。若客人不再加订，应撤下喝完的白葡萄酒（香槟）杯。

三、啤酒服务技能

（一）准备工作

1. 啤酒的最佳饮用温度是 8℃~11℃，高级啤酒的饮用温度在 12℃左右，季节、室温及所用杯子薄厚的变化对饮用温度有一定的影响，应加以考虑；

2. 将酒瓶瓶身、瓶口擦干净，检查一下酒是否过期、变质，是不是客人所需要的那种酒，酒瓶有没有破裂；

3. 啤酒杯必须是绝对干净的，任何油污，无论看得见与否，都会破坏啤酒应有的味道，使泡沫消失。将洗涤、消毒后的啤酒杯放在干净的滴水板上，使之自然风干，切忌用毛巾擦杯，以免杯子再受污染。另外，切勿用手指触及啤酒杯内壁。

（二）开启啤酒

1. 开启前，要避免摇晃；

2. 在开启易拉罐时，应将开口方向朝外，不能对着任何人，并用手适当遮挡，以示礼貌。

（三）斟酒服务

1. 斟酒时，泡沫缓缓上升并超过酒杯半寸为好，泡沫与酒液的最佳比例是 1∶5，泡沫的状态与斟酒方式（压力）密切相关；

2. 瓶装或罐装啤酒斟注时，先将酒杯微倾，顺杯壁注入 2/3 的无沫酒液，再将酒杯放正，采用倾注法能产生泡沫；

3. 桶装啤酒斟注时，将酒杯倾斜成 45°角，打开开关，注入 3/4 酒液后，将其放于一边使泡沫稍平息，然后再注满酒杯。

四、白酒服务技能

（一）准备工作

1. 准备干净的口布；

2. 将酒瓶瓶身、瓶口擦干净，检查一下酒是否过期、变质，是不是客人所需要的那种酒，酒瓶有没有破裂。

（二）展示白酒

示瓶时，站在点酒客人右侧，上身向前微倾 15°，左手托住酒盒底部，右手扶住酒盒上部，酒标朝向客人，酒标与顾客视线基本持平，请客人确认。

（三）开启白酒

1. 客人允许后，打开外包装，保持酒盒完整，内有小礼品时，立刻递送给宾客；

2. 开启时，左手紧握瓶身，右手逆时针轻轻旋转瓶盖，将瓶盖放于工作桌留存，如有外包装的，将外包装放到家私柜上保存好。（注意：不同白酒的开启方法和开启工具）。

（四）斟酒服务

1. 徒手斟倒

（1）徒手斟酒时，侧身站在客人的右后侧，从主宾位置开始，顺时针方向进行斟倒，右脚伸入两椅之间，上身微微前倾，重心置于右脚上，左脚跟微抬起；

（2）斟倒时，不要贴靠客人；左手持一块洁净的餐巾，右手五指张开，握住瓶体下半部1/2处，食指伸直，按住瓶壁，指尖指向瓶口，将右手臂伸出，手腕下压进行斟倒；

（3）瓶口不要碰触杯口，瓶口距离杯口1.5cm为宜；当酒液倒至八分满后，瓶口向上微微旋转45°，收回手臂，并用餐巾擦拭瓶口，使最后一滴酒液不洒于桌面上；

（4）注意斟倒的时候，酒标要朝向客人（即手要握酒标相反的一面）。

2. 分酒器斟倒

（1）利用分酒器斟倒的时候，首先要询问客人，经过客人同意方可使用分酒器；

（2）使用分酒器斟倒，在酒没有倒入分酒器前，先用酒瓶给主宾倒上一杯后方可将酒倒入分酒器；

（3）客人不能确定将整瓶酒喝完的情况下要按照客人要求将酒倒入分酒器。

表5-13 斟酒的基本要诀及操作要领

序号	要诀	操作要领
1	停	斟至适量时应稍停一下，不可突然抬起瓶身。
2	抬	将瓶口稍前倾并抬高1cm左右。
3	转	旋转瓶身，使最后一滴酒均匀地分布在瓶口上。
4	收	以弧线路径收回酒瓶。

五、中国茶的服务技能

1. 康养旅游餐饮服务人员应根据四季气候特征、地域环境的差别、顾客的需求、茶饮的功效，选择适合顾客的茶饮品种，并做简单介绍。

2.可播放轻缓音乐，引导顾客聆听，随音乐的节奏，调整呼吸，放松心情，静待茶饮服务。

3.展示并讲解所选茶饮的品种与功效、器具特征和相关历史文化，按照六大类茶饮的冲泡流程进行茶饮服务，引导顾客从"五觉"（视觉、嗅觉、味觉、听觉、肤觉）方面观察茶汤颜色、香气和口感的变化，达到"神、身、气、形、性"相互平衡的养生效果。

六、花草茶的服务技能

（一）择器具——"形养"

（1）较其他饮品，花草茶更具视觉观赏性，在选择冲泡器具时，应首选玻璃器具。由于琉璃器具的保温性较差，在冬季应该选择带有保温效果的玻璃器具。切忌选择金属器具冲泡花草茶，因为金属器具自带的特殊物质会在冲泡花草茶时产生一定的变化作用，对花草茶的气味、口感和功效的发挥有较大的破坏和影响。

（2）康养旅游餐饮服务人员在冲泡花草茶时，应引导顾客观察茶汤颜色、花朵盛放的变化，感受视觉的美感。

（二）洗花草茶——"性养"

在冲泡花草茶前，应简单清洗花草茶上的杂质，如泥土、花粉等，以免影响饮用花草茶时的视觉和口感。客人通过观看或参与清洗花草茶杂质的过程，可使其心理产生"清""净"的感觉，进而达到身心纯净、舒缓心情的养生效果。

（三）冲泡温度与时间——"气养""神养"

花草茶用80℃以上的沸水冲泡，并闷盖3~15分钟后饮用口感最佳。在等待饮用花草茶时，可选择与花草茶气味相同或相近的花草精油进行熏香。花草茶和熏香散发出的花香气味，通过鼻腔进入人体，达到提神醒脑，使人心情平静愉悦的作用。

（四）品花草茶——"神养""身养"

花草茶醇香味甘，应引导客人将茶汤在口腔内短暂停留数秒，感受花草茶的甘甜口感后，再送入咽部。饮用后，身体呈放松状态，花草香味常留于口齿之间，呈现出身心平衡的良好状态。

七、蔬果汁服务技能

1. 礼貌问候顾客，询问对蔬果汁选择的需求；
2. 主动介绍当季蔬果汁品种名称和种类，重点讲解蔬果汁的饮用功能，根据顾客的需求，有针对性地推荐果汁饮品；
3. 完成点单服务；
4. 将蔬果汁、吸管、勺子放入托盘中，摆放整齐，托送至客人右侧，将蔬果汁放于客人正前方；
5. 当客人果汁剩下 1/3 时，应主动询问是否再点一杯果汁饮品；
6. 完成结账服务。

八、咖啡服务技能

（一）准备工作
1. 清洗、高温消毒咖啡服务器具；
2. 检查咖啡服务器具是否干净无污垢、无指纹、无水渍、无破损。

（二）准备咖啡
1. 根据客人所点的咖啡，调制咖啡；
2. 奶盅内倒入 2/3 的淡奶；
3. 糖缸内装入糖包。

（三）摆放咖啡服务用具
1. 站在客人的右后侧，左手托盘，右手将咖啡用具依次放在餐桌上；
2. 咖啡碟放于客人右手边，咖啡杯和咖啡勺放于咖啡碟上，咖啡杯柄和咖啡勺柄均朝右；
3. 奶盅、糖缸放于餐桌正中，按 2 位客人共用 1 套计算并摆放。

（四）斟倒咖啡
1. 按照先女士后男士、先宾后主，顺时针方向为客人斟倒咖啡；
2. 站在客人的右后侧，将咖啡直接倒入客人的咖啡杯中。

（五）续添咖啡
1. 提前告知客人续杯是否收取费用；
2. 观察客人杯中的咖啡量至 1/5 时，应主动询问是否续杯；
3. 如客人不需要续杯，待客人饮用完后，及时撤走客人的空咖啡杯。

【实践训练及考核 5-8】

以小组为单位分别进行红葡萄酒示酒、开瓶、酒水斟倒的练习，并在规定时间内完成。

表 5-14　红葡萄酒示酒、开瓶、斟倒考核

序号	考核项目	考核标准	分值	得分
1	示酒	示酒动作的规范，符合标准。	5	
2	开酒	正确使用开瓶器，正确开启红葡萄酒；按照检查、示酒、开瓶和摆放的程序标准进行。	20	
3	持瓶	持瓶姿势正确规范，不遮挡酒标。	5	
4	回瓶	正确按停、抬、转、收进行回瓶。	10	
5	徒手斟酒	正确从准备、站位、姿势和换位四个要点进行徒手斟酒的服务操作。	30	
6	托盘斟酒	正确从准备、站位、姿势和换位四个要点进行托盘斟酒的服务操作。	30	

本章小结

　　本章主要讲解了康养餐饮的餐前服务技能、餐中服务技能、餐后服务技能和饮品服务技能。通过各部分技能分解步骤的讲解让学生能够明确不同服务阶段所需要掌握的技能点，能够依据服务的需要熟练完成各项工作。通过本章的学习，让学习者能够从实践操作中领略技能的乐趣，提高实践训练的积极性。

思考与练习

一、简答题

1. 托盘的使用方法分几种？
2. 常用的台布铺设方法有几类？
3. 餐巾的材质有哪些？

二、论述题

请简述中西餐服务中几类特殊菜品的分菜方法。

参考答案

第六章

康养旅游餐饮食材选择与食谱编制

本章重点

本章主要介绍康养旅游餐饮食谱标准，在内容呈现上主要体现康养旅游餐饮食谱食材的选择、康养旅游餐饮食谱编制以及特色康养旅游餐饮药膳食谱和茶膳食谱等。

学习目标

通过本章内容的学习，学习者能够了解食谱的定义、食谱与食材的关联性，了解康养旅游餐饮食谱编制的原则，掌握康养旅游餐饮食谱编制标准和方法，掌握康养旅游餐饮食材的品质鉴别，能够针对不同的康养旅游者或群体进行食谱编制，知晓特色康养旅游餐饮食谱，从而具备康养旅游餐饮从业人员的职业认知。

本章思维导图

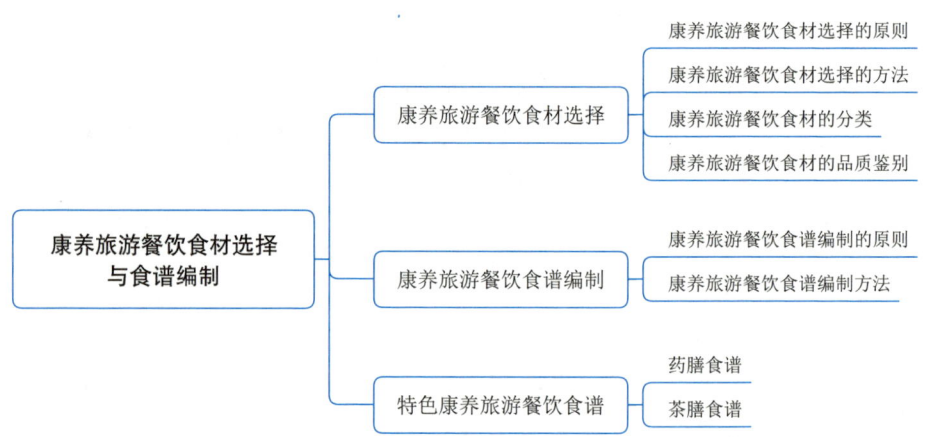

第一节 康养旅游餐饮食材选择

康养旅游餐饮食材的选择即选料，是指在烹饪原料进行初步鉴定的基础上，为使其更加符合康养、食用和烹调要求，对原料的种类、品种、部位、卫生状况等进行多方面的综合挑选的过程。

一、康养旅游餐饮食材选择的原则

（一）季节性原则

季节性食材是指当季盛产的食材，是在当下季节，最适合种植与成熟、符合自然规律的食材。季节性食材不仅新鲜、口感好、营养价值高，而且有很高的防当季虫害的能力。另外，季节性食材一般没有大量施肥和喷洒农药，没有掺入各种添加剂，能大幅度降低不利健康的风险。因此，在康养旅游餐饮食材的选择上应根据季节的变换，在食材色泽、口味等方面突出季节性。

◀◀◀ 案例 6-1 ▶▶▶

立春节气食谱——鸡汁春笋

立春节气，阳气初升，万物萌动，人体内的阳气也随之渐长，向上、向外升发。饮食上应注意帮助阳气的升发，多吃一些辛温之品，少吃一些酸涩之品，有利于发散风寒，扶助阳气。

例：鸡汁春笋

【食材】春笋100g、鸡腿菇50g、鸡汤300ml、盐适量。

【功效】健脾开胃，有助消化、增进食欲和治疗痔疮。

图 6-1　鸡汁春笋

（图片来源：成都芝麻药膳培训学校）

【案例分析】

该案例根据立春节气中人体进补需要而编制食谱，主要食材选用春笋，突出季节性原则。请试着编制一至两个节气食谱,并说明主要食材选用的原则。

(二)地域性原则

地域性食材是指当地生产的食材,适合当地气候、环境和水质特点。我国疆域辽阔、物产丰富,但由于各地区自然环境的不同,食材在品质上形成了各自不同的特点。另外,在一定地域生产出来的食材不用担心长途运输为保鲜而带来的健康安全隐患,或者因存储条件不良而导致食材营养成分下降。

(三)健康性原则

食材的健康性是指食材的选择应保证原料的营养性、食用的安全卫生性。有些原料感官性状好,但本身含有毒素(如含有毒素的鱼类、菌类)或受化学毒素污染、微生物浸染而变质,这些原料都不能选用,以防发生食物中毒。同时,对有些不能同食的原材料,在同一菜品中,也不能同时选用。

表 6-1 食材相辅相克

蔬菜食材	搭配禁忌	相克原因
白萝卜	红萝卜	白萝卜不能与红萝卜混吃,因为红萝卜中所含的分解酵素会破坏白萝卜中的维生素C。
胡萝卜	西红柿、辣椒、石榴、莴苣、木瓜	胡萝卜不宜与西红柿、辣椒、石榴、莴苣、木瓜等一同食用,因胡萝卜中含有分解酶,可使其他果菜中的维生素损失。
甘薯	柿子、香蕉	甘薯不能与柿子同食,二者同食会形成难溶性的硬块,即胃柿石,会引起胃胀、腹痛、呕吐,严重时可导致胃出血等,甚至可危及生命。甘薯还不宜与香蕉同食。
韭菜	菠菜、蜂蜜	韭菜不可与菠菜同食,二者同食有润肠作用,易引起腹泻。另外,与蜂蜜同食,也会产生腹泻。
竹笋	豆腐	竹笋不宜与豆腐同食,同食易生结石。
南瓜	羊肉	南瓜不可与羊肉同食,同食易发生黄疸和脚气。
芹菜	醋	芹菜忌与醋同食,否则易损牙齿。
豆腐	糖、菠菜、牛奶、鸡蛋	豆腐(豆浆)不能与糖同食,不能与菠菜、牛奶同食,忌用豆浆冲鸡蛋。
葱	杨梅、蜜糖	葱忌杨梅、蜜糖同食,如同食会产生胸闷。

（四）多样性原则

多样性是营养配餐的重要原则，也是实现合理营养的前提和适口饭菜的基础。不同的康养膳食食材有不同的味道，这种味道不仅是菜肴风味多样的基础，而且是人类多种营养素的主要来源，因此，在康养餐饮膳食食材的选择上要注意尽量多样化，凡是有营养的食材都可作为选择对象。身体摄取的食物种类越多，营养就越均衡，对身体健康就越有利。另外，多样进食，摄取多种营养，也利于生物多样性的发展。

图6-2　时令菜

（图片来源：四川省旅游学校美食学院）

二、康养旅游餐饮食材选择的方法

康养旅游餐饮食材标准大致分为三个方面，即是否可作为烹饪食材；选择什么加工烹调方法，也就是说制作什么菜肴才能发挥原料的优点，或者说根据菜肴的要求，选择什么原料才能保证菜肴的质量；是否符合民俗风情、宗教信仰等人文因素。

（一）依据能否作为烹饪原料选择食材

依据食材选择健康性原则，康养旅游餐饮食材选择要充分考虑原料能否作为烹饪的材料，通常情况下，可从以下几个方面来甄别：

第一，食用的安全性。比如农药、各种添加剂是否超标，是否有毒、是否原料变质等。

第二，不能是假冒伪劣原料。

第三，遵守国家法律法规，凡受保护的野生动植物原料，均不能选择做为烹饪原料。

第四，必须具有营养价值。

（二）依据菜肴的要求选择食材

根据菜肴的要求，选择什么食材才能保证菜肴的质量？通常情况下，可从以下几个方面作为参考依据：

第一，依据种类、产季、部位、产地等选择食材。

具体来说，种类，如鸡中的九斤黄、鸭中的北京填鸭、梨中的山梨、苹果中的红富士都是原料中的优良品种。产季，如螃蟹以九十月份品质佳；刀鱼以清明前上市的质量佳。部位，如鳙鱼头肉多而肥，而青鱼头质量就不如鳙鱼头，但青鱼尾又比鳙鱼尾的质量要好。产地，如瘦肉型猪"两头乌"的后腿为原料加工的金华火腿；榨菜以重庆涪陵为优；南方的葱便于烹调，辛香味浓，北方的葱茎长而粗，葱白肥大脆嫩，辣味淡，稍有清甜之味。

第二，依据菜肴的烹调方法选择食材。

选择的食材与菜肴的烹饪方法相一致。

图 6-3　素烩时鲜

（图片来源：四川省旅游学校美食学院）

第三，依据菜肴的品质选择食材。

依据菜肴的品质要求，选择的食材形态要完整、色泽要鲜艳有光。另外，食材一般以鲜活为佳，比如新鲜肉与成熟肉在性状和营养成分上就有所不同。

（三）依据人文因素选择食材

依据人文因素选择原料主要包括依照人体需要和健康状况进行选择、根据不同的风情民俗等进行选择。

三、康养旅游餐饮食材的分类

康养旅游餐饮食材是整个康养旅游活动的基础，康养食品的生产过程中，食材具有重要的作用。食材的选择是康养旅游餐饮产品制作中的第一道工序，是确保康养菜肴质量的前提，食材原料品质的优劣、合理，不仅影响康养餐饮菜品的色、香、味、形，还会影响到康养餐饮菜品的成本控制和人们的身体健康。一般情况下，我们可将康养旅游餐饮食材分为以下几类：

（一）中餐食材

我国的烹饪食材总数达万种以上，诸如稻麦豆薯、干鲜果蔬、畜禽鸟兽、鱼鳖虾蟹、蛋奶菌藻、本草花卉，乃至昆虫野菜都可选作中餐烹饪原料。

1. 中餐食材分类

（1）根据食材的作用分类

主配料：是构成康养菜点主体的烹饪食材，绝大部分品种既可做主料又可做配料，难以截然划分，故概称为主配料。主配料又可分为天然性主配料和加工性主配料两类。

调味料：在烹饪过程中用于调和菜点口味的原料统称为调味料，又称调味品。调味包括咸味、甜味、酸味、辣味、香味、鲜味等。

佐助料：在烹饪过程中对菜点的色、香、味、形和质感产生帮助或促成作用的烹饪食材统称为佐助料。主要有水、油脂、淀粉及各种食物添加剂。

（2）根据食材本身的性质分类

植物性原料：指植物中可被人类作为烹饪原料的一切植物体，主要有粮食、果品、蔬菜三大类。

动物性原料：主要指动物中可被人类作为烹饪原料使用的一切动物及其附属产品，包括畜禽、水产、蛋奶、野味及虫类。

矿物性原料：指某些被人类用作烹饪原料的地质矿物制取物，如食盐、纯碱、明矾等。

人工合成原料：指一些化学物质通过人工合成被用于烹饪的原料，如合成香精、合成色素等。

（3）根据食材生理生化特点分类

这种原料可分为鲜活原料、干货原料、复制品原料等。

2. 中餐食材主要品种

家禽类：这类食材主要指人工饲养的鸟类动物，如鸡、鸭、鹅、鹌鹑、肉鸽、火鸡等。

家畜类：这类食材通常指人工饲养的哺乳动物，是人类肉食的主要来源。

家畜种类很多，主要有猪、牛、羊、驴、马、骡、狗、兔、骆驼等。

畜禽制品：分腌制品、脱水制品、灌肠制品和其他制品（烟熏制品、烘烤制品、酱卤制品、罐装制品）四大类，主要品种有火腿、腊肉、香肠、香肚、肉松等。

水产品：产于江河湖海的各种可食性原料的统称，主要有鱼类、虾蟹类、软体类和其他水产类。

蔬菜类：是新鲜植物的根、茎、叶、花等可供食用的一类烹饪原料。

干货制品：是由各种动植物鲜活原料经过脱水加工而成的一类烹饪原料，主要有海味类干货（如鱼翅、海参）和陆生类干货（用各种畜、禽、野味、蔬菜等鲜活原料干制品做成，多数属于山珍，品种很多，其中驼峰、驼蹄、板鸭、哈士蟆油、香菇、猴头菇、竹荪、冬虫夏草等较名贵）。

调味品：是在烹饪过程中用于调味的原料的统称，如酱油、盐、味精、醋、蚝油等。

（二）西餐食材

1. 家禽

根据肉色，家禽可分为深色肉类和浅色肉类两类，深色肉类包括鸭、鸽子、珍珠鸡、鹅等；浅色肉类又叫白肉类，包括雏鸡、童子鸡、阉鸡、公鸡、火鸡、母鸡等。

2. 畜肉

家畜肉在西餐中占有很重要的地位，是烹调肉类原料的主要来源。西餐中使用的家畜肉主要有牛肉、猪肉、羊肉等，其中牛肉的使用量最大。家畜肉适应多种烹调方法，可制作各式各样的美味佳肴，还可加工成各种肉制品。

3. 奶制品

西餐的显著特点是奶制品使用广泛，无论在菜肴、西点还是在汤中，都奶香馥郁。西式菜点较多地使用奶制品的主要原因是欧美国家畜牧业十分发达，奶牛饲养量大，牛奶产量高。欧美人均年消费牛奶量居世界第一。

4. 野味

野味是西餐的重要组成部分。大多数野味都在冬季食用，原因是冬天的野味肉质比较鲜嫩。目前，发达的科技使不少野味品种都能人工饲养，一年四季均有供货。常用的野味品种有野山羊、野兔、獐、野猪、野鸡、松鸡、鹧鸪、鹌鹑、野鸽、斑鸠等。

5. 鸡蛋

鸡蛋在西式烹饪中是不可缺少的材料。虽然在西餐烹饪中鸡蛋一般不作为主料，但在早餐和西点制作中，鸡蛋是不可替代的主要原料。

在美国，根据蛋白在蛋壳内部体积的比例和蛋黄的坚固度，将鸡蛋分为特级（AA）、一级（A）、二级（B）和三级（C）。特级蛋的蛋白体积最大，其蛋黄也最坚硬，适用于煎、水泡等任何方法。一级蛋适用于快煮。二、三级蛋不适用以上方法，可作他用。

6. 水产品

鱼类在西餐中属于主菜，用量较大，但鱼类水分多，容易变质，因此，对鱼类的选择甚为重要。西餐鱼类选择的标准是：鱼目必须明亮、圆鼓、不下陷；鱼鳃须呈鲜红色；鱼身须硬实并有弹性；鱼鳞应平滑、湿润、丰满；表皮应附新鲜黏液；气味须新鲜。

7. 蔬菜

蔬菜在西餐烹饪中使用非常广泛，其中常用的有以下几种：

茎菜类：指以肥大的茎部作为食用的蔬菜。常见的茎菜类有莴苣、苤蓝、紫菜苔、土豆、芋头等。

果菜类：指以果实和种子作为食用的蔬菜。按照果菜的特点，又可分为茄果、瓜类和荚果三大类，如番茄、茄子、辣椒、黄瓜、冬瓜、菜瓜、西葫芦、南瓜、大豆荚、刀豆、扁豆、豇豆、嫩蚕豆、嫩豌豆等。

叶菜类：指以肥嫩菜叶及叶柄作为食用的蔬菜。常见的叶菜有小白菜、油菜、菠菜、苋菜、荠菜、雪里蕻、瓢儿菜、红球叶菜、大白菜、甘蓝、大葱、韭菜、青蒜、芹菜、芫荽、茴香菜、豌豆苗等。

根菜类：指以肥大根部作为食用的蔬菜，常见的根茎有萝卜、胡萝卜、蔓菁、山药等。

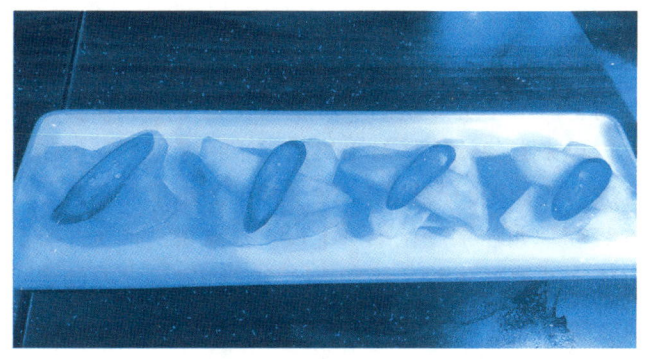

图 6-4　跳水芥蓝

（图片来源：成都城市名人大酒店）

花菜类：指以菜的花部作为食用的蔬菜。花菜的种类不多，常见的有黄花菜、花椰菜等。花菜类的食用特点是特别鲜嫩。

食用菌类：是以无毒菌类的子实体作为食用的蔬菜，如蘑菇、黑木耳、白木耳、猴头菇等。

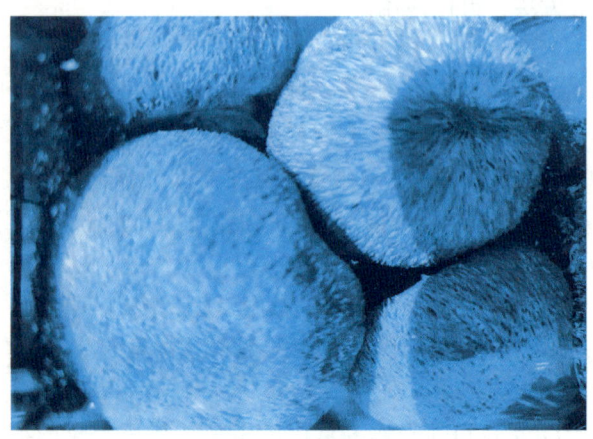

图6-5 猴头菇

（图片来源：四川省旅游学校美食学院）

（三）新潮食材

随着经济的发展，一方面，因交通条件的改善，烹饪原料的地域性局限大大减弱，不少国外烹饪原料也纷纷进入国内，走上百姓的餐桌；另一方面，由于科学技术和生产工艺的进步，不断有烹饪原料新品种被开发、培育出来。很多原料营养丰富、风味独特，一进入市场便为烹饪行家和消费者接受，因而涌现出许多特色菜肴。目前较为新潮的烹饪原料有：

1. 水果类

水果是人们生活中不可或缺的一种食物，也是人类饮食结构中的一个重要组成部分。近年来，餐饮市场对水果的需求，无论是品种还是数量都有较大的拓展，且成为餐饮的时尚选择。除了常见的水果品种外，又有不少水果加入了烹制的行列，如蛇果、枇果、木瓜、猕猴桃、椰子、甘蔗、柠檬、火龙果、红毛丹等。菜肴制作甜、咸均有，主、辅皆可。有的水果与燕窝、哈士蟆油、鱼翅等高档原料相匹配，具有其他原料无法企及的效果。

2. 蔬菜类

（1）"洋菜"

"洋菜"是从国外引进的蔬菜新品种的总称。这些品种一般风味独特、色调别致、营养丰富，不少还寓药于食，具有一定的药用保健功效，比如根菜类的牛蒡、根芹菜、婆罗门参等；茄果类的樱桃番茄、五彩甜椒、香艳茄等；绿叶类的西芹、洋菠菜、大叶香菜、冰菜等；甘蓝类的紫甘蓝、羽衣甘蓝、抱子甘蓝等；瓜菜类的小南瓜、厚皮甜瓜、荷兰小黄瓜等；多年生洋菜有辣根、黄秋葵、芦笋、玉米笋等。

（2）野菜

野菜即野生蔬菜，主要包括某些森林、海洋、荒野、湖滩植物的根、茎、叶、果、花和菌藻类原料。随着饮食回归自然理念的兴起，野生蔬菜越发受人青睐。由于野生蔬菜生长于山野、荒郊、水荡，全凭天然生长，少污染、无残毒，食之对人体无任何不良作用，因而成为纯天然的绿色食品。最受人们欢迎的是被称为"森林蔬菜"和"海洋蔬菜"的野生品种。

"森林蔬菜"是国内外时兴的热门菜，一般生长于山区、森林、田野，无环境污染且营养丰富，具有较高的医疗保健作用。常见的有苜蓿、荠菜、马兰头、马齿苋、鱼腥草、蒲公英、蒌蒿、蕨菜等。

"海洋蔬菜"将成为21世纪的健康食品，以海藻为主。海藻含人体必需的营养物质，由于光合作用，海藻把海洋里的种种无机物转化为有机物，因此海藻内含有陆生蔬菜中所没有的植物化合物，对人体十分有益，尤其是对困扰现代人的许多疾病具有良好的防治作用。常见的海洋蔬菜有海带、紫菜、裙带菜、鹅掌菜、苔菜、石花菜、麒麟菜、鹿角菜、石莼等。

图6-6　野菜（蒲公英）

（3）特菜

特菜即特种蔬菜，是20世纪80年代开始出现的各种新型蔬菜的总称。特菜包括异地引进的种类和品种，由观赏、药用转为食用的种类及由某种蔬菜类新扩展的种类等。特菜有明显的时间性、区域性和创新性，近年来受到生产者、消费者和烹饪专业人员越来越多的重视。

特菜品种繁多，琳琅满目。白菜类有奶白菜、小白菜、京水菜、叶盖菜等；绿叶菜类有生菜、油麦菜、珍珠菜、人参菜等；根茎菜类有天绿香、何首乌、菊芋、百合等；瓜果类有香瓜茄、四棱豆、节瓜等；水生类蔬菜有蒲菜、西洋菜、海菜花、莼菜等。

近年来特菜的种植、选用、烹制又有了新的变化，出现了彩色蔬菜。彩色蔬菜是指传统蔬菜中许多颜色特殊的品种，如甜椒中的黄、红两色；七彩甜椒又有橙、红、黄、紫、深绿、浅绿、宝石绿七色；番茄由大红而变成宝石红、樱桃红、黄、金黄、绿，还有一种番茄表皮有红、黄、绿宽条纹相间的色彩；花菜中的紫、绿、黄色等。

特菜中的袖珍蔬菜是指传统蔬菜中那些小巧玲珑的品种，通常以美观可爱、食用方便、营养丰富为特色，既包括了一些传统蔬菜改良后的新品种，也有科研人员新近培育的稀特品种。袖珍蔬菜主要品种有袖珍黄瓜、袖珍番茄、袖珍白菜、袖珍甘蓝、袖珍茄子、袖珍辣椒、袖珍南瓜、袖珍冬瓜等。

特菜中的芽苗蔬菜是指各种作物的种子或其他营养体，在一定条件下培育的可供食用的嫩芽、芽苗、幼梢、幼茎等。此类蔬菜无公害、规模化，培育方式灵活，风味别致。芽苗蔬菜主要分两类：一类为种芽，另一类为体芽。种芽菜有黄豆芽、绿豆芽、蚕豆芽、花生芽、芝麻芽、萝卜芽、苜蓿芽、豌豆苗、谷芽、荞麦芽等；体芽菜有枸杞头、香椿、竹笋、芦笋、刺老芽、菊花脑、花椒芽等。

图6-7 冰菜

（图片来源：四川省旅游学校美食学院）

3. 花卉类

古人以花入肴，不仅取其色艳、香清和味美，还因其有健康保健、祛病延年之功效。自然界许多花卉都可以食用，兰花色泽淡雅、清香鲜爽，是原味去腻、淡味提香的理想配料；梅花花质细嫩，多入羹肴，以存其色、香、味；梨花清香甜淡，入菜时多以之点缀佳肴；榆钱烹饪后色泽或金黄或碧绿，气味香甜、浓郁扑鼻，不失时鲜风味；夜来香花香蒸腾四溢，入菜沁人脾胃。

欧美、日本、中国云南等地食花已很流行，并出现了食用花研究会、花料理教室，还生产了不同品种的鲜花食品罐头。中餐用花做菜的方法也多种多样，糖渍、盐腌、水烫、入炒、炖汤、油炸、做馅、冷拌、热炝均可。

4. 菌菇类

食用菌分为野生菌和栽培菌两大类。野生菌由于多种原因已很少在市场上见到，产地也很少采集到，目前市场供应的菌菇绝大部分是经人工栽培的。传统食用的香菇、蘑菇、草菇、银耳、黑木耳等早已人工栽培，连一些珍贵的食用菌，如竹荪、松茸蘑、猴头菇、虫草、灵芝等也开始人工栽培。近年又出现了不少菌菇新品种，如白灵菇、杏鲍菇、滑子菇、茶树菇、鸡腿菇、珊瑚菌、珍珠菌、龙眼菌等。一些高档的菌菇原料，如羊肚菌、牛肝菌、松茸等也进入了菜谱。食用菌原料在几乎所有中餐菜品烹制方法中都能应用，可做冷菜、热菜，也可做汤菜、点心。

图 6-8 山菌类菜

（图片来源：四川省旅游学校美食学院）

5. 粮食类

米、面粉、杂粮制品等粮食类原料，通常用来制作主食，有些菜肴偶尔用到也多为挂糊、拍粉。随着当今营养观念的逐步普及和菜点制作技术的不断融合，粮食类也开始为许多菜肴所利用，并逐渐流行起一种新的菜点结合制作美味佳肴的模式。

粮食原料作主料入菜，一般采用三种形式：一是运用菜肴加工手段和烹调方法，将米、粉或其他制品直接做菜，传统的风味菜肴有桃花泛、虾仁锅巴、麻糖锅炸等；二是将加工成型的面点制品改变其原有加热方式，借助菜肴的烹调方法，再加以一定辅料制成菜肴，如由淮安传统名食徽子改良而成的三鲜茶徽，还有响铃鸡片、八宝卷煎饼等；三是利用粮食原料的特殊性能和口感作为辅助原料大量出现在菜谱上，如中国名菜北京烤鸭，吃时用薄饼卷裹，香酥鸭子跟荷叶夹配合，再比如干烧鳜鱼镶面是在烧鳜鱼盘中"镶"上制熟的面条，鱼面相配，风味独特。除稻米、小麦外，玉米、豆类、薯类等粮食类原料，也纷纷进入厨房，并创制了大量富有特色的菜肴。黑米、燕麦、荞麦、大豆、赤豆、绿豆等原料，因其所含特殊营养成分和独特风味，也不断为菜肴所选用。

四、康养旅游餐饮食材的品质鉴别

烹饪原料的鉴别就是利用感官鉴定、理化鉴定、生物鉴定等方法对原料的品质、卫生状况进行检验，并根据原料的品种、部位、固有品质、产地、上市季节等性质做出综合评价，从而挑选出品质优良的原料，使其更加适合食用和烹调的要求。烹饪活动的最终目的是保持人们的身体健康，因此烹饪原料的选择要在保证具有可食性、安全性的基础上还要给人以美的感受，使人们身心愉悦。

1. 选择烹饪原料应含有合理的营养物质，具有较高的营养价值

不同的烹饪原料所含的营养物质种类和数量不同，除了极少数调、辅原料（如糖精、色素）不含营养物质外，绝大多数烹饪原料或多或少都含有糖类、蛋白质、脂类、维生素、矿物质和水这六大类营养素中的一种或几种，比如谷类含糖类较多，蔬菜水果则含维生素较多。在烹调过程中可以通过对不同品种、不同数量原料的选择和配组，使原料间的营养互相补充，最大限度地提高烹饪产品的营养价值，从而满足人体健康的正常需求，达到平衡膳食、合理营养的目的。

2. 原料的选择应能够保证烹饪产品具有良好的色、香、味、形、质

烹饪原料的口感和口味直接影响到成品的质量，有的原料具有一定的营养价值，但因纤维组织较粗，质感老韧，无法咀嚼，或本身污秽、变质等，都不宜作为烹饪原料。烹饪产品是可食用产品，因此烹饪原料的选择除了保证可食性外，还要具有良好的感官性状，具有诱人的色、香、味、形，从而激发人的食欲。另外，在原料的选择上，还要很好地掌握原料的品种、部位及上市季节、成熟度、新鲜度。因为不同的品种或同一品种的不同部位，其品质特点是不一样的，它们的感官性能和风味特色有很大的差别，从而影响到烹饪产品的质量和风味，如鲁菜在制作"滑炒肉丝"时要选用猪里脊肉才能符合菜肴的质量特点，而川菜在制作"鱼香肉丝"时则要选用七分瘦、三分肥的五花肉才能保其风味特色。

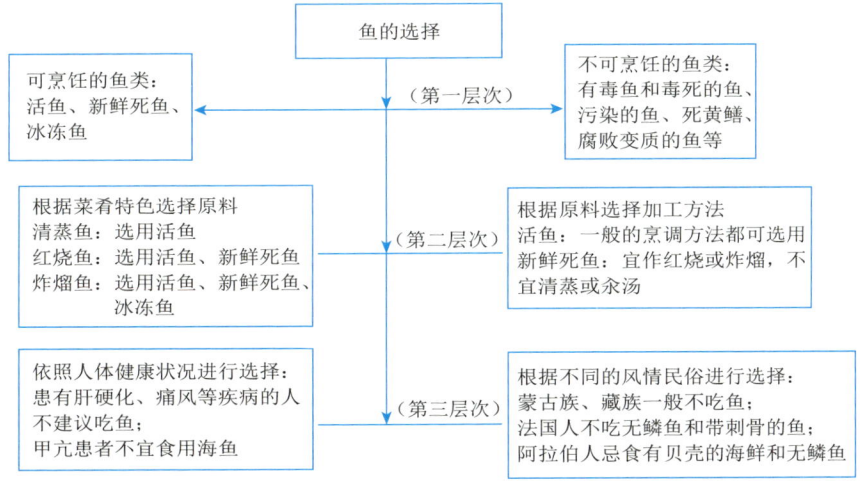

图 6-9 康养餐饮原料选择的三层次（以水产鱼类的选择为例）

第二节 康养旅游餐饮食谱编制

康养旅游餐饮食谱，是根据康养旅游者或康养旅游群体的不同特点而编制的饮食食谱，目的是通过合理的膳食为康养旅游者或群体提供符合身体需求的营养素，以维持康养旅游者的正常新陈代谢，保持身体健康。

一、康养旅游餐饮食谱编制的原则

食谱是将能达到合理营养的食物,科学地安排至每日各餐的膳食计划。食谱编制应遵循以下原则:

(一)保证营养平衡

食谱应满足人体对热能、营养素的全面需要。按照《中国居民膳食指南》的要求,食物中蛋白质、脂肪、维生素和各种矿物质的含量应满足机体的需要,食物搭配不仅品种要多样,而且数量要充足,膳食既要满足就餐者需要,又要防止过量。对于特殊人群,如儿童、青少年、孕妇和乳母,更应注意均衡营养。

(二)营养素之间的比例要适宜

食谱中能量来源及其中各餐的分配比例要合理。要保证膳食蛋白质中优质蛋白质占适宜比例。要以植物油作为油脂的主要来源,同时还要保证碳水化合物的摄入和各矿物质之间配比适当。

(三)食物搭配要合理

食谱要注意酸性食物与碱性食物的搭配,主食与副食、粗粮细粮、荤与素等食物的搭配。

(四)照顾饮食习惯,注意饭菜口味

进行食谱设计时既要使膳食多样化,又要照顾就餐者的膳食习惯,注重烹调方法,做到色、香、味、形俱佳。针对不同膳食人群的饮食习惯列出对应的加工烹调方法。

(五)考虑季节、地域和市场的供应情况

食谱编制应考虑季节因素,结合地域特点,熟悉市场可供选择的食材,并了解其营养特点,科学设计食谱。

(六)符合卫生要求

食谱中所有菜肴、主食都要符合卫生要求,避免由于卫生不合格而降低食物的营养价值和食用价值。

(七)兼顾经济因素

食谱编制既要使食谱设计得营养合理,又要使进餐者经济上有承受能力,这样食谱才会具有实际意义。

第六章 康养旅游餐饮食材选择与食谱编制

<<< 案例 6-2 >>>

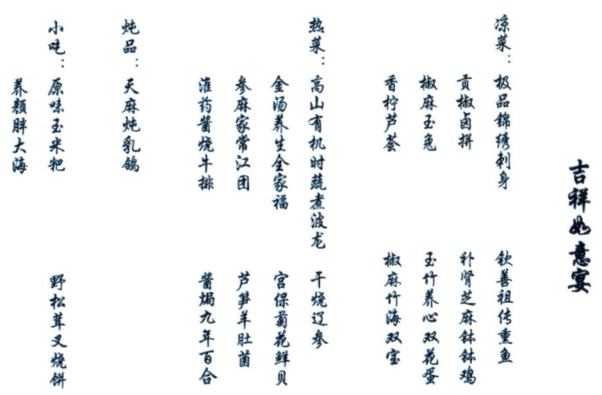

图 6-10 康养旅游餐饮食谱

（图片来源：成都钦善斋餐饮发展有限公司）

【案例分析】

该菜单为高端康养旅游团的定制菜单。在菜单的编制过程中，充分考虑到了康养旅游者的个性特点，菜单在食材的选择、营养的搭配、菜品的品质等方面都得到了充分的体现。

二、康养旅游餐饮食谱编制方法

常见的康养食谱设计方法有计算法、食物成分法等。其中，计算法是根据不同的康养旅游者所需要的能量算出所需要营养素的量，然后推算出每餐的营养素需要量，以制定相应的食谱。

（一）确定康养旅游者全日能量供给量

能量是维持生命活动正常进行的基本保证，如果人体中血糖下降，就会出现疲劳乏力，从而影响工作、学习效率；另一方面能量若摄入过多则会在体内储存，使人体发胖，也会引起多种疾病。因此，编制食谱首先考虑的是保证能从食物中摄入适宜的能量。用膳者一日三餐的能量供给量可参照膳食

— 143 —

营养素参考摄入量（DRI）中的推荐摄入量（RNI），根据用餐对象的劳动强度、年龄、性别来确定。能量供给量标准只是提供了一个参考的目标，实际应用中还需要参照用餐人员的具体情况加以调整，如根据用餐对象的胖瘦情况制定不同的热能供给量。因此，在编制食谱前应对用餐对象的基本情况有一个全面的了解，清楚就餐者的人数、性别、年龄、机体条件、劳动强度、工作性质以及饮食习惯等。

（二）计算营养素全日应提供的能量

能量的主要来源为蛋白质、脂肪和碳水化合物。为了维持人体健康，这三种能量营养素占总能量比例应当适宜，一般蛋白质占 10%~15%，脂肪占 20%~30%，碳水化合物占 55%~65%，具体可根据当地生活水平，调整上述三种能量营养素的一日供给量。

（三）计算三种能量营养素每日需要量

知道了三种产能营养素的能量供给量，还需要将其折算为需要量，即具体所需营养素的质量，这是确定食物品种和数量的重要依据。

（四）计算三种能量营养素每餐需要量

知道了三种能量营养素全日需要量之后，就可以根据三餐的能量分配比例计算出三大能量营养素的每餐需要量。一般，三餐能量的适宜分配比例为早餐 30%、中餐 40%、晚餐 30%。

（五）主、副食品种和数量的确定

已知三种能量营养素的需要量，根据食物成分表，就可以确定主食和副食的品种和数量了。

1. 主食品种、数量的确定

由于粮谷类是碳水化合物的主要来源，因此，主食的数量主要根据各类主食原料中的碳水化合物的含量确定。

2. 副食品种、数量的确定

根据三种产能营养素的需要量，首先确定了主食的品种和数量，接下来就需要考虑蛋白质的食物来源。蛋白质广泛存在于动植物性食物中，除了谷类食物提供的蛋白质，各类动物性食物和豆制品是优质蛋白质的主要来源。因此，副食品种和数量的确定多在主食用量的基础上，依据副食应提供的蛋白质量来确定。

3. 计算步骤

第一，计算主食中含有的蛋白质量。

第二，用摄入的蛋白质量减去主食中的蛋白质量，即为副食应提供的蛋白质量。

第三，设定副食中蛋白质的2/3由动物性食物供给，1/3由豆制品供给，据此可算出各自的蛋白质供给量。

第四，查表并计算各类动物性食物及豆制品的供给量。

第五，设计蔬菜品种和数量。

第六，确定纯能量食物的量。油脂的摄入应以植物油为主，配合一定量的动物性脂肪的摄入。因此，以植物油作为纯能量的主要来源。由食物成分表可知每日摄入各类食物提供的脂肪含量，将需要的脂肪总含量减去食物提供的脂肪量即为每日植物油供应量。

案例6-3

康养餐饮营养食谱编制：一日食谱编制

假定某女性康养旅游者，身高165cm，体重54kg，从事轻体力劳动。其一日食谱编制为：

（1）确定能量

标准体重 =165kg−105kg=60kg

体脂指数 =54÷1.65÷1.65=19.8，体型正常，所需能量为 60×30=1800K。

（2）确定能量营养素的量

假定蛋白质供能15%，碳水化合物供能60%，脂肪供能25%。则蛋白质的量为 1800×15%÷4=67.5g，脂肪为 1800×25%÷9=50g，碳水化合物=1800×60%÷4=270g。

（3）确定主食的量

假定大米提供40%的碳水化合物，面粉提供60%的碳水化合物。则大米所需量为 270÷77.4%×40%=139.5g，面粉量为 270÷73.6%×60%=220.1g。

（4）确定副食的量

假定副食由牛肉（65%）和豆腐（35%）提供。则副食中蛋白质量为67.5−139.5×7.7%−220.1×11.2%=32.2g，牛肉量为 32.2÷19.9%×65%=105.2g，豆腐量为 32.2÷12.2%×35%=92.4g。

（5）确定烹调油用量

食用油的量为 50−139.5×0.6%−220.1×1.5%−105.2×4.2%−92.4×4.8%=50−0.8−3.3−4.4−4.4=37.1g

（6）食谱编制

早餐：大米粥（20g），包子【馅料：南瓜30g、韭菜豆腐（韭菜20g，豆腐10g）】，面粉（60g）。

午餐：米饭（120g），蒜薹牛肉（牛肉105g、蒜薹150g），清炒油麦菜（300g）。

晚餐：青拌面（面粉160g、青椒50g、胡萝卜30g），麻婆豆腐（豆腐80g）。

【案例分析】

此案例是根据康养旅游者的特点，依据能量测定，通过计算法编制的一日食谱，食谱充分体现了营养的均衡性和膳食的科学性。请你根据自己的特点，通过计算法编制自己的一日食谱。

第三节　特色康养旅游餐饮食谱

特色康养旅游食谱主要包括药膳食谱和茶膳食谱。其中，药膳是以药物和食物为原料制成的一种具有食疗作用的膳食。药膳在中国已有上千年的历史，现代人根据饮食保健的现实生活需要，汲取了古今药膳配方之精华，创造出了更贴近人们生活需求的新药膳配方。而茶膳则是食文化与茶文化融合发展的结晶。

一、药膳食谱

药膳食谱，即药材与食材相配伍而做成的美食食谱，是兼具药物功效与美味的特殊膳食，具有较高的营养价值，可防病治病、强身健体。

（一）药膳食材配伍

药膳食材配伍，是在中医基础理论与药膳学理论的指导下，采用两种以上的药物和食物配合应用，发挥药物与食物的相互协调作用。药膳食材的适当配伍，可以调整药物或食物的性味功能，以增强药物的疗效。

药膳配伍，不是简单的几种药物或食物相加，而是按照一定原则进行配方。一般按主（君）、辅（臣）、佐的要求进行配伍。其主药品是针对主病、主症起主要作用，解决主要矛盾；辅药是配合主药加强疗效，起协同作用；佐药是协助主药治疗兼证或缓解、消除主药的烈性、毒性的药物。此外还有"反佐"的作用；即引经药或调和药性或赋形用的药物。药膳组方中的主药或主食、辅药或辅食，可能是一味、两味或多味，无数量限制，但总以药味少而精、疗效高、安全为宜。

图 6-11　酿金瓜

（图片来源：四川省旅游学校美食学院）

药膳配伍虽有定法，但不是一成不变。根据阴阳偏胜偏衰、病性的变化、体质的强弱、年龄以及风俗习惯的不同，可以灵活加减范围。在药量加减变化、配比互换，主辅药的位置改变，可使方剂的性能受到影响，其所主治的症状也有所区别。

◀◀◀ 案例 6-4 ▶▶▶

药膳配伍——浪漫的"七情"

药物或食物都有各自的性能，它们配合使用时会产生各种变化。前人在总结配伍关系时，提出了药物或食物的"七情"学说，在"七情"中，除单行是单味药物或食物以外，其余六个都是有关配伍关系。

单行：单一物料（药物或食物）的独立使用，如独参汤。

相须：相似的物料配合使用，以互相增强作用。

相使：两种以上物料同用，以一种物料为主，其余为辅。

相恶：两种物料配伍使用，一种物料能降低另一种物料的副作用。

相畏：两种物料配伍使用时，一种物料能降低另一种物料的作用，甚者相互抵消。

相反：指两种物料配伍时，能产生毒性反应或副作用。

相杀：两种药物或食物配伍时，一种药物或食物能减轻或消除另一种药物或食物的毒性或副作用。

在药膳配伍时,"七情"中的相须、相使、相恶、相杀,应加以运用,而相畏、相反则属配伍禁忌,但有时也运用相畏原理以调节功效。

(资料来源:成都市芝麻职业技能培训学校)

【案例分析】

本案例主要介绍药膳食材配伍原则,通过浪漫的"七情"之说来说明药膳配伍的千变万化和药膳配伍的重要性。请通过查找资料,举出几种药膳配伍的案例。

(二)药膳的制作与烹调

药膳的具体制作与烹调,可分为食品和药品的预加工和烹饪两个主要过程。

1. 药膳制作的预加工

(1)配料

配料可以分为治疗性或辅治性药膳的配料和滋补预防保健性药膳的配料。前者主要将有某种相同或有协同作用的药、食物组合在一起,针对某一病症起治疗作用或辅治作用。例如当归乌骨鸡,将当归和乌骨鸡配在一起,加生姜、黄酒、花椒等调味料,以增加健脾、温肾、补血、养颜的作用,当归可先用黄酒浸泡后备用,这样可以大大加强药膳补血、养颜的治疗作用。又如双仁芝麻粥,先将芝麻、核桃及松子打碎炒香,再与粳米同煮粥,如此配合具有辅治便秘、润肠通便的效用。再如补肾双鞭膏,将牛鞭、狗鞭、淫羊藿和巴戟天配合一起调制,具有补肾的功效。

(2)药物预处理

不少药和食品要根据功用及色、香、味、形的不同要求先作必要的处理,如泡发、清洗、烫焯、预煮、预炒、蜜炙、水炙、切配等步骤。经过预处理后的药和食物可以进行烹调而制成药膳。

2. 药膳的形式

伊尹著《伊尹汤液经》,是药膳的始祖,古代药膳都是以汤液为主,其优点是使药物的有效成分能充分溶于汤中而发挥其功效。随着生产的发展,食物日益丰富,各种肴馔饮食形式和品种不断增多。目前的药膳大致可分为见药型药膳、不见药型药膳和混合型药膳。

(1)见药型药膳

见药型药膳在菜肴中可以见到加入的药物,这些药物多半也可食用,如人参、冬虫夏草、西洋参、枸杞子、麦冬、山药、茯苓、玉竹。有些虽不能吃但可以作为点缀，以增加菜肴的艺术性和观赏性，如灵芝、竹叶、菊花、梅花、天竺子、钩藤等。可食用的药物大都是煎汁入膳，其煎过的药渣有较佳外形的，可以用来装饰菜肴，以使人觉得确实是药膳，从而产生信任其效用的心理效应。

（2）不见药型药膳

不见药型药膳是将药汁、药露、药粉加入菜肴中，未能见到原来药物形态的药膳。这种药膳因药渣已除，食者看不到菜中有药，若不加说明，可能会产生菜中无药的错觉，因此在供应时应加以说明。

（3）混合型药膳

混合型药膳菜肴中既有药的露汁、粉末，同时也有能见的药物形态。

3. 药膳的烹饪和调味

药膳常用炖、煨、蒸等方法烹调，这样可使药物在较长的加温过程中释出尽量多的有效成分。也可将药物先行煎汁，取其有效浓汁，在食物烹调过程中加入，这样食物的烹调形式可以不受任何限制，煎、炸、爆、炒、烩、蒸、炖、焖等烹调方法都可根据需要选用，甚至有不少菜肴也可凉拌。

药膳的调味，一般以保持原料本身所具有的鲜味为主，不宜多用调味品来掩盖其本来的鲜美味道。对本身有腥膻味的药和食物，如鸡、龟、鳖、鱼、牛、羊、鹿肉及牛鞭、狗鞭等，应用葱、姜、酒等调味。原料本身味淡的，如海参、鱼肚、蹄筋、燕窝等，可加调味品调味。总之，药膳制作的特点是以药物和食物的原汁原味为主，适当辅以佐料来调整其色、香、味、形，做到既有治疗、滋补作用，又鲜美可口，诱人食欲。

4. 药膳组餐

根据中医理论，将正常人分成不同的体质，然后根据个人体质特点，选择合适的食物。正常成人阴阳无偏胜偏衰，内环境谐和，机体趋于平衡状态。但不少人存在着轻度的阴阳不平衡，不过尚未达到整体的失衡和疾病状态，而是表现为不同的体质属性，最多的是偏寒和偏热两种体质属性，介乎两者之间则属于正常。人们若能经常按照辨证施食的原则和要求来选食就膳，就能调整体质阴阳方面的偏胜偏衰，防病于未然，从而起到保健作用。

5. 药膳的适用人群

药膳的最大特点是变"良药苦口"为"良药可口"，使人们在品尝时，不知不觉得到保健治疗作用。但药膳与一般膳食的最大不同点是不能随意食用，要根据"辨证用膳"的原则，根据不同的疾病及病人的不同体质来选择。

另外，药膳具有一定的局限性，急病和重病若仅用药膳，往往收不到立竿见影的效果。故食用者若患疑难重病，应及时就医，以免贻误病情。药膳只适用于下列情况：

其一，许多急性病的恢复期。经治疗后大病虽去，但元气已虚，适当服用药膳可促进机体的康复。

其二，慢性病的治疗和急性病的辅助治疗。在用中西药治疗的同时，适当服用药膳，对消除症状、恢复健康，往往会收到事半功倍的效果。

其三，禀赋不足、体质虚弱之人用以强身和正常人的保健益寿。

6.食用药膳的注意事项

由于药物和食物不同，食用时必须坚持"辨证施治、对症下药"的原则，同时还需注意以下事项：

（1）择时施膳：药膳有滋补作用，为充分发挥药物功效，药膳宜在饭前半小时，即空腹时食用；而心脏病患者因有特殊性，某些药膳可在饭后半小时食用；

（2）按季进补：春季万物复苏，宜升补；夏季炎热，宜清补；秋季凉爽，宜平补；冬季寒冷，宜滋补；

（3）适量进膳：药膳有寒热温凉、功效主治、制法、用量等区别，因而要掌握好各种药物、食物的量，服食不可过量，若长期无节制地食用，也会吃出病来；

（4）单一食疗：每种食疗方都有其配伍禁忌，如果进食过杂，药性相互矛盾，就起不到治病、健身的作用，故药膳不可数方同食。

鉴于药膳并非普通饮食，食用时最好经有经验的中医指导，合理选食，不要盲目进食。

（三）药膳食谱

1.药膳节气配方

（1）山药莲子鸡（北方）

食材：山药 30 g，以河南、广西、江苏、湖南产地者为佳，以须多、有红色铁锈斑为佳。莲子 10 g，以湖南、福建、江苏、浙江产地者为佳。鸡肉 100 g，芹菜 30 g。酱油、盐、调和油、花椒、葱、蒜末适量。

方法：莲子、芹菜洗净，切段。山药洗净，去皮切片。鸡肉洗净，油热后下花椒待变色出香后捞出，放入葱、蒜末，翻炒熟透后取出。将鸡肉、山药、莲子煮汤，加入酱油、盐，把芹菜一起放入，继续熬汤至收汁，当彻底熟透后出锅即可。

功效：温阳驱寒，健脾祛湿，养心安神。

适用人群：阳虚脾弱、头晕心烦者。

使用注意：对鸡肉过敏者禁食。

（2）荷豆陈皮麻鸭汤（南方）

食材：荷叶（鲜）5 g，以色绿鲜嫩、叶片光泽者为佳。白扁豆5 g，以江苏、河南、安徽、浙江产地者为佳。陈皮5 g，以广东新会陈皮为佳。净麻鸭100 g，净鲜藕30 g，净金华火腿20 g。酱油、白胡椒粉、白酒、盐、生姜片适量。

方法：麻鸭切块，用开水烫煮后捞起备用。鲜藕去外皮，切成滚刀块。火腿出水备用。鲜荷叶洗净，切成方形，用开水烫过迅速入冰水浸泡。白扁豆洗净，开水浸泡至软。陈皮浸软切丝。砂罐内加清水烧开，加入鸭块、藕、火腿、荷叶、白扁豆、陈皮、姜片等食材，烧开后加入酱油、白胡椒粉、白酒、盐等调料，去浮沫，改小火，盖好盖子，炖60分钟至鸭肉脱骨后出锅。

功效：清热消暑，生津止渴，健脾利湿，行气和胃。

适用人群：湿热交蒸、脾胃虚弱者。

使用注意：对鸭肉过敏者禁用。

（3）黄精芡实猪肉汤（北方）

食材：黄精8 g，以河北、内蒙古、陕西产地者为佳。芡实5 g，以湖南、江苏、安徽、山东产地者为佳。山药5 g，以河南、广西、江苏、湖南产地者为佳。薏苡仁5 g，以福建、河北、辽宁产地者为佳。猪瘦肉100 g。紫菜2.5 g。莲藕20 g，以个大、饱满、色淡黄、光泽、无孔漏者为佳。食用油、姜片、葱段、料酒、盐、白糖、胡椒粉、香菜适量。

方法：猪肉洗净，切片，焯水。莲藕去皮，切成小块，用水煮熟备用。紫菜洗净，撕成小片。黄精洗净备用。加食用油热锅，下姜片、葱段爆炒。将猪肉、紫菜、莲藕、黄精、芡实、山药、薏苡仁、炒姜片和葱段、料酒、开水加入砂锅，再烧开后慢火炖煮30分钟。加入盐、白糖、胡椒粉，撒香菜末拌匀即可。

功效：消除暑热，补脾除湿，养血除烦。

适用人群：暑热内蕴、脾虚怠倦者。

使用注意：肥胖、血脂较高、高血压者、舌苔厚腻者禁食。

（4）当归山药羊肉汤（南方）

食材：当归1克，山药（鲜）3 g，姜（生）2 g，大枣2 g，羊肉100 g，盐适量。

方法：当归、大枣洗净，生姜洗净切块，山药洗净切段备用。羊肉洗净，切成小块，焯水备用。将羊肉、当归、生姜、大枣同放锅内，加适量水后先大火煮开，再小火煨90分钟，揭砂锅盖加入山药继续煲30分钟，加盐即可食用。

功效：活血祛寒，温经止痛。

适用人群：疲倦乏力、恶风怕冷、易感冒、贫血者。

使用注意：外感风热、咽喉疼痛、实热及阴虚内热、正气不虚者不宜食用，避免与藜芦、五灵脂和茶、萝卜同用。

2. 药膳传统配方

（1）五元神仙鸡

简介：又名"五元全鸡"。清《调鼎集》上曾载有"神仙鸡"的制法："治净，入钵，和酱油，隔汤干炖。嫩鸡肚填黄芪数钱，干蒸，更益人。"即用鸡加黄芪蒸制，具有较强的滋补功效，常食可强壮身体，延年益寿，故名"神仙鸡"。清同治年间，湖南地区就开始烹制五元神仙鸡，由长沙著名的曲园酒楼所创。在原制法的基础上加荔枝、桂圆、红枣、莲子、枸杞子，故名"五元神仙鸡"。

食材：嫩母鸡、桂圆、荔枝、红枣、莲子肉、枸杞子、冰糖、胡椒粉、精盐。

功效：具有较强的滋补功能。

（2）龟羊汤

简介：乌龟在上古时期曾被列作"四灵"之一，"四灵"即麟、凤、龙、龟。麟、凤、龙古人视为"神灵"，乌龟被视为"灵物"，均不可食，但到春秋战国时期，已被作为珍肴食用。《楚辞·招魂》就有"露鸡月霍虫崔（卤鸡和烧大龟）"的记载。到明代，乌龟不仅入药，而且把龟肉作为食疗佳品。李时珍在《本草纲目》中记载，龟肉"甘、酸、温、无毒……煮食，除湿痹、风痹、身肿、折。治筋骨痛及一二十年寒嗽"。

自宋至元，宫廷御医均用羊肉制作滋补佳肴。元代宫廷饮食太医忽思慧在《饮膳正要》中就记载了用羊肉相配团鱼汤一菜的制法。故用羊肉与乌龟共煮，是一道珍贵的珍味名馐。

食材：羊肉、龟肉、党参、枸杞子、附片、当归、冰糖、绍酒、葱节、姜片、胡椒粉、味精、精盐、熟猪油。

功效：汤汁浓醇，肉质酥烂，滋味鲜美，配以各种药料，具有滋补功效。

（3）珍珠鹿尾汤

简介：鹿尾是由马鹿或梅花鹿尾巴干制而成，其内部毛细血管丰富，富含血质，中医认为具有滋阴壮阳之功效，因而成为人们喜爱的滋补佳品。《随园食单》中"鹿尾"条载"文端品味以鹿尾为第一"，并认为"其最佳处在尾上一道浆耳"。鹿尾可清蒸、红烧、氽汤、烩羹或炖，制馔前都要先经胀发过程，运用氽法烹制而成汤菜。

食材：鹿尾、鱼肉、鲜笋花、清汤、湿冬菇、绍酒、芝麻油、干淀粉、精盐、味精、花椒水。

功效：汤清澈，味鲜美，口感爽滑，造型美观，有滋补作用。

（4）虫草炖蚬鸭

简介：虫草炖蚬鸭是一款养生食疗的佳品。虫草即冬虫草，全称为冬虫夏草，属子囊菌亚门，麦角菌科，虫草属冬虫夏草菌。这种菌寄生在鳞翅目蝙蝠蛾科昆虫幼虫体内生长发育，形成虫与菌的混合体。冬虫草味甘滋补，性温助阳，归肺、肾二经，既滋肺阴又补肾阳，为一味平补阴阳之品。蚬鸭即野鸭，又叫水鸭，为鸭科绿头鸭，清代《调鼎集》记述："广东晚水鸭又叫蚬鸭，大者叫蚬鸭……家鸭取其肥，野鸭取其香。"蚬鸭也有滋补作用，与冬虫草配伍，既可增强冬虫草之功效，又可使汤品味道鲜香可口。

食材：蚬鸭、冬虫草、火腿、瘦肉、姜块、葱段、姜汁酒、绍酒、清汤、精盐、味精、胡椒粉、花生油。

功效：汤清味鲜，色泽淡黄，肉料软嫩，有滋补作用。

3. 药膳创新配方

（1）肉苁蓉烧兔肉

食材：肉苁蓉、兔肉、料酒、酱油、姜、葱、盐、味精、白糖、上汤、油。

方法：将肉苁蓉洗净，去鳞片，切薄片；兔肉洗净，剁成3 cm见方的块；莴苣头去皮洗净，切块；姜洗净切片，葱洗净切段。炒锅置武火上烧热，加入植物油，烧六成热，放入兔肉略翻炒，再加入肉苁蓉、料酒、酱油、白糖、盐、味精、上汤烧熟，装盘即可。

功效：补肾益精，润燥通便，壮阳。

（2）枸杞烧牛肉

食材：枸杞子、牛肉、小白菜、料酒、酱油、姜、葱、盐、白糖、味精、上汤、植物油。

方法：将枸杞子去果柄、杂质，洗净。牛肉洗净，切块。小白菜洗净，用盐、味精煮熟，沥干水分，摆在盘子周围。姜洗净切片，葱洗净切段。炒锅置武火上烧热，加入植物油，烧六成热，下入葱、姜爆香，再加入牛肉、料酒、酱油、白糖、上汤烧熟。放入枸杞、盐、味精炒匀，盛入小白菜盘子中间，装饰上桌即可。

功效：补肝肾，明眼目，增气力。

（3）荷叶凤脯

食材：鸡脯肉、鲜荷叶、水发蘑菇、火腿、盐、白糖、味精、香油、鸡油、料酒、胡椒粉、淀粉、姜、葱。

方法：鸡脯肉、蘑菇分别洗净，片成薄片，火腿切片，姜切片，葱切成葱花，荷叶洗净，用开水稍烫一下，去掉梗，切成三角形。蘑菇用开水余透捞出，用冷水冲凉。把鸡肉、蘑菇一起放入盘内，加盐、味精、白糖、胡椒面、料酒、香油、鸡油、淀粉、姜片、葱花搅拌均匀，然后把鸡肉、蘑菇分放在三角形荷叶上，再加上一片火腿，包成长方形的包，摆在盘内，上笼蒸约1小时。出笼后可将原盘翻于另一干净的盘内，即可拆包食用。

功效：荷叶具有健脾利湿、祛痰化浊的功效，和鸡肉、蘑菇、火腿同食，具有补益强身、解暑利湿之功效。

（4）二冬丝瓜豆腐

食材：天门冬、麦门冬、嫩丝瓜、嫩豆腐、油、酱油、白糖、高汤、味精、盐、水淀粉、葱花。

方法：将丝瓜刮去外皮，洗净，切菱形刀块。豆腐洗净，切小方块，放在开水锅中煮1分钟捞起。将天门冬和麦门冬加水，小火煮约30分钟，浓缩成汁液。把炒锅放在大火上，倒油烧热后放入丝瓜，炒到丝瓜发软，加入高汤、葱花、糖、酱油、盐，烧开后放入豆腐，小火焖2分钟后，加入味精、二冬浓缩汁及水淀粉勾芡，略煮即可。

功效：豆腐甘平，丝瓜性凉味甘，清湿热，凉血热，调中益气；在《本草纲目》中说天门冬"煮食之，令人肌体滑泽白净，除身上一切恶气不洁之疾"。麦门冬与天门冬作用相近，同有养阴润肺之功，麦门冬兼能滋胃阴，降心火；天门冬兼能滋补肾阴。

（5）火锅菊花鱼片

食材：鲜菊花、鲜鲤鱼、鸡蛋、鸡汤、盐、料酒、胡椒面、香油、姜、醋各适量。

方法：白菊花去蒂，摘下花瓣，拣出焦黄或沾有杂质的花瓣不用。将花瓣放入冷水内漂洗20分钟，沥尽水分备用。鲤鱼洗净，切成薄片备用。将鸡汤、调料一并放入火锅内烧开，把鱼片投入汤内，待五六分钟后，打开火锅盖，再抓一些菊花投入火锅内，立即盖好，再过5分钟则可食用。

功效：祛风明目。菊花具有散风清热、平肝明目的作用，适用于风热袭人或肝火旺盛引起症状。鲤鱼可健脾益气、利水消肿、安胎、通乳、清热解毒、止嗽下气，用于脾虚水肿、小便不利、乳汁不通、咳嗽气逆等。

（6）枸杞核桃仁鸡丁

食材：枸杞子、核桃仁、鸡肉、鸡蛋、盐、味精、白糖、胡椒粉、鸡汤、香油、水淀粉、料酒、猪油、姜、葱、蒜。

方法：将鸡肉洗净，去皮，切成小块。枸杞子洗净，核桃仁用沸水氽去皮。姜、葱、蒜洗净，切成片。鸡蛋去黄，留蛋清于碗内。把鸡丁用盐、料酒、味精、胡椒粉、鸡汤、香油、水淀粉兑成的汁液腌渍。将去皮核桃仁用温油炸透，兑入枸杞，即起锅沥干油分。锅烧热注入猪油，待五成热时投入鸡丁，快速滑透，倒入漏勺，沥去油。锅再置火上，放热油，投入姜、葱、蒜爆香，再放入鸡丁，接着倒入汁液速炒后投入核桃仁炒熟即可。

功效：滋补肝肾，益气养血。枸杞子有滋补肝肾、润肺明目功效，可用于肝肾亏损引起的诸症。核桃仁有健胃补肝肾、润肺补血、延年益寿等功效。鸡肉可补虚暖胃、补肝肾、强筋骨，具有丰富的营养价值。鸡蛋可养心安神志、滋阴润燥。

（7）当归生姜羊肉汤

食材：当归、姜、羊肉（或牛肉、牛骨）、盐。

方法：将姜和羊肉分别洗净，姜拍松，羊肉切块，和当归一起加适量水，炖熟后加盐调味即可。

功效：当归补血活血。羊肉是温补食物，可增进体力，改善新陈代谢，滋补肾气。羊肉所含蛋白质为优质的完全蛋白质，容易被人体吸收利用。

（8）花雕酒烧白鳝

食材：白鳝、花雕酒、糖、盐、味精、蒜、洋葱。

方法：将白鳝宰杀取肉切成长条，洋葱切成块状，锅加热，放入油将白鳝滑透捞出，然后锅内放入花雕酒、白鳝和调料，小火焖5分钟，调好口味，装入酒精锅内即成。

功效：舒筋活血，强筋健骨，增强腰力及脚力。

二、茶膳食谱

茶膳是将乌龙茶、红茶或绿茶的茶叶、茶末、茶粉加入到食品中，从而创制出的具有茶香特色的食品，是食文化与茶文化融合发展的结晶，乃特色康养餐饮。

图6-12　春茶

（图片来源：四川省旅游学校美食学院）

（一）茶膳的表现形式

茶膳具有多种表现形式。

1. 早膳茶

早膳茶可供应热饮和冷饮的有红茶、绿茶、乌龙茶、花茶、八宝茶、茶粥、茶面、茶奶、茶包、茶饺、茶蛋糕、茶饼干、炸茶元宵等。

2. 茶快餐

茶快餐有茶面、茶饺、茶包等。汤可选一碗茶汤或一杯茶、一盒茶饮料。

图 6-13　绿茶薄脆

（图片来源：成都城市名人酒店）

3. 家常茶菜、茶饭

茶菜、茶饭有熏茶笋、茗香排骨、松针枣、春芽龙须、鸡丝面等。

4. 特色茶宴

特色茶宴有婚礼茶宴、生辰茶宴、毕业茶宴、庆功茶宴、春茶宴等。

5. 茶膳自助餐

茶膳自助餐可供应冷热菜 80 多种，茶饮、汤品 40 多种，茶冰激凌多种，还可自制茶香沙拉、茶酒等。

不管是哪种形式，茶膳总的分类不外乎茶叶食品、茶叶菜肴、茶叶小点、茶汤茶粥和茶叶酒水五大类。

（二）茶膳食谱

1. 花丛鱼影

食材：安徽大别山小兰花茶叶、新鲜太湖银鱼、盐、太白粉适量。

方法：兰花茶用沸水冲泡，去其汁 1~2 次，沥干待用。银鱼用太白粉及盐少量拌和抓匀。锅内食油中量，烧至四成热后放入银鱼烹炸，至色微黄即起锅，仔细堆置于盘中央。兰花茶叶入油锅轻炸，至色变墨绿起锅，略撒精盐（或白糖）少许，拌匀后入盘围边即可。

特点：银鱼为湖鲜极品，色形俱佳；兰花茶为安徽名茶，产自山区无污染，茶质纯正。鱼茶相配，滋味清香鲜美，营养丰富。

2. 荷香蛙鸣

食材：牛蛙、鸡蛋、荷叶、肉糜、茉莉龙珠茶、盐、味精、姜、葱、料酒等。

方法：龙珠茶用沸水冲泡至浓，取其二开汁水，调入盐、味精、姜、葱、料酒等调料。牛蛙去内脏，按肢体改刀成原状，浸泡于茶汁等调料中备用。盘内垫荷叶，打入完整鸡蛋。肉糜以茶汁等调料拌和，铺设于盘中围边。将浸泡的牛蛙煮熟出锅后以原形入盘，以洋葱、菜心、香菜、樱桃等点饰为莲荷草果繁茂状即可。

特点：荷上卧蛙，月（鸡蛋）映其中，蕴"荷塘月色"意味，赏心悦目。铺设荷叶清香于外，浸泡茶汁清香于内，牛蛙嫩滑爽口，色、香、味、形均含文韵，为观赏菜肴。

3. 银针献宝（鲍）

食材：新鲜鲍鱼、君山银针茶、精盐、味精、姜、葱、料酒等少许。

方法：鲍鱼剖开，切片，入精盐（稍咸之量）、味精、姜、葱、料酒等抓调后入锅。鲍鱼起锅前，沸水冲泡银针茶于透明玻璃杯，倒扣于平盘中央（先以盘紧密盖住杯口，再整体倒过来），使杯口与盘以空气压差吸附，茶不会外溢，茶叶呈悬浮状。鲍鱼起锅，围绕茶杯铺于盘中，精巧围边即可。

特点：此菜肴以意趣为先，菜盘中初泡之银针菜悬浮于倒扣之杯，上下起落，恍若水中精灵之舞，为餐桌平添动感情趣。鲍鱼略咸的口感，待客人再略将茶杯掀起，溢出少许清香汁释之，化咸为鲜，鲍鱼之绝鲜，始得真味。

4. 祁糖红藕

食材：祁门红茶、藕、糯米、冰糖、砂糖。

方法：祁门红茶取汁，糯米淘净，藕取较直的部分，切去一头，糯米、砂糖拌均匀，灌入藕孔拍实；藕段入锅，以水淹没上火，煮至开锅，改文火余煮3~4小时，放入茶叶、冰糖，再煮2~3小时即可。取出藕段待凉，切片，入盘，浇汁。

特点：藕茶相染，色气双馥，咬口弹软，甜而不腻；红茶养胃、莲藕富含营养，两者相得益彰，为小吃、佐酒之佳品。

5. 观音送子

食材：松子仁、豌豆、花生仁、瓜子仁、玉米仁（合称五仁），铁观音茶叶、盐、味精适量。

方法：铁观音茶叶沸水冲泡，取二开汁适量。热油适量，五仁入锅，调适量盐、味精，放入茶汁，猛火急炒，茶汁被五仁基本吸收后起锅。

特点：色彩斑斓亮丽，视觉效果极佳，与"观音送子"之名谐配，有喜人悦客之效。以匙勺舀食，味美爽口。

6. 毛峰蒸鱼

食材：黄山毛峰茶、鲫鱼或武昌鱼一条、料酒、葱花、姜、精盐等作料适量。

方法：沸水冲泡茶叶，沥去汁，取茶叶待用。将茶叶塞入净鱼腹中，入盘，撒适量料酒、葱花、姜、精盐于鱼身。上笼锅蒸20分钟即可。

特点：茶叶清香浸渗入鱼，去腥提鲜，别具滋味，乃饮酒佳肴。

7. 红茶鸡丁

食材：红条茶、童子鸡脯肉、红干辣椒、淀粉、精盐等调料适量。

方法：沸水冲泡茶叶，沥去汁，取茶叶待用。红干辣椒洗净，切菱形片。鸡脯肉切丁，用少量湿淀粉、精盐腌制一下，开油锅，油温至150℃左右，将鸡丁入锅过油至熟取出，然后将茶叶与干辣椒入锅煸炒，再将熟鸡丁入锅，与茶叶、干辣椒拌匀即可。

特点：此菜以红火取胜，红茶、红椒色浓味重，菜形清朗，暖意融融，是一道开胃助兴的"风景菜"。

8. 龙井虾仁

食材：鲜河虾、新龙井茶、蛋清、绍酒、精盐、味精、湿淀粉、熟菜油。

方法：取河虾，去壳挤出虾肉。将虾肉放入小竹箩里。洗几遍，再放进碗内，加盐和蛋清，用筷子搅拌至起黏，加湿淀粉、味精搅拌匀。静置1小时，浸渍入味。茶叶置透明玻璃杯中，用沸水冲开后，滗出茶水，茶叶、茶水分置备用。炒锅烧热先下少量油滑锅，放虾仁再下熟菜油，至油四成熟时即端锅，倒漏勺中沥油。再将虾仁倒锅中，后将茶叶茨水入锅烹酒，放入火上颠翻，炒熟入盘。

特点：虾仁白嫩，茶叶碧绿，清香味美。

9. 翠螺蒜香骨

食材：翠螺茶叶、猪肋骨、蒜泥、料酒、葱花、精盐、淀粉等作料适量。

方法：沸水冲泡茶叶，取汁，茶叶切碎丝。茶汁调拌蒜泥、料酒、葱花、精盐、淀粉等成糊状。浸猪肋骨于调料，腌制约3小时后，拌入茶叶丝。开油锅，油温至 40℃~50℃，猪肋骨入锅浸炸，至断血取出，稍摊凉，再入锅热油烹炸，至深黄色，起锅围边。

特点：茶香、蒜香合成异香，闻之大开食欲，调料诸味深切入骨，食之爱不释手，老幼皆宜。

10. 怡红快绿

食材：青红椒、鸡脯肉、红茶、蛋清、淀粉、盐、味精各适量，油、清汤少许。

方法：将鸡脯切成丁，用蛋清、淀粉抓匀，将青红椒去籽洗净成丁待用。锅内放油，上火烧热，将鸡丁放入滑散，随即放入青红椒，出锅滗净。锅放回火上，放油少许，将茶叶入锅爆香，放鸡丁、椒丁，加盐、味精、少许清汤、粉芡，炒匀出锅即可。

特点：此菜色彩艳丽，可使人联想起《红楼梦》中那些活泼欢快的姑娘。

本章小结

本章主要内容包括康养旅游餐饮食材的选择、康养旅游餐饮食谱编制、特色康养旅游餐饮食谱。重点介绍了康养旅游餐饮食材选择的原则、康养旅游餐饮食材选择的方法、康养旅游餐饮食材分类、康养旅游餐饮食材的品质鉴别、康养旅游餐饮食谱编制的原则、康养旅游餐饮食谱编制的方法。并根据药膳和茶膳的特点编制了具有代表性的药膳食谱和茶膳食谱。

思考与练习

一、名词解释

能量　药膳　茶膳

二、填空题

1. 药膳的特点有_____、_____、_____等。
2. 最早记录茶叶作为食用和药用的我国古代著述是_____。
3. 中餐食材根据作用可以分为_____、_____、_____等类。
4. 康养旅游餐饮食材的选择应能够保证烹饪产品具有良好的_____、_____、_____、_____等特点。
5. 常见的康养餐饮食谱设计的方法有_____、_____等。

三、选择题

1. 鲤鱼和红豆同食属食物禁忌，引起的症状是_____。
   A. 排尿过多　　B. 胃肠不适　　C. 便秘　　D. 腹泻
2. _____年12月5日，中国国务院办公厅发出《关于印发中国营养改善行动计划的通知》。
   A.1996　　　B.1997　　　C.2001　　　D.2003
3. 下列食材中不属于"五畜"的是_____。
   A. 牛　　　B. 羊　　　C. 猪　　　D. 鸟
4. 最早记录茶叶作为食用和药用的我国古代著述是_____？
   A.《神农本草经》　　　　B.《周礼·地官》
   C.《吃茶养生记》　　　　D.《茶经》
5. 通常情况下，健康人群每日早、中、晚三餐能量的分配是_____。
   A. 25%　50%　25%　　　　B. 25%　40%　35%
   C. 30%　40%　30%　　　　D. 40%　40%　20%

四、问答题

1. 什么是食谱？
2. 中国药膳的特点是什么？
3. 茶膳分几类？试举例说明。
4. 康养旅游餐饮食材选择的原则有哪些？
5. 康养旅游食谱编制的原则有哪些？

五、实践题

请你根据自己的特点，通过计算法编制自己的一日食谱。

参考答案

第七章

康养旅游餐饮营养配餐及推介创新

本章重点

营养膳食是康养旅游中的重要环节,随着人们物质生活水平的提高,食品的安全与健康越来越受重视,消费者也更加追求菜肴的品质和特色。在竞争十分激烈的餐饮市场,康养餐饮的崛起、发展和壮大必须依托于产品的不断创新,满足消费者的新需求,不断为其注入新鲜血液,才能在市场竞争中立于不败之地。

学习目标

通过本章内容的学习，学习者能够了解营养平衡的概念，营养配餐的基本原则，餐厅对客推介的要点，一般人群和特定人群的餐饮营养配餐基本原则及要求、对客和不同服务阶段的推介技巧以及康养餐饮产品创新的意义，掌握营养餐厅健康环境的重要性、建设营养健康餐厅的要求，能够有针对地对一般人群和特定人群提供个性化的营养平衡指导、配餐、推介和进行康养餐饮产品开发创新，具备康养旅游餐饮从业人员的职业素养。

本章思维导图

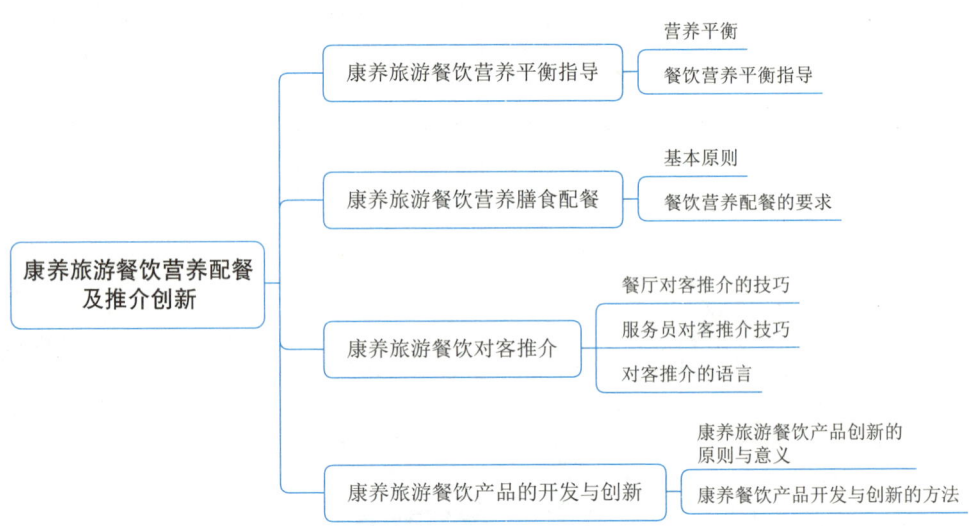

第七章　康养旅游餐饮营养配餐及推介创新

根据中国居民营养与健康状况的研究表明，我国居民目前营养问题存在相关慢性病问题日趋严重、身体活动水平显著下降等问题，这样营养指导就显得尤为重要。营养配餐是一种科学健康的饮食方式，作为餐饮企业，需要通过酒店企业的精心设计、工作人员的日常服务发挥营养健康餐厅公共服务的示范窗口作用。同时餐厅全员参与到康养餐饮的推广介绍中，为广大消费者增强营养健康意识、提供营养健康菜品、传递正确营养知识和行为做出努力和实践，从而加快全社会形成有利于健康的生活方式和达到"三减"（减盐、减油、减糖）、合理膳食、杜绝浪费为目标的营养健康转型升级。

第一节　康养旅游餐饮营养平衡指导

我国自古就有"寓医于食""医食同源"之说，唐代医药学家孙思邈主张"凡欲治疗，先以食疗，既食疗不愈，后乃用药尔"；西方医学鼻祖希波克拉底斯认为"食物就是最好的医药"；世界卫生组织的报告强调"均衡饮食是保持健康长寿的重要因素"。

根据中国居民营养与健康状况研究表明，我国居民目前营养问题存在居民生活方式改变、身体活动水平显著下降；超重肥胖及膳食相关慢性病问题日趋严重；膳食不平衡是慢性病发生的主要危险因素；孕妇、婴幼儿和老年人的营养问题仍需特别关注；加之食物浪费严重等问题，所以营养指导显得尤为重要。

一、营养平衡

人们通过长期实践认识到，没有任何一种天然食物能包含人体所需要的各类营养素，要保证合理营养，必须摄取多种食品，尽可能多样化，使热量和各种营养素数量充足、比例恰当。那么，怎样才算营养平衡呢？从营养学观点来看，就是一日三餐所提供的各种营养素能够满足人体的生长发育和各种生理、体力活动的需要，也就是膳食所提供的营养（热能和营养素）和人体所需的营养恰好一致，人体消耗的营养与从食物获得的营养达成平衡。客人来到酒店和餐厅就餐，相关工作人员应根据营养平衡原则，对其提供营养健康的指导和服务。

二、餐饮营养平衡指导

（一）营养健康环境

1. 总体要求

餐厅布局合理，采光、通风良好，餐饮区域、餐具、油烟排放达到规定的卫生标准。优先采购符合可追溯要求的肉类、蔬菜等，依法依规向用餐者和社会公众公开重要信息，确保用餐者放心消费，可设置食品留样机制。具有康养理念的康养主题餐厅和特色餐饮，提供康养饮食文化体验服务和科学康养食疗营养菜单，同时建立专门的途径宣传营养健康、传染病防控和文明用餐等知识，具有可取阅的营养和膳食指导相关宣传资料，并适时更新，并充分利用菜单、餐具包装、订餐卡等进行宣传。

餐饮企业在保障员工安全、隐私、商业秘密的前提下，可以依法依规向用餐者实时直播餐饮服务过程，公开厨房环境、食材加工、清洗消毒、原辅料储存状态等信息。还要积极探索餐饮节约新举措，推进餐饮节约常态化。总之，秉承协调绿色、开放共享的发展理念，创建让消费者舒心的营养健康环境，提供周到细致的餐饮服务，贯穿到加工、仓储、管理、服务、消费等各个环节，满足人们日益增长的对美好生活的需要。

2. 服务举措

通过在餐厅醒目位置张贴节约标识和条幅、设置公益告示牌、LED屏幕播放公益广告、举办绿色消费活动等方式，引导顾客健康饮食、文明用餐和节俭消费。餐厅应根据消费人群的特点，合理安排2~3人、4~6人、7~10人等各类餐台数量和比例，并在此基础上科学设计大、中、小份菜肴的分量，充分照顾用餐者的个性化需求和营养健康搭配需要，同时根据消费者数量和餐品分量主动提醒用餐者适量点餐、介绍菜品和对餐品种类提出合理建议。可提供分餐制服务和分菜服务，能对不同人群提供对饮食有特殊要求或禁忌的个性化餐饮服务，适时地介绍各种食品的养生功能与特性，宣传养生健康知识，方便游客获得营养保健知识和公益康养膳食指导。

◀◀◀ 案例 7-1 ▶▶▶

合理膳食促健康，江阴首家"营养餐厅"成立

为全面普及膳食营养和健康知识，引导市民形成"减盐、减油、减糖"的科学饮食习惯，江阴首家"营养餐厅"在市疾控中心和中国烹饪协会美食营养专业委员会江苏省江阴市华西村美食营养培训中心的大力配合下，于

2020 年 11 月 29 日在江阴市幸福园餐饮管理有限公司成立。

"营养餐厅"是指能够提供营养均衡膳食、开展营养教育、创建营养支持环境、开展从业人员和就餐人员的营养健康教育的饮食就餐场所。研究显示，我国居民慢性病死亡占总死亡人数的 86.6%，造成的疾病负担占总疾病负担的 70% 以上，已成为影响国家经济社会发展的重大公共卫生问题。慢性病的产生与不健康的饮食习惯、活动量不足等不良生活习惯和行为方式密切相关。因此，"营养餐厅"的建立对于向公众传播合理膳食信息，传授相关知识技能，倡导树立新"食尚"，推广全民分餐制，开展"三减三健"活动，推动公众健康饮食习惯的形成和巩固具有重要意义。

餐厅成立现场，市疾控中心工作人员通过给前来用餐的市民测量身高体重、计算 BMI 指数、测量血压、讲解膳食金字塔、分发慢性病防治手册等形式来宣传均衡膳食理念，让老百姓明白自身饮食可能存在的问题，明白今天该多吃什么、少吃什么。通过本次活动宣传讲解，部分市民表示受益匪浅，意识到了重油、重盐的危害，今后做菜会有意识地减少盐和油的用量。下一步，江阴市将继续推广营养餐厅建设，联合烹饪协会对江阴市在职厨师和企事业食堂负责人进行培训，打造菜肴种类丰富、少油少盐少糖、菜品营养成分含量可视化、能为就餐者提供合理膳食搭配建议的规范营养餐厅，进一步助力"健康江阴"建设。

（来源：江阴市人民政府门户网市卫生健康委员会）

3. 人员素质

餐厅服务人员应遵纪守法、信守职业道德、坚守岗位、尊老爱幼、富有爱心；着装整洁、语言文明，提供微笑服务和诚信服务，还需细致耐心，能为顾客提供全面周到的咨询、引导、提醒和帮携服务。在专业要求方面，具备旅游心理、健康养生、医疗急救、心理疏导、消防安全等方面的专业知识和技能，在服务过程中应善于观察，及时了解游客康养旅游服务需求，定期参加专业知识、服务意识、服务技能和安全管理等方面的培训，应通过考核达到培训目标。而膳食养生服务机构应配备经验丰富、责任心强的营养配餐师，膳食养生服务人员要身体健康、拥有相关资格证书，能够提供膳食指导和特色康养食疗服务等。

（二）营养平衡指导

1. 建设营养健康餐厅

（1）组织要求

将《中国居民平衡膳食宝塔》、粮食、蔬菜水果、肉类等营养保健知识图文并茂地展示在餐厅里，指导和营造就餐客人"吃有知识、吃讲科学、吃出健康"的氛围。倡导简约适度、绿色低碳的生活方式，营造"厉行勤俭节约反对餐饮浪费"的浓厚氛围。按照国家有关规定，实施垃圾分类，对所提供的餐饮食品进行真实、客观、清晰、醒目的营养标识，设置禁止吸烟标识，餐厅提供自制饮料或甜品时，应当标示添加糖含量等，同时配备有资质和资格证书的专（兼）职营养指导人员。

设立营养健康餐厅建设组织，开展顶层设计和计划，配备场地、人员、资金等支撑支持，比如制定营养健康相关工作和岗位责任制度，保障餐厅所用食材新鲜、减少腌制等食材的使用，鼓励建立健全盐油糖使用登记制度，发挥营养指导人员为不同人群提供营养配餐和管理的作用，并定期组织食品安全、营养健康知识、卫生防疫知识、"三减"等方面的培训。

◀◀◀ 案例 7-2 ▶▶▶

智慧食堂助力营养健康食堂建设

国家卫健委日前发布《营养健康食堂建设指南》《营养健康餐厅建设指南》《餐饮食品营养标识指南》3 项指南，引导餐饮业不断增强营养健康意识，提升营养健康服务水平，为推进健康中国建设夯实营养健康基础。未来，单位或员工食堂若要"晋级"营养健康食堂，须符合更多标准。智慧食堂运用智慧食堂管理系统并搭载智能设备，指导员工合理健康饮食，助力政企机关单位营养健康食堂建设。

营养成分精准分析

通过智慧食堂管理系统＋智能售饭终端，就餐者可在取餐台直接看到每个菜品的碳水化合物、蛋白质、脂肪、热量等信息，为就餐人员的选餐提供精准数据参考。比如在国家电投集团的智慧食堂中，智能屏幕不仅可显示对应菜品的单价，还配有独立的营养成分表和禁忌菜品搭配，让就餐人员健康便捷选餐。

大数据统计实时建议

就餐人员每餐食谱进入智慧食堂管理系统，形成个人消费记录，系统会根据个人基本资料通过大数据分析为用户计算出营养摄入情况，员工可在就餐后查看每餐营养摄入情况分析，同时在之后的点餐及就餐时，系统会提供个性化的饮食营养建议，指导就餐员工根据身体状况和需要摄入的营养，自主选择不同菜品，来平衡每日就餐需求，实现科学营养就餐。

互动点评合理调整

在每一餐结束后，会生成菜品评价及互动点评功能，让员工对餐品进行合理化建议，食堂后厨精准了解就餐人员用餐喜好和需求，实时调整菜品，整合后厨合理化运作，提升食堂精准服务能力。

目前，智慧食堂可进行定制化智慧食堂功能开发和场景搭建，运用前沿科学技术为大家建起安全健康防护屏障，有效提升用餐体验和管理效益，并在不断的创新与追求中，优化设施，升级系统，带动行业建设发展，促进全国营养健康食堂建设全面开展。

（来源：满客宝智慧食堂）

（2）烹饪要求

厨师在烹饪食物时秉承营养健康的理念，增加低盐、低脂、低糖的菜品，鼓励提供符合"能量平衡、营养均衡"的套餐，并逐步推行标准化。创新推出适合老年人、儿童、高血压患者、糖尿病患者等特殊人群的菜品，并对营养特点进行真实的说明。

（3）服务要求

服务员应根据不同的宴会规格、风俗习惯和客人需求，给以合理的点餐建议，适时推荐低盐、低脂、低糖菜品，鼓励主动销售小份或者半份菜品、经济型套餐等。引导客人实施光盘行动，还应练好分餐技能，依据菜品特点，实施分餐制。

2. 传播营养健康知识

食物本身没有好坏，健康饮食的关键在于如何搭配、如何均衡。作为营养健康餐厅的服务员，必须具备一定的营养健康知识，并能利用相关知识对不同群体进行个性化的营养平衡指导和服务。

（1）一般人群

①食物多样，谷类为主

没有一种食物可以满足人体所需的能量和营养素，只有一日三餐食物的多样化和多种食物组合搭配，才有可能达到平衡膳食，因此食物多样是实践

图7-1 腊八粥

平衡膳食的关键。谷类食物含有丰富的碳水化合物，是提供人体所需能量的合理能量来源和最经济、最重要的食物，谷类为主也是中国人平衡膳食模式的重要特征，在维持人体健康方面发挥着重要作用，因此谷物为主是平衡膳食的基础。

中国居民膳食指南（2016 版）推荐每天的膳食应包括谷薯类、蔬菜水果类、畜禽鱼蛋奶类、大豆坚果类等食物；平均每天摄入 12 种以上食物，每周 25 种以上；每天摄入谷薯类食物 250~400g，其中全谷物和杂豆类 50~150g，薯类 50~100g。按照一日三餐食物品种数的分配，早餐至少摄入 4~5 个品种，午餐摄入 5~6 个食物品种，晚餐 4~5 个食物品种，加上零食 1~2 个品种。

图 7-2　早餐

（图片来源：烟台丽景半岛酒店）

在餐厅就餐时，容易忽视主食。点餐时，宜先点主食或蔬菜类，不能只点肉菜或酒水，建议主食和菜肴同时上桌，不要在用餐结束时才把主食端上桌，从而导致主食吃得很少或不吃主食的情况。

②吃动平衡，保持健康体重，塑造美好生活

吃和动是影响体重的两个主要因素，吃得过少、过多或运动过低、过量，都增加感染性疾病风险，因此吃动应平衡。通过合理的"吃"和科学的"动"，不仅可以保持健康体重，打造美好体型，还可以降低慢性病的风险，提高生活质量。

如何通过吃动平衡达到健康体重呢？鼓励多动会吃，不提倡少动少吃，忌不动不吃；各年龄段人群都应天天运动，对一般人群而言，去掉日常家务、职业活动之外，还需要再加主动身体活动 40 分钟，即快步走 6000 步（5.4~6.0

千米每小时）的运动量，相当于每周至少进行 5 天中等强度的身体活动，累计 150 分钟以上，同时减少久坐时间，每小时起来动一动。

③多吃蔬果、奶类、大豆

蔬菜水果是平衡膳食的重要组成部分，可提供丰富的微量营养素、膳食纤维和植物化学物；奶类富含钙；大豆富含优质蛋白质。餐餐有蔬菜，保证每天摄入 300~500g 蔬菜，其中深色蔬菜应占 1/2；天天吃水果，保证每天摄入 200~350g 新鲜水果，果汁不能代替鲜果；吃各种各样的奶制品，相当于每天保证液态奶 300g；经常吃豆制品，适量吃坚果。

④适量吃鱼、禽、蛋、瘦肉

《中国居民膳食指南（2016 版）》推荐鱼、禽、蛋和瘦肉摄入要适量，每周吃鱼 280~525g，畜禽肉 280~525g，蛋类 280~350g，平均每天摄入总量 120~200g，优先选择鱼和禽，吃鸡蛋不弃蛋黄。少吃肥肉、烟熏和腌制肉制品。鱼、禽、蛋和瘦肉都含有丰富的蛋白质、脂类、维生素 A、B 族维生素、铁、锌等营养素，是平衡膳食的重要组成部分，是人体营养需要的重要来源。但是此类食物的脂肪含量普遍较高，摄入过多可增加肥胖、心血管疾病的发生风险，因此其摄入量不宜过多，应当适量摄入。

图 7-3　鱼类、禽类、海鲜、肉类都含有丰富的蛋白质

⑤少盐少油，控糖限酒

培养清淡饮食习惯，少吃高盐和油炸食品。成人每天食盐不超过 6g，烹调油 25~30g。控制添加糖的摄入量，每天不超过 50g，最好控制在 25g 以下。足量饮水，成年人每天 7~8 杯（1500~1700ml），提倡饮用白开水和茶水，不喝或少喝含糖饮料。儿童、少年、孕妇、乳母不应饮酒。成人如饮酒，男性

一天饮用酒的酒精量不超过 25g，女性不超过 15g。

　　为什么要少吃盐？大多菜肴以咸作基础味，是食盐让我们享受到了美味佳肴，但是高血压流行病学调查证实，人群的血压水平和高血压的患病率均与食盐的摄入量密切相关。50 岁以上的人、有家族性高血压的人、超重和肥胖者，其血压对食盐摄入量的变化更为敏感，膳食中的食盐如果增加，发生心脑血管意外的危险性就大大增加。

　　如何科学用油？科学用油包括少用油和巧用油。少用油的小窍门有使用带刻度的油壶来控制炒菜用油，选择合理的烹饪方法，使用蒸、煮、炖、拌等或者使用煎炸代替油炸，少吃饼干、蛋糕、加工肉制品、薯条、薯片等。至于巧用油，可经常更换烹调油的种类，食用多种植物油，减少动物油的用量。

　　为什么控制添加糖？添加糖是指人工加入到食品中的糖类，包括饮料中的糖，具有甜味特征，常见的有白砂糖、绵白糖、冰糖和红糖，添加糖是纯能量食物，不含其他营养成分，过多摄入会增加龋齿及超重肥胖发生的风险。对于儿童、青少年来说，建议不喝或少喝含糖饮料，减少糕点、甜点、冷饮等食品的摄入，也可控制添加糖；在烹饪时应注意尽量少加糖；喝茶、咖啡时也容易摄入过多的糖，需要引起注意。

　　如何做到限酒？倡导中华民族良好的传统饮食文化，在庆典、聚会等场合不劝酒、不酗酒，饮酒时注意餐桌礼仪，做到自己饮酒适度，他人心情愉悦。从健康考虑出发，男性和女性成年人每日饮酒不应该超过酒精 25g 和 15g，换算成不同酒类，25g 酒精相当于啤酒 750ml、葡萄酒 250ml、38°白酒 75g、高度白酒 50g，15g 酒精相当于啤酒 450ml、葡萄酒 150ml、38°白酒 50g、高度白酒 30g。

　　如何做到饮用足够的水？人体补充水分的最好方式是饮用白开水，在温和气候条件下，成年男性每日最少饮用 1700ml（约 8.5 杯）水，女性最少饮用 1500ml（约 7.5 杯）水。而最好的饮水方式是少量多次，每次 1 杯（200ml），不鼓励一次大量饮水，尤其是在进餐前，大量饮水会冲淡胃液，影响食物的消化吸收。除了早、晚各 1 杯水外，在三餐前后可以饮用 1~2 杯水，分多次喝完；也可以饮用较淡的茶水替代一部分白开水。此外，在炎热夏天，饮水量也需要相应地增加。

　　⑥杜绝浪费，兴新"食尚"

　　杜绝浪费、尊重劳动、珍惜食物是中华民族的传统美德，文明餐饮既是对优秀饮食文化的传承和发扬，也是新的饮食时尚。按需备餐，避免共同用餐时个人使用的筷子、勺子接触公众食物，传播一些传染性疾病，比如设置专用公筷公勺抽屉、一菜一勺、一菜一筷、双筷制等；练好分菜技能，客人便可以按量取舍，剩余饭菜还可以帮助客人打包带走；选择新鲜卫生的食物和适宜的烹调方式；在食物清洗、切配、储藏的整个过程中，生熟都应分开，比如吃火锅时，一定要准备生料专用筷子。

公共餐饮应是新"食尚"的推行者和实践者，我们可以提供标准化菜品，菜单上准确标注菜量，按食物多样、营养均衡的要求配置；发展可选择份餐、提供半份菜，方便消费者自主调节食物量；做减盐、减油的践行者和引导者，不断创造营养健康的新菜品。

（2）特定人群

平衡膳食是按照不同年龄、身体活动和能量需求设置的膳食模式，这个模式推荐的是食物种类、数量和比例能最大限度地满足不同年龄阶段、不同能量水平健康人群的营养和健康需求。酒店工作人员更应该考虑和照顾到特定人群的营养平衡指导，下面这些群体更需要提供个性化和细微化的服务和关注：

①备孕妇女：调整孕前体重到适宜水平，常吃含铁丰富的食物，选用碘盐，孕前3个月开始补充叶酸，禁烟酒，保持健康生活方式；

②孕期妇女：体重增长不足者可适量增加能量密度高的食物摄入，体重增长过多者应在保证营养素供应的同时，注意控制总能量的摄入。健康的孕妇，每天应进行不少于30分钟的中等强度身体活动。每天摄入绿叶蔬菜200g，每天增加20~50g红肉，每周吃1~2次动物内脏，确保摄入碘盐；

③哺乳期妇女：增加富含优质蛋白质及维生素A的动物性食品和海产品，选用碘盐，食物多样不过量，心情愉悦，睡眠充足，促进乳汁分泌，忌烟酒，避免浓茶和咖啡；

④学龄前儿童：指2~5岁的儿童，每天饮奶，足量饮水，正确选择零食。食物应合理烹调，易于消化，少调料、少油炸。可参与食物选择和制作，增进对食物的认知和喜爱。经常进行户外运动，保障健康生长；

⑤学龄儿童：指从6岁到不满18岁的未成年人，合理选择零食，足量饮水，少喝含糖饮料。不偏食节食，不暴饮暴食，保持适宜体重增长。保证每天至少活动60分钟，增加户外活动时间；

⑥素食人群：指不以食肉、家禽、海鲜等动物性食物为饮食方式的人群，按照所戒食物的种类不同分为全素、蛋素、奶素、蛋奶素人群等。以谷类为主，食物多样化，适量增加全谷物。增加大豆及其制品的摄入，常吃坚果、海藻和菌菇，蔬菜水果应充足，合理选择烹调油；

⑦老人：老年人和高龄老人分别指65岁和80岁以上的老年人。由于年龄增加，老年人器官功能出现不同程度的衰退，因此，老年人在膳食及运动方面更需要特别关注。在一般人群膳食指南的基础上，少量多餐细软，预防

营养缺乏，主动足量饮水，积极进行户外运动，延缓肌肉衰减，维持适宜体重，摄入充足食物，鼓励陪伴就餐。

第二节　康养旅游餐饮营养膳食配餐

营养配餐是一种科学健康的饮食方式，它以科学的营养理论为指导，配合丰富多样的食材，针对不同人群、不同疾病的营养需求，对每日的三餐进行调整，以达到平衡营养、保持健康的效果。

通过餐饮专业人员的营养配餐，可以将各类人群的膳食营养素参考摄入量具体落实到用膳者的每日膳食中，使他们能按需要摄入足够的能量和各种营养素，同时增强其营养健康意识，为其健康饮食行为提出参考性建议。

一、基本原则

营养膳食配餐首先要满足人体基本的需要，然后根据人体对热能、蛋白质、矿物质、维生素的需要，选择搭配食物，再进行合理烹调。

（一）总体原则

1. 三大产热营养素之间的比例，蛋白质 10%~15%、脂肪占 20%~30%、碳水化合物占 55%~65%；

2. 每天三餐总食量的分配，按 3∶4∶3 的比例较为合理，即早餐占 30%、午餐占 40%、晚餐占 30%；

3. 保证营养平衡；

4. 食材新鲜、安全、卫生。

（二）一般人群

1. 粗细搭配

不同种类的粮食和其加工品的合理搭配，有助于各种营养成分的互补，还能提高营养价值。粮食在经过加工后，往往会损失一些营养素，而这些营养素也正是人体所需要或容易缺乏的，所以应注意粗细搭配。至于什么样的比例最好，由于个体差异和不同情况，要因人而异。不过，多吃杂粮的好处是显而易见的，比如"二米饭"（大米和小米）"金银卷"（面粉和玉米面）都是较好的粗细搭配例子，符合营养膳食配餐的要求。

2. 荤素搭配

肉类、鱼、奶、蛋等食品富含优质蛋白质，各种新鲜蔬菜和水果富含多种维生素和无机盐。两者的合理搭配和有机结合能烹调品种多样的菜肴，不仅营养丰富，又能增强食欲，有利于消化吸收。比如鲜鱼与豆腐一起烹调，可使钙的吸收率提高20多倍；黄豆烧排骨，蛋白质的营养价值可提高两三倍。

◁◁◁ 案例7-3 ▷▷▷

荤素搭配的菜品——菌香牛肉粒

【主配料】牛肉180g、杏鲍菇1个

【调料】色拉油适量、老抽半勺、料酒1勺、生抽1勺、砂糖少许、蚝油半勺、黑胡椒碎少许、蒜末适量

【制作方法】

1. 牛肉切成小粒，用纸巾吸干水分；
2. 把牛肉放入盘中，倒入老抽、生抽、蚝油、砂糖、料酒腌渍；
3. 把杏鲍菇洗干净，切成丁；
4. 在锅里倒入适量的油，将杏鲍菇倒入油中，炸至金黄，捞出备用；
5. 另起油锅爆香蒜末，放入腌制好的牛肉粒翻炒变色；
6. 放入炸好的杏鲍菇粒翻炒均匀；
7. 最后撒上黑胡椒碎即可出锅。

图7-4 菌香牛肉粒

（图片来源：烟台文化旅游职业学院陈俊老师）

【牛肉禁忌】

1. 患感染性疾病、肝病、肾病者慎食；
2. 黄牛肉为发物，患疮疥湿疹、痘痧、瘙痒者慎用；
3. 高胆固醇、高脂肪、老年人、儿童、消化力弱的人不宜多吃。

【功效】提高人体免疫力，增强体质。

3. 主副食搭配

主食可以提供主要的热能及蛋白质，副食可以补充优质蛋白质、无机盐和维生素等。每天进食量的多少，可根据活动量而有所不同，但总热量不能超过一定标准，否则将引起超重。主食也可根据具体情况采用干稀搭配，这样既能增加饱腹感，又能助于消化吸收。

4. 酸碱搭配

我国劳动人民长期以来所形成的烹调习惯和饮食文化中，很多酸性食物和碱性食物搭配，一些西方的科学家极力推荐中国的菜肴搭配和烹调方式，比如鳝鱼与藕的结合，鳝鱼属酸性食物，含有的黏蛋白和黏多糖，能促进蛋白质吸收和利用，藕属碱性食物，含有丰富的特殊氨基酸、维生素 B_{12} 和维生素 C，一酸一碱，营养素互补，对维持机体的酸碱平衡起着很好的作用。

5. 五味调和

五味为酸、甜、苦、辛、咸，健康的饮食就是根据食物的特性和人体的寒热虚实，从而选择合适的食物和营养搭配以补充相应的营养素。《黄帝内经》指出"谨和五味，骨正筋柔，气血以流，腠理以密，如是则骨气以精，谨道如法，长有天命。"说明适当调和五味是身体健康和延年益寿的重要条件。同时在烹饪文化中，"和"既可指味道，也可指色泽与香气，而"五味调和"则是在味道层面上所追求的最高美食境界。

6. 适应季节

根据不同的季节与节气合理搭配、选择食物、营养配餐。比如夏季应选择清淡爽口的食物，可适当增加盐分和酸味食物，补充因出汗而导致的盐分丢失；冬季则可适量增加油脂含量来增加热能；夏至吃凉面、冬至吃饺子、小寒吃菜饭、大寒吃八宝饭、芒种煮梅等。

>>> 案例 7-4 >>>

谷雨应季食谱——五香熏鲅鱼

图 7-5　五香熏鲅鱼

（图片来源：烟台文化旅游职业学院陈俊老师）

谷雨时节，天地阳气骤升，处于春夏之交，也是肝强脾弱的季节，在饮食方面要适当地多吃一些具有补血益气的食物。"谷雨到，鲅鱼跳"，此时正是鲅鱼最肥、最鲜的时候。

【主配料】鲅鱼500g，葱段、姜片各50g，五香粉50g，花椒10g，大料10g

【调料】盐10g，酱油50g，白糖20g，绍酒50g，花生油500g（实耗50g）

【工艺流程】选料→切配→炸制→熏制→成菜

【制作方法】

1. 鲅鱼抹刀切大片，厚约 0.5cm，用绍酒、酱油、葱、蒜、花椒、大料腌制 2 小时；

2. 勺内加油烧至八九成热时，将鱼片下油锅炸熟炸透，捞出；

3. 勺内添水，加五香粉、盐、白糖、酱油、绍酒烧开，将炸过的鱼片放入浸泡入味，捞出放凉，食用时切块上桌。

【制作关键】

胶东菜五香熏鲅鱼的方法有别于南方的熏腊。"熏"是指木屑、茶叶末、白糖产生的烟将食物上色，因此方法有害人体健康，一般情况下不提倡。

【成品特点】 香酥味浓，咸鲜回甜。

【功效】 鲅鱼是一种肉质细腻、味道鲜美、营养丰富的海鱼，能够提供丰富的蛋白质、维生素、钙、碘等营养物质，对贫血、营养不良的人群是非常好的食物选择。

（三）特定人群

1. 青少年

青少年处于快速成长时期，需要大量的营养物质，保证含有钙、铁及维生素 A、维生素 B_2 和维生素 C 的食物，需要从两个角度来考虑，即食物的量和食物的质，在保证营养丰富的前提下，力求食物品种多样，比如多吃时令蔬菜水果，注意粗细搭配、主副食搭配、荤素搭配，少吃油炸或多油的食品、肥肉及刺激性强的酸辣食物等，还要经常变换食物的种类，烹调方法要多样化、艺术化。

2. 老年人

注意一日三餐的合理分配，进食宜少食多餐、少荤多素。适当增加优质蛋白质，补充钙、磷和维生素，控制脂肪摄入量，体重控制在标准体重范围内。每天食用适量粗粮，增加膳食纤维的摄入量。控制食盐摄入量，调味宜清淡不宜过咸，食性宜少寒多温，烹调方式宜煮不宜炸，饮食宜软不宜硬。

案例 7-5

适合老人的菜品——百合红枣蒸南瓜

【烹调方法】 蒸

【主配料】 鲜百合 70g、红枣 50g、南瓜 300g、白糖 10g、酒糟汁 300g、

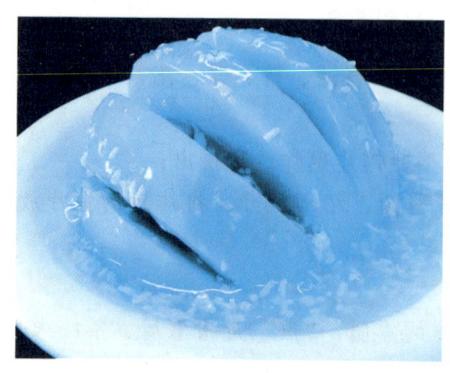

图7-6 百合红枣蒸南瓜

（图片来源：烟台文化旅游职业学院陈俊老师）

湿淀粉20g

【工艺流程】原料准备→初加工→刀工成形→蒸→制芡→浇淋

【制作方法】

1. 将红枣洗净放到水里浸泡；鲜百合去头尾，用清水漂洗干净；南瓜一分为二，去皮去种改 V 形刀；

2. 将南瓜凹形朝上放入碗中，依次将红枣、百合、白糖放于南瓜中封上保鲜膜入锅蒸制；

3. 将蒸好的原料倒扣在一个盘中；

4. 炒锅置火上，加入水、酒糟汁、白糖，最后淋入湿淀粉勾成芡汁，均匀地浇在蒸好的原料上。

【制作关键】掌握好原料的成熟度与芡汁的量。

【成品要求】汁多味浓，鲜嫩清香。

【功效】能够提供多种维生素和矿物质，起着滋阴补血、清热滋润的作用，对肠胃吸收、消化健康也是非常有好处的。从食疗的角度上来讲能够解毒消肿。

3. 肥胖人群

肥胖本身就是一种慢性疾病，而且是多种常见慢性疾病的诱因。肥胖人群需要注意的是控制摄入总能量，限制脂肪摄入量和辛辣及刺激性食物，供应适量的碳水化合物，要有足够量的新鲜蔬菜和水果。还要注意烹调方法，多采用蒸、煮、炖、卤等方法，避免油煎、油炸和爆炒等方法，特别需要强调的是一日三餐要定时定量，早餐一定要吃，晚餐一定要少。

4. 孕妇

孕妇营养餐搭配也应遵循营养全面、合理搭配的原则，以新鲜的瓜果蔬菜以及高蛋白质食物为主，多吃有营养和容易消化的食物、多吃新鲜蔬菜和水果、多吃营养丰富的海洋食物，为了补充钙，应多食牛奶及奶制品，不喜欢喝牛奶的，可以喝酸奶、吃奶酪或喝不含乳糖的奶粉等。但是任何食物都不要过量，少吃多餐，以清淡为主，还需避免食用过分油腻、刺激性强、辛辣生冷的食物。

5. 素食者

由于动物保护、健康等原因，选择素食的人日益增多。据统计，我国目前有素食者5000万人左右，一般来说，素食者大致可以分为三种：一是"全素食"者，他们不吃所有与动物有关的食物；二是"蛋奶素食"者，这类人只吃蛋和牛奶这两种（或其中一种）动物性食物；三是"鱼素食"者，除了鱼类、水产和蛋奶，他们不吃其他与动物有关的食物。

素食者为了避免缺乏蛋白质、铁、锌等营养素，日常生活中应该注意适量摄入以下8类食物：全谷，普通大豆制品，发酵大豆制品，包括腐乳、豆豉、酸豆浆、豆瓣酱、黄豆酱和酱油等，杂豆，坚果，食用菌，海藻类，多种植物油，除这8种重点食物外，素食者也要多吃蔬菜和水果，粗细搭配，合理烹调，多炖煮少煎炸。再比如五色养生素食，即绿、红、黄、白、黑5种大家熟知的蔬菜颜色，对应不同的脏腑，各有不同的作用——绿色主肝、红色主心、黄色主脾、白色主肺、黑色主肾，五色与五脏相配，以低盐、低糖、低脂肪为准则，坚持视觉效果兼顾五脏均衡保健。为了让素食更有味，采用油脂来烹调的方式是不可取的，还是要掌握素菜清淡、少盐、少糖的原则，这样才符合素食之健康取向。当然并非所有人群都适合食素，《中国居民膳食指南（2016）》建议，婴幼儿、儿童和孕妇不宜选择全素食。

二、餐饮营养配餐的要求

（一）基本要求

餐饮的所有原材料都应确保卫生安全，选取制作药膳的材料应是卫生部公布的药食同源的药材，并在专业人员指导下搭配及烹饪。烹调油、调味品、饮品等品种的选择及用量、烹饪方法等应符合营养健康原则。建议菜单中提供全谷物、奶类、新鲜水果、低糖或无糖饮料等供消费者选择。

菜品的名称及内容应与养生文化内涵相联系，对餐厅工作人员进行相关菜品介绍的培训，也可让专人负责菜品原材料、制作工艺、功效的讲解，同时耐心地与客人沟通，分析客人的个性化需要，并结合营养配餐原则，充分考虑一般人群和特定人群的不同需求，提供针对性和具有特色的讲解服务和菜品介绍。运用药膳时，要因地、因时、因人而异，向客人提出合适的药膳建议，养生药膳等特色餐饮应有2种以上。

（二）烹饪要求

餐饮营养膳食配餐应由专业人员编制不同人群的养生营养食谱，明确主要食材的营养价值、最低或最高营养需要量等。食谱的养生营养分析结果应向消费者公布，营养成分、脂肪、热量等含量应该标注得更细致，比如具体到克数、占比等。应有适宜于养生的主食与菜品搭配推荐，并提供不同搭配的时令养生菜品。

烹饪和加工环节，鼓励优先采用减少营养成分流失和保持自然风味的食物烹饪方法，多采用蒸、氽、炖、炒等方法，少用炸、煎、熏、烤等方法。结合本地和酒店的特色，不断创新改良和研发新的菜品，对于低盐、低脂、低糖菜品要醒目标示，增加低盐、低脂、低糖比例的菜品，特别是适合老年人、儿童、肥胖者、高血压、糖尿病等特定人群的菜品。

第三节　康养旅游餐饮对客推介

康养旅游餐饮对客推介，即对客人推荐介绍康养旅游餐饮产品，指餐厅全员参与到康养餐饮的推广介绍中，希望受到客人的接受和喜爱。

一、餐厅对客推介的技巧

（一）多种方式结合，达到推介目的

销售人员对客户的推介，可以更加精准地找到目标客户，是最为高效的一种方式。另外，餐厅应积极参加各种餐饮推介会，提高本康养餐厅的知名度。服务人员在为顾客提供服务时，还要承担餐厅菜品酒水的推介工作，在餐前菜品酒水介绍、餐中服务、上菜等餐厅服务过程中，针对不同的餐厅顾客消费类型，采取不同的餐厅推介技巧，在提高顾客满意度的前提下，尽可能地提升餐厅菜品酒水等的消费额。

顾客通过了解产生消费欲望，一方面通过餐厅菜谱、餐厅环境传达相关视觉信息，另一方面通过语言介绍等传达听觉信息，餐厅在进行对客推介时应该把视觉和听觉信息结合起来。

（二）针对不同用餐者的身份及用餐性质，进行有重点的推介

一般来说，以家庭聚餐为主的客人主要讲究实惠和特色，这时应该把经济实惠、上桌率高的菜品介绍给客人，客人能吃饱也能吃好，又能感受到独特的康养效能。对于商务洽谈的客人，要掌握客人摆阔气、讲排场的心理，无论推介酒水、饮料、食品都要讲究高档，这样既显示了就餐者的身份又显示了其经济实力。同时，服务员还要为其提供热情周到的服务，使客人感到自己受重视，在这里吃得很有面子。

（三）学会察言观色，选准推介目标

注意客人的言行举止，一般在产品推介的时候要找到比较外向型的客人或者本桌宴席买单的人作为重点推介对象。外向型客人比较善于发表意见，被宴请的人比较含蓄，不会摆明自己的想法，而买单的人一般为体现待客之道不宜拒绝。若接待有老者参加的宴席，则应考虑到老人一般很节俭，不喜欢铺张而不宜直接向老人进行推介。

二、服务员对客推介技巧

（一）不同产品的对客推介技巧

1. 推荐菜品

当迎宾把客人引领到餐位上后，服务人员要主动向客人介绍当天的供应菜式。此时，服务员应站在客人的右边，距离保持在0.5~1 m之间，姿势端正，面带微笑，身体稍向前倾，留心听、认真记。

客人点菜的时候是最佳的推介时机，服务员可以主动提供各种建议，促使就餐客人的消费数量增多或消费价值更高。

推荐菜品时要用生动形象的语言描述菜点的形象、特点、特色，使客人对此产生好感，从而引起食欲。在推荐菜品的时候应该注意：

第一，如果某个菜品没有供应时，应先道歉"对不起，今天生意特别好，××菜已经售完，您看××菜怎么样？"为客人推荐的菜肴应该与客人所点的类似，或者更有特色的菜品。

第二，推荐菜品时注意错开类型。

第三，如果客人表示要赶时间，尽量推荐出品比较快的菜。

2. 推荐酒水、饮品

服务人员要牢记酒水的名称、产地、香型、价格、特色、功效，饮品的种类、特点等内容，回答客人疑问要准确、流利。为了避免客人对餐厅酒水的价格、质量和服务质量产生怀疑，尽量不要出现类似"差不多""也许""好像"等含糊其词的回答。例如在推荐"××酒"时应该向客人介绍："××酒是我们餐厅目前销售最好的白酒之一，它之所以深受客人的欢迎，是因为制作该酒所用的矿泉水来自当地一大奇观'××泉'，××贡酒属于清香型酒，清香醇正、入口绵爽、风味独特，同时还是您馈赠亲朋好友的上好佳品，您选它我相信一定会令您满意的。"

(二)不同服务阶段的推介技巧

1. 餐前准备

客人走进餐厅的时候,就已经开始观察了,其目光从餐厅装饰与菜品的搭配扫视到餐前准备的餐桌摆台。在菜牌上附上专栏等相关信息;将酒杯与其他餐具一起摆在桌上;特价或促销活动,例如好酒论杯计或每月特选等;在餐桌上放置菜品酒水宣传卡。这些看似微不足道的细小环节,可能是顾客在走进餐厅以后最先注意到的内容,餐厅服务员在餐前准备时就应当从一些细小的环节中来挖掘推介技巧。

2. 用餐中

绝大多数进入餐厅的客人对自己今天吃什么,没有一个准确的概念。一个优秀的服务人员在与客人短暂接触后,应能准确判断出自己接待客人的消费水平在一个什么样的档次,只有判断准确才能有针对性地给客人推销菜点和酒水。

"酒过三巡,菜过五味",宴席随之会进入一个高潮。这时,服务员不失时机地推介酒店的菜品和酒水往往都能够获得成功。"各位先生打扰一下,看到大家喝得这么高兴,同样我也感到很开心,只是现在酒所剩不多,是否再来一瓶呢?"往往用餐客人中有人会随声附和"好,那就再来一瓶"。

将部分菜肴的烹调过程放在餐厅里完成,或者将某些菜点的最后烹饪过程让服务员在餐桌上完成。让客人看到菜肴的烹调过程,闻其香、观其色、赏其形,从而促使客人产生消费欲望,使餐厅获得更多的销售机会。对一些需要特别推销的菜点,可由服务员用托盘推送到客人桌边,先让客人品尝,如喜欢就点,不合口味可以点其他菜点。

案例 7-6

二次点菜时要了好酒好菜

上海某大饭店的一个餐厅内来了两位中年宾客。他们身着高级西服,口操不太标准的普通话。服务员把他们安排入座后,便开始请他们点菜。两位客人点了几个中低档的菜并要了几瓶啤酒。酒菜上桌后,他们便风卷残云般地吃了起来。客人的胃口很好,不一会儿酒菜都吃得差不多了。服务员走上前想问他们还需要些什么。

一位客人问她还有什么好的酒和菜。服务员心想,刚才点菜的时候他们没有点名贵的酒菜,现在又想要好的,可能只是随口问问而已,因此不以为意地告诉他们:"好酒好菜当然有,就是价钱太贵了。"

两人一听，顿时面露愠色，一位客人从随身带的皮包里拿出厚厚一沓100元的人民币，在服务员面前一放，然后操着生硬的普通话冷冷地说："好酒好菜只管上，我们有的是钱。"

服务员见此情景不禁一愣，连忙赔笑说："先生，不是这个意思，我是看你们吃得差不多了，以为你们吃好了。真是对不起，我马上去拿菜单，请您随意点菜。"这时，服务员一边劝服客人把钱收起来，一边取菜单。在她热心的介绍和推荐下，客人又点了一个高档菜、两杯高级法国酒。服务员善意地劝告他们，先品尝一下酒和菜，觉得好再继续要。

在服务员的耐心介绍和热情服务下，客人的不满终于消失了，一位客人向她点点头说："如果你在我们第一次点菜时也这样服务的话，我们就会更加高兴了。"

（来源：程新造，王文慧 星级饭店餐饮服务案例选析（第二版））

3. 菜上齐后

菜上齐后，首先要告诉客人："各位打扰一下，您的菜已经上齐，请慢用。若还有其他需要，我非常愿意为您效劳。"这样说有两层含义：一是要让客人清楚菜已上齐，看看与所点的菜是否一致；二是要提醒客人如果菜不够的话可以再加菜。

（三）针对不同顾客类型的推介技巧

1. 对儿童的推介技巧

小朋友到酒店就餐一般都是由父母带着，对于不是经常光顾餐厅的小朋友来说，对餐厅的一切都会感到新鲜。如果要问小朋友喜欢吃什么菜，他们一般都说不上来，但在挑选饮料上却恰恰相反。由于电视广告的作用，小朋友对饮料的种类如数家珍。在接待小朋友时，要考虑一下推介哪种饮料才能让他喜欢。"小朋友你好，你喜欢喝牛奶、果汁吗？非常好喝，如果你喜欢的话，阿姨帮你拿好吗？"

对小朋友尽可能提供一些花色品种丰富、造型生动别致、吃起来又比较方便省事的菜点，多给一些特别的关照，会使儿童的家长倍感亲切；餐厅设有儿童娱乐区，可提供玩偶摆件，为儿童在餐厅创造欢乐的气氛，同时提供儿童座椅、儿童围兜、儿童餐具，赠送小朋友礼物，礼物也可以起到宣传餐厅的效果。

2. 对老年人的推介技巧

给老人推介菜品时要注意菜肴的营养结构，重点推荐含糖量低、易消化的食品或者软嫩不伤牙齿的菜肴,"您老不如品尝一下我们酒店的这一道菜,它的名字叫脆糖豆腐。这道菜的特点是吃起来像豆腐,但是用蛋清等原料精制而成,入口滑嫩、味道鲜香,有丰富的营养价值,因其外形酷似豆腐,所以我们就把它称为'脆糖豆腐'。我相信一定会让您满意的,同时也祝您老福如东海,寿比南山"。

3. 对情侣的推介技巧

恋人去酒店用餐不是真的为吃菜肴,而是"吃环境",浪漫的就餐氛围会吸引更多的情侣光顾。服务人员在工作中要留心观察,如果确定就餐的客人是情侣关系,在点菜时就可以介绍一些有象征意义的菜,比如"拔丝香蕉"象征甜甜蜜蜜、如胶似漆等。同时服务人员可以针对男士要面子,愿意在女士面前显示自己的实力与大方,并且在消费时大都是男士掏钱的情况,可适当推介一些高档菜。

4. 对挑剔客人的推介技巧

在日常接待服务工作中,服务人员经常会碰到一些对餐厅"软件"和"硬件"评头论足的客人。对于爱挑毛病的客人,首先要以自己最大的耐心和热情来服务,对于客人所提意见要做到"有则改之,无则加勉,不卑不亢,合理解答"。要尽可能顺着客人的意思去回答问题,在推介饭菜和酒水时要多征求客人的意见,比如"先生,不知您喜欢什么口味的菜,您不妨提示一下好吗?我们会最大限度地满足您的需求"等,同时要切记,无论客人如何挑剔,都要以灿烂的微笑对待。

5. 对犹豫不决客人的推介技巧

有些客人在点菜时经常犹豫不决,不知道该点哪道菜好。从性格上讲这种客人大部分属于"随波逐流"型,没有主见,容易受到别人的观点左右。因此,面对这些客人,服务人员要把握现场气氛,准确地为客人推荐酒店的招牌菜、特色菜,并对所推荐的菜品加以讲解。一般这类客人很容易接受推荐的菜肴,很多情况是客人选了半天什么都没点,所点的全都是服务员推荐的。当客人想点某道菜但心里或多或少还有点犹豫时,服务员可以趁热打铁说:"这样,这道菜我关照一下总厨,让他亲自为您做。"

6. 对消费水平一般客人的推介技巧

一般来说,工薪阶层客人的消费能力相对较弱。他们更注重饭菜的实惠,要求菜品价廉物美。在向这些客人推介菜品时,一定要掌握好尺度,要学会尊重他们,如果过分、过多地推介高档食品会使他们觉得窘迫,很没面子,伤害客人自尊心,容易使客人产生店大欺客的心理。所以在推介高档菜品、酒水时,要采取试探性的推介方法,如果客人坚持不接受,那么就需要服务人员转过来在中低档菜品、酒水上做文章。切记，消费水平不高的客人同样是酒店尊贵的客人，厚此薄彼会使这些客人永不回头。

三、对客推介的语言

在推介的过程中要注意度的把握，切忌为了推介而推介，一旦引起顾客的反感，不但不能推介餐厅产品，严重的还会让顾客产生负面情绪，顾客满意度下降带来的损失远远在推介菜品酒水的价格之上。

语言是一种艺术，不同的语气、不同的表达方式会收到不同的效果。例如，服务人员向客人推介饮料时，可以有以下几种不同的询问方式，一问"先生，您用饮料吗？"二问"先生，您用什么饮料？"三问"先生，您用啤酒、咖啡或茶？"很显然第三种问法为客人提供了几种不同的选择，客人很容易在服务人员的引导下选择其中一种，可见第三种推介语言更利于成功推介。

针对一些客人求名贵、讲阔气或求价廉的心理，为他们提供两种不同价格的菜点，任其挑选，由此可满足不同的需求。

由此可见，运用语言技巧，可以大大提高推介效率。

表 7-1 不同情景的语言技巧

技巧	情景	推介语言举例
加法	客人向你咨询，其喜宴席单上还应配点什么菜。	"这桌席只有凤没有龙，如果加上一只龙虾就龙凤呈祥了。"
	寿宴客人咨询你，寿宴席单上还应配点什么菜。	"这桌寿宴中加上一只甲鱼就增加了寿字的意义。"
减法	当客人犹豫要不要点这道菜时。	"不到长城非好汉，不吃烤鸭真遗憾。"
		来四川不吃江团，过了这个村就没有这个店了。
乘法	"你这个菜怎么这么贵，卖28元一份？"	"这里面有十几种原料，要用多种烹饪技法制作，在家里是做不出来的。"
除法	"这份香辣蟹怎么这么贵？"	"这是两斤重的海蟹啊，8个人吃，1个人才几块钱，不贵！"
借用他人之口法	借用具有一定身份的消费者的话来证明和推介的菜品。	"张总最喜欢吃这个菜。他说这是他最近吃到的最好的菜。" "黄经理每次都要点这个菜。" "著名美食评论家×××对这道菜大加赞赏。"

<<< 案例 7-7 >>>

餐厅指定的推销菜

两位衣着讲究的山东客人，来到北京某四星级饭店的粤菜餐厅用餐。餐厅内装潢华丽精致，中央还有演员在为食客们演奏民乐，环境显得十分幽雅。

服务小姐为客人端上茶水和手巾后，便递上菜单等候他们点菜。其中一位先生看了看菜单后问道："小姐，你们这里有没有红烧鲤鱼？"

"对不起，先生。今天正好没有这道菜，红烧类的高级菜肴有红烧大裙翅和红烧鲍鱼。这是我们这儿的风味菜，也是今天餐厅指定的推销菜，欢迎两位品尝。"服务小姐面带微笑地推荐着。

"我就喜欢吃红烧鲤鱼，什么指定推销不指定推销的与我们没有关系。难道不点鱼翅和鲍鱼就不能在这里吃饭吗？"

"先生，我不是这个意思。我是想让你们品尝一下地道的粤菜风味。我推荐的菜，口味比红烧鲤鱼要好得多，况且红烧鲤鱼在哪里都可以吃到，但鱼翅和鲍鱼则只能在高级餐馆和饭店的餐厅才能吃到。您二位来到我们宾馆用餐，难道不想尝尝由正宗粤菜厨师加工的菜吗？"小姐继续不厌其烦地对客人进行推销。

"我们要想吃正宗的鱼翅和鲍鱼就不到这里吃了。广东、香港的鱼翅都是正宗的，况且你这样推销实际上是看不起我们。既然没有红烧鲤鱼就算了吧。"客人说着，站起身就走了。

服务员不知所措地望着他们的背影，她实在想不通为什么客人会不满意而离去。

（来源：程新造，王文慧 星级饭店餐饮服务案例选析（第二版））

第四节　康养旅游餐饮产品的开发与创新

在竞争十分激烈的餐饮市场，康养餐饮企业的崛起和发展壮大必须依托于产品的不断创新，满足消费者的新需求，只有不断注入新鲜血液，才能在市场竞争中立于不败之地。

一、康养旅游餐饮产品创新的原则与意义

（一）康养旅游餐饮产品创新的原则

康养餐饮产品的创新既要秉承一般菜品创新的原则和理念，又要充分结合康养特色，坚持贯彻好健康与营养膳食原则，为顾客提供个性化配餐服务。

1. 食用为先

餐饮产品，最首要的是追求其食用性。在创新时，让消费者感到好吃、有食用价值，产品才有生命力。不要一味地只追求新奇怪异和看起来美观，而忽略口感。

2. 注重营养

康养餐饮产品的创新，营养健康是其出发点和落脚点。如今，膳食营养的观点已深入人心，未来餐饮消费需求更讲究清淡、科学和保健，产品的创新与设计要充分利用营养配餐原则，创作绿色健康养生餐。

3. 关注市场

在菜品创新的过程中要充分了解目标客户市场的需求，针对不同的顾客群体为其设计适合其健康状况的营养餐。

面对国外客人，主要做好西餐营养餐的开发，使用健康的西餐烹饪方法，创新菜品口味，带给客人新的味觉体验。另外，可尝试将中医药膳融入西餐菜肴烹制，中西融会贯通。面对国内客人，主要针对不同的群体量身定制不同的菜品和饮品。

4. 适应大众

菜肴创新的方向还是要适应大众，无论是口感、原料还是色彩搭配，都应符合大众的审美标准。康养餐饮菜品不仅有针对亚健康群体的药膳，更有适合广大健康群体的营养健康餐。

（二）康养旅游餐饮产品创新的意义

1. 适应社会发展的需要，更是康养餐饮业市场竞争取胜的重要法宝

产品创新是餐饮行业适应市场发展的必然要求，康养餐饮作为餐饮行业的新生力量，结合消费群体对健康养生产品的需求，积极开发和创新康养特色产品是康养餐饮业市场竞争中不可或缺的重要手段。

2. 满足人们生活上和心理上的消费需求

康养餐饮产品创新要求餐饮工作者在国家提出的"健康中国2030"大背景下，顺应人们追求健康饮食的大趋势，结合康养特色，积极开发与创新出满足人们所需的健康养生产品。

3. 促进康养餐饮文化的发展

康养餐饮产品的创新离不开对康养文化的渗入，它要求烹饪工作者深入了解康养文化，做好文化与菜品的融合，有文化的菜品更有灵魂，也更能满足消费者对菜品内涵的追求，也有助于传承与发展康养文化。

4. 促使康养餐饮工作者不断提高自身专业技能与综合素质，增强创新能力

菜品创新是对餐饮工作者的一项挑战。他们需不断学习新的知识和技能，开拓思维、积极探索，提高自身综合素质和创新能力，才能更好地适应不同条件下的工作环境和市场竞争。

二、康养餐饮产品开发与创新的方法

（一）深挖本土特色，开发特色餐饮产品

1. 特色康养餐饮菜品的开发

一方面，烹饪原料的选择可依托地域资源优势，充分结合地方特色，搜集地方绿色生态、健康的食材，在原料的选取上做到"你无我有，你有我优"，充分利用不同类型的康养旅游资源开发不同类型的康养餐饮产品，做出特色和品牌。另一方面，在原料的利用上，可探索"土料洋用"、药材菜用和一料多用，在此基础上推陈出新。

知识拓展1

2. 特色康养饮品的开发

康养饮品的开发与创新要深挖本地特色资源，特色茶、药食同源的中草药、绿色生态果蔬、天然医疗矿泉水等都可作为特色饮品的原材料。

知识拓展2

（二）针对不同顾客群体，量身定制健康餐饮产品

一方面利用好中医传统养生食疗法，做好中医和餐饮的深度融合，在康养餐厅建立中医食疗馆，配备专业的中医坐诊，针对每个客人的身体特点，制订个性化的养生食疗方案；另一方面利用好科学技术，建立现代化的健康饮食管理中心，科学地为人们制订营养膳食计划，普及食物营养健康常识。

1. 老年群体

（1）菜品开发

老年人对健康和养生尤为关注，他们身体常患有高血压、高血脂等一些慢性疾病或处于亚健康状态，针对这类人群，主要开发对相关疾病有调理作用的中医药膳。菜肴的开发既要绿色生态又要充分融入地方特色和文化。

（2）饮品开发

老年群体对饮品的需求更多偏向于降血压、血脂，缓解心脑血管等慢性疾病，调理身体。比如药酒具有良好的益气补血、滋阴温阳的功效，还能抗衰老、延年益寿，适量饮用非常有助于老年人调养身体；另外，养生中药茶饮也是不错的选择，将一些药食同源的中药材如薏米、龟苓膏、黄芪、茯苓等加到饮品里，探索兼具药效和口感的功能性创新药饮。

2. 青年女性

（1）菜品开发

青年女性追求低脂低卡、美容养颜，要求菜品既美味又好看。为满足这类消费者，可以开发美味低脂营养餐、美容养生汤、精美素食，烹饪上控油、控盐，注重味美的同时打造形美，抓住女性喜爱拍照晒图的心态。

（2）饮品开发

女性群体对饮品的需求更多是低热量、减肥、美白、抗衰老。补气益血、美白养颜、减脂养肤的各种汤品及养生花茶是适合她们的良品。

3. 青年男性

（1）菜品开发

青年男性工作压力大、高血压、高血脂、酒精肝人群也越来越多。可以着力开发一些改善睡眠、清肺护肝、壮阳固肾的养生药膳。

（2）饮品开发

伴随着现代社会的快节奏、高压力，加班熬夜、过度劳累是大多男士的生活常态，睡眠障碍也成了困扰他们的一大问题。可探索、开发健康助眠的功能性饮料和提神醒脑、补肾护肝的养生茶。

4. 儿童

（1）菜品开发

儿童大都追求新奇独特，且容易出现挑食等问题，绿色无公害、健康均衡是大多数家长的诉求。对此类人群，要在原材料、配料和调料的选择上特别注重绿色无添加。同时，在菜式上追求新颖奇特，可制作成卡通、动漫造型，充分吸引儿童的眼球，让他们爱上吃饭。

（2）饮品开发

儿童对饮品的营养价值和口感需求较高。以植物果仁、果肉为原料的植物蛋白饮品富含高蛋白、氨基酸与维生素，既能满足青少年对营养的摄取，又具有良好的口感。此外，绿色天然的果蔬汁也是适合他们的健康饮品。

（三）色彩创新，注重颜色养生

菜品色彩的创新一方面要把握好每道菜肴的固有色、光源色与环境色的配合，使菜肴呈现出五彩缤纷的色彩效果，给客人一场味觉与视觉的双重盛宴。

另一方面，天然食物的营养与它们的颜色息息相关，关注食物颜色养生是康养餐饮菜品创新的一个新方向。中医认为，五色配五脏，不同颜色的食物对应滋养人不同部位的脏腑。

1. 黑色食物养肾

中医认为，黑色食物能补肾气，同时也具有抗衰老、抗癌等功效。针对男性客人和老年人，在做康养菜品的开发时可多选用一些黑色食物，如黑豆、海带、黑芝麻、乌骨鸡等。

2. 青色食物养肝

中医认为，青色食物主要有疏肝解郁、清肝明目、消除疲劳等功效，如各种绿色果蔬对用眼量大的白领和学生族颇为适宜。

3. 红色食物养心

中医认为，红色食物能增加心脏之气，有补血、补阳功效，如西红柿、红萝卜、西瓜、红枣、红皮花生等，对养心护心人群很适合。

4. 黄色食物养脾

中医认为，黄色食物能增加脾脏之气，如黄豆、黄玉米、黄南瓜等，它们特别适合高血脂的中老年人食用。

5. 白色食物养肺

中医认为，白色食物有滋阴润肺的功效，如白萝卜、百合、白蘑菇银耳等，适合开发秋冬季增补肺气的菜品。

图 7-7　多彩的食物

(四)口味形态创新,注重五味调和

中医认为,五味偏嗜会导致脏腑功能失衡,影响人体健康。过食酸味易伤筋脉,过食甜味易阻气,过食苦味易伤胃,过食辛味易上火,过食咸味易伤血脉而致血压高。因此,在康养菜品制作时要注重五味调和。

人们对饮品的需求除了健康营养之外,口感也非常重要。单一的茶饮、奶制品已经无法满足人们的多元需求,要积极探索开发组合新口感。果纤维与牛奶的混合,营养又丝滑,苏打水与气泡水的有机碰撞,奇妙无穷。

(五)烹饪技法创新

烹饪技法有几十种之多,每一种都有其特点,烹饪师在掌握传统技法的基础上,要不断学习和探索新的烹饪技法,避免烹饪过程中食材营养的流失,向烹饪标准化、科学化和现代化方向发展。

(六)立足健康生态,创新盛菜器皿和饮品包装

1. 盛菜器皿创新

美食还需美器配,盛器的合理选用与搭配更能凸显菜品的艺术美。在器皿材料的选择上不拘泥于传统材质,可选用环保、绿色材质,如树叶、花瓣、蔬菜和水果的外壳等,展现自然、生态、和谐之美。

图 7-8 用竹筒形器皿盛装的菜品

2. 创新饮品包装

现代人对饮品的追求越来越关注颜值,拍照晒图已经成为年轻人重要的社交方式,精美新颖的产品外包装也是吸引顾客的重要因素。绿色环保又不失新意的植物、水果外壳,可食用的大米材质吸管等都可作为饮品的包装。

(七)康养文化的融入

中国的餐饮文化源远流长,不同类型的康养旅游资源可发掘不同的康养

餐饮文化，如禅文化、道文化、茶文化、中药文化等。可结合地方特色康养文化，将其有机融于产品的开发和创新中，利于形成有内涵、有灵魂的康养餐饮特色产品。

本章小结

本章主要介绍了营养平衡的概念、营养配餐的基本原则、餐厅对客推介的要点以及不同服务阶段的推介技巧，分析了一般人群和特定人群的餐饮营养配餐基本原则及要求、康养餐饮产品创新的意义。通过本章的学习，让学习者了解营养餐厅健康环境的重要性、建设营养健康餐厅的要求，能够有针对地对一般人群和特定人群提供个性化的营养平衡指导、配餐、推介和进行康养餐饮产品开发创新，具备康养旅游餐饮从业人员的职业素养。

思考与练习

一、名词解释

营养平衡　对客推介

二、问答题

1. 对于老人，餐饮营养平衡指导应注意哪些方面？
2. 对于一般人群，餐饮营养膳食配餐的原则是什么？
3. 餐饮营养配餐的基本要求有哪些？
4. 对客推介的要点有哪些？
5. 对犹豫不决的客人如何对客推介？
6. 康养餐饮产品的创新有哪些方法？
7. 康养餐饮产品的创新应遵循什么原则？

三、实践题

1. 请同学们采取查阅书籍、搜索网络资源或者校企合作酒店开展调研，选取适合儿童、老人、素食者的菜品，并进行2~3分钟的菜品介绍。
2. 请结合当地本土文化，设计一款具有地方特色的康养餐饮菜品。

参考答案

第八章

康养旅游主题餐厅与康养主题宴会

本章重点

随着人们健康、养生意识的不断提升,康养旅游主题餐厅及康养主题宴会也越来越受到人们的青睐。康养旅游主题餐厅是以饮食的健康、养生主题为特色吸引的场所,希望人们通过餐厅环境氛围的营造怡情养性,通过合理膳食的搭配达到养生保健、美容美体的目的。康养主题宴会则是借助餐厅营造的健康、养生环境,以提供健康、养生的饮食为特色,按照一定规格提供相应服务的特色宴会。

作为康养旅游主题餐厅,需要运用各种手段与方式来凸显所要表现的主题,客人通过餐厅的设计与布局来认识其所倡导的康养文化,体验康养文化的外在魅力。作为康养主题宴会,需要通过餐饮台面的设计、物品的摆放,来迎合主题餐厅所需要呈现的康养文化。康养旅游主题餐厅与康养主题宴会两者之间是相辅相成,相互成就的。

学习目标

了解康养旅游主题餐厅的风格定位，掌握康养主题宴会台面设计的原则、方法，熟悉康养主题宴会菜单设计的内容，全方位提升餐厅的康养主题特色，刺激消费者产生消费动机，并得到良好的体验。

本章思维导图

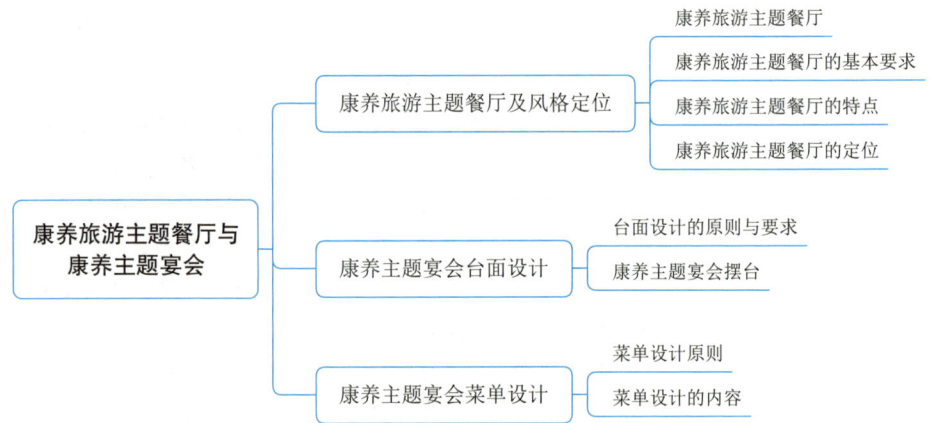

第八章　康养旅游主题餐厅与康养主题宴会

第一节　康养旅游主题餐厅及风格定位

在健康中国战略与人民消费转型升级大背景下，康养产业带来巨大发展机遇，大力发展康养旅游产业成为旅游经济的新亮点。随着主题餐厅在国内的迅速发展，人们对主题餐厅的环境氛围营造及空间设计布局有了更高的要求。康养旅游主题餐厅是主题餐厅中的一种类型，是康养旅游要素中"食"的重要载体，同时它还是展现饮食健康及养生文化的重要窗口。因此，在康养旅游主题餐厅筹建过程中，餐厅主题风格的定位就显得尤为重要。

一、康养旅游主题餐厅

康养旅游主题餐厅是以康养文化主题为中心，在设计、建造、经营管理与服务环节等方面通过环境氛围的营造、合理膳食的搭配，能够为顾客提供怡情养性、养生保健、美容美体等独特消费体验的旅游餐厅。

与传统餐厅相比，康养旅游主题餐厅在满足人们就餐功能的基础上，还要从其特有的主题角度出发，营造出一个完整的健康养生空间。这一空间应以康养文化主题为核心，其环境、装饰、服务等各方面都需要围绕该核心进行，也就是说康养旅游主题餐厅应当要体现丰富的康养文化主题特色，并以此来吸引受众群体。

康养旅游主题餐厅为顾客提供的不仅仅是一个饮食所需的场所，还是一个将康养文化与饮食、心情、意境相融合的休闲健康养生场所。通过餐厅的空间布局、氛围营造、产品与服务，使顾客能够通过"五感（即视觉、听觉、嗅觉、味觉、触觉）"融入所期望的主题情景空间中，体验独特康养文化所带来的身心满足与享受。

◁◁◁ 案例8-1 ▷▷▷

康养主题餐厅赏析——千金食疗养生餐厅

陕西千金药局集团投资兴建的千金食治养生餐厅，是一家集"食"与"疗"于一身的新型药膳餐厅。餐厅的饮食观念秉承药圣孙思邈在《备急千金要方·千金食治》中"夫为医者，当须先洞晓疾源，知其所犯，以食治之，食疗不愈，然后命药"的中心思想，将食疗列为医治疾病诸法之首，将食治的理念回归到饮食生活方式之中，根据日常所食的果、菜、谷、肉的性味，不同的时节里采用不同的膳食疗养方法，从而达到颐神养性的效果。

　　这家餐厅提供的不光有适合大众口味的普通食治菜肴，而且利用坐堂名医荟萃的优势，向广大食客提供私人定制，即嘉宾可根据自己的身体状况，由坐堂名医开出食疗处方，嘉宾可持处方直接到二楼餐厅，由专业厨师现场烹制，一人一方，让每一位宾客的身体都得到适合自己体质的滋补。

　　据介绍，千金食治养生餐厅的菜品，查阅了大量的历史文献，特别是孙思邈的不朽著作《千金方》中涉及食疗的"千金食治"的内容，结合现代人的饮食口味研制而成的。这里的每一页菜单，都包藏着一片乾坤；每一道名菜，都在凝聚着一段历史；每一盘佳肴，都讲述着一个传奇；每一种小吃，都传递着一份极具特色的地域文化……

二、康养旅游主题餐厅的基本要求

　　宋代易学家程颐在《周易程氏传》中曾提到"物有饰而后能亨，故曰'无本不立，无文不行'，有实而加饰，则可以亨矣。"意思是说，任何事物要加以修饰之后才能够亨通。"无本不立，无文不行"指亨通前提条件需要"本"与"文"。康养主题餐厅的"本"与"文"就是康养文化主题，只有将康养文化与其表现形式有机结合起来，才能够在竞争激烈的餐饮市场中占有一席之地。康养旅游主题餐厅在选择康养文化主题资源时应满足以下基本要求：

（一）康养旅游主题餐厅要符合餐厅的特性要求

　　康养旅游主题餐厅不是展览馆，也不是旅游景点，本质上还是餐厅，因此，在设计布局时最基本的要求就是康养主题资源范围的选取与确定必须要符合餐饮经营、管理与服务，必须能够满足消费者的消费需求。这就要求康养旅游主题餐厅的设计与布局不能降低专业化的管理水平与服务水平，不能降低消费者的消费体验。同时，在设计布局时不能以牺牲餐厅的经济利益为代价，要充分考虑餐厅的投资回报率。

（二）餐厅要以康养主题为中心构筑整体系统

　　康养旅游主题餐厅绝不是提供部分养生菜品或者在餐厅各个功能区装饰一些健康养生文化符号，它要在细分康养主题后，围绕该主题构建完整的经营管理服务体系。一方面，餐厅的内外装修装饰风格与氛围营造要符合主题需求。另一方面，餐厅的软环境设计即服务项目的设计、服务流程与规范的设计也要与主题相契合。

（三）康养主题资源的选取要有差异性

康养旅游主题餐厅的开设迎合了市场需求，其创设的目的是开拓餐饮细分市场类型、丰富原有养生餐饮的内涵、提升餐饮产品的品位。因此，所选取的康养主题资源要有利于餐厅差异化战略的形成。其一，所选取的康养资源内涵要具有吸引力，能够引发消费者的兴趣和认同。其二，所选取的康养元素内涵要具有挖掘潜力，便于餐厅餐饮产品的研发与创新。其三，所选取的康养元素要具有独特性，能够与区域独特的养生文化结合起来是最佳选择。

三、康养旅游主题餐厅的特点

康养旅游主题餐厅与养生特色餐厅不同，养生特色餐厅大都只是在菜品上有所突出，而康养旅游主题餐厅要将所表达的康养文化元素体现在餐厅的空间布局、装饰风格、饮食、服饰等各个方面。康养旅游主题餐厅的特点主要体现在主题性、差异性、体验性三个方面。

（一）鲜明的主题性

康养旅游主题餐厅区别于其他主题餐厅的最大特点就在于其鲜明的康养主题特色。康养文化是餐厅设计布局的依据，有了明确的主题，才能够深挖其文化的精髓与意义，才能够塑造出协调的康养文化空间，营造出协和的康养文化氛围，使消费者能够感知到餐厅的文化内涵，得到身心上的满足。

（二）独特的差异性

通过对各种各样养生文化内涵的挖掘与筛选，确定餐厅要体现的康养文化主题，展现出与其他主题餐厅的差别，与其他康养主题文化的差异，让消费者能够快速识别。

鲜明的差异性能够给消费者带来独特的记忆、深层次的文化享受，引起心灵上的共鸣。对于消费者而言，选择康养旅游主题餐厅已经不单单是为了饱腹与猎奇，更多的是渴望在餐厅中能够寻求到身心平衡的满足。在康养文化的范畴里，我们可以提取素食文化、茶文化、药膳文化、禅道文化等主题，无论选取哪种都要求餐厅要有特色、差异性，这样才能够吸引消费者前来就餐。

（三）沉浸的体验性

当今社会，消费者越来越重视主题餐厅带来的精神享受与满足。因此，康养旅游主题餐厅的主题文化内涵不仅要体现在外在的显性因素方面，还要渗透到内在的消费体验中去。通过空间装饰与环境氛围的营造，使消费者首先在视觉、触觉、听觉方面感知餐厅所要彰显的康养文化；通过饮食，使消费者在味觉、嗅觉等方面体验康养餐饮文化的精髓；通过服务方式的体验，彻底融入餐厅营造的康养文化主题中。

案例 8-2

三摩地素食茶艺空间

位于北京朝阳区的三摩地素食茶艺空间，曾荣膺"中国十大魅力养生餐厅"的称号。三摩地素食茶艺空间专做素食，将佛家"住心于一境而不散乱"的理念融于餐厅设计与美食之中。

店主是香薰师出身，所以营造一手店堂好檀香——连天花板都由日本进口北海道海藻泥打造，个中更有养生之说。餐厅环境总体淡泊清雅，空间隐藏较深，最里处甚至藏匿了一个十平米的佛堂，内设置佛家开光之物，均可请走，最抢眼的当数台湾出品的多尊华美佛像，价位数万元不等。餐厅服务员素雅养眼，男生黑色中山服，女生宽袍大袖袅袅婷婷，含蓄友好，颇符合素食餐厅宁静致远气质。

（来源：http://www.sina.com.cn 中奢网）

四、康养旅游主题餐厅的定位

康养旅游主题餐厅的定位应综合考虑以下因素的影响：

（一）市场因素

1. 目标客户

康养旅游主题餐厅的市场分析相比较普通餐厅要更加细致。餐饮经营者在确定好目标客户市场后，要充分分析客户需求以及客户的购买能力。依据目标客户的消费目的、消费习惯及消费喜好确定合适的康养细分主题，作为餐厅规划建设的基础。

2. 竞争者

餐饮市场竞争已经进入白热化阶段，在相同的市场空间中，为实现持续的最大化效益，需要对竞争对手进行精准分析。关注主要竞争者的目标客户群体、餐厅的区位分布以及同一区域内竞争者对康养主题类别的选择。

通过对目标客户与竞争者的分析，形成康养旅游主题餐厅主题资源选取的"文化需求坐标"。

（二）资源因素

资源因素指主题选择的丰富程度与品质高低。康养旅游主题餐厅的资源选取主要来自两个方面：一是所在地区固有的人文、自然资源，这是餐厅主题定位的基本素材。要对所在地区的资源进行全方位分析，形成选择趋向。二是资源价值，即对所选取资源进行深度挖掘，分析该资源在市场中的认知度与影响力，衡量该资源的市场转化价值与潜力。

资源的丰富程度决定着餐厅主题选择的范围大小与难易程度，资源的价值影响着顾客的喜好和餐厅的可持续发展能力。因此，康养旅游主题餐厅在定位过程中，要充分考虑两者之间的关系。

（三）经济因素

经济因素包括区域经济发展水平，经营者投资能力、餐厅建设成本等。区域经济发展水平影响着目标客户市场的消费喜好、消费能力与客源市场规模的大小。经营者的投资能力与建设成本影响着餐厅主题化的深度。因此，康养旅游主题餐厅的建设要充分考虑经济因素，确保选择的主题具有可实现性、可操作性。

（四）社会因素

康养旅游主题餐厅的出现与发展很大程度上是受到社会环境的影响。随着人们对健康养生观念认知的提升，康养旅游主题餐厅也如雨后春笋般出现。选择何种康养主题资源作为餐厅的核心，需要关注现实社会环境因素，关注区域未来发展规划。同时，居民生活消费观念的变化也会对康养旅游主题餐厅的健康发展产生影响。

（五）经营因素

康养旅游主题餐厅的经营管理与其他餐厅一样，需要不断适应市场的变化，及时做出适当的调整并能够不断的创新。因此，管理团队的能力水平、决策水平、创新意识与能力，员工的专业化程度都会对餐厅的主题定位，主题化的展现、创新产生巨大的影响。

第二节 康养主题宴会台面设计

康养主题宴会台面设计是针对康养类宴会主题，运用美学、食品营养、消费心理等知识，将各种具有康养文化主题的台面用品进行设计摆放，使得台面不仅具有艺术观赏性，还具有实用推广性。

康养主题宴会台面设计，不仅要求台面色彩协调，而且要求台面用具统一配套，宾客通过餐桌各类器物的规格、摆放与效果的呈现，就可以看出宴会呈现的康养主题、内容，以及宴会的规格、等级，同时餐台艺术环境与主题氛围的营造能够吸引宾客的艺术兴趣，烘托宴会气氛，增进宾客食欲。

一、台面设计的原则与要求

（一）台面的种类

由于康养主题文化、风格的不同，康养主题宴会台面的种类有很多，通常按照餐饮类别可以分为中式康养宴会台面、西式康养宴会台面、中西合璧式康养宴会台面。

1. 中式康养宴会台面

中式康养宴会台面一般使用中式圆桌和中式餐酒具，圆桌依据桌面直径，常见规格有 1.5m、1.8m、2.0m 等，餐具一般包括骨碟、味碟、汤碗、汤勺、筷架、筷子及酒杯。

2. 西式康养宴会台面

常见的西式康养宴会台面主要为长条桌和西式餐酒具，餐具包括展示盘、面包盘、黄油碟，各类餐叉、餐刀、餐勺、餐盘、酒杯等。

3. 中西合璧式康养宴会台面

中西合璧式康养宴会台面主要是指在中餐圆桌台面上，餐具依据菜品进行混搭，既有中式的筷子、汤勺，也有西式的刀叉。

<<< 案例 8-3 >>>

中式康养宴会台面赏析

图 8-1　主题名称：禅韵清荷

此餐台采用传统中式宴会摆台形式，选取直径为 1.8m 的圆形餐桌，主题取材于禅文化，主题设计以荷花、莲花的纯洁烘托出禅的清净圆明，重在突出禅的内涵——简单、天然、淳朴。桌面餐具选取带有荷莲图样的骨碟、味碟、汤碗、汤勺、筷架、筷子、不锈钢勺、牙签等，酒具选取晶莹剔透水晶质地的红酒杯、白酒杯与水杯。

（图片及文字资料来源：2015 年全国职业院校技能大赛高职组中餐主题宴会设计赛项 参赛单位：河北旅游职业学院）

（二）台面设计的原则

1. 挖掘台面设计中的康养文化内涵

自古以来，中国就有丰富的健康养生文化，为康养主题宴会进行餐台设计奠定了深厚的文化基础。康养主题宴会台面设计需要深度挖掘康养文化的内涵，没有文化内涵，餐台就会缺失生命力，无法让顾客在用餐过程中产生精神上的共鸣。

2. 将美学融入餐台设计的全过程

康养主题宴会餐台在设计过程中，要将美学元素充分贯穿于设计的始终。餐台设计者要具备一定的审美情趣与艺术修养，考虑不同康养文化的特质与表现特色，掌握不同类型客人的消费喜好与审美情趣的差异，在台面色彩选取搭配、中心装饰物设计摆放、餐饮器具选取等方面营造出浑然天成且契合主题的台面。在设计过程中还要考虑主题台面与餐厅环境布置的呼应关系。

3. 色彩搭配和谐

在设计康养主题宴会台面时，要依据选定的康养主题文化类型先确定一个主色调，通常这个主色调表现在台面布草颜色的选取、中心装饰物主色调的选取，主色调的选取要与设定的主题契合，才能完善和丰富宾客对预先设定主题的感知。确定好主色调后，考虑不同区域细节配色的选取，注意同类色与对比色的合理运用，以达到主题餐台设计的最佳色彩视觉效果。

<<< 案例 8-4 >>>

康养宴会台面赏析

"归园田居"借用陶渊明诗歌的意境表达了热爱自然、回归自然的一种生活态度。希望借此主题让繁忙的都市人受到感染，开始去探寻自己的内心。

图 8-2　主题名称：归园田居

　　中心艺术品所用材料均取自自然，亲手制作，用以表达亲近自然之感。中心艺术品的造型为一个幕天席地的农家小院场景，爬满藤蔓的篱笆围成的小院，并不设门，敞开欢迎左邻右舍、亲朋好友的光临；中心部分的木桌上放置着归隐主人的笔墨，还有刚刚完成的墨宝，仿佛还能听到人们的谈笑声；院里还储有一缸美酒，偶尔小酌一番，怡情养性；院落背靠山石，山后有一树，斑驳树荫给人们带来一丝凉爽。

　　采用古朴造型的餐具，粗糙的质感却又不失精巧的设计，颜色纹理均神似大自然中的山石，表达回归自然之意，烘托主题。

　　底台布以藏蓝色交错条纹象征着山石河流和树枝等自然元素，上台布采用粗棉麻材质，与底台布搭配和谐大方，椅套样式简单、质感舒适、颜色素雅，不做过多修饰，与台布一起组合成一个稳固而温柔的怀抱，托着寻求自然、归隐山林的人。

　　主题牌采用整块竹片制成，取材天然，上刻主题名称。

（图片及文字资料来源：2015 年全国职业院校技能大赛高职组中餐主题宴会设计赛项 参赛单位：长沙商贸旅游职业技术学院）

（三）台面主题类型

1. 以特定养生理念为主题

　　通过对中国养生文化的挖掘，整理具有地方养生文化特色的康养主题宴会，结合当代宴会设计的特点，设计出内涵丰富、品位高雅的康养主题宴会。

　　（1）反映地域康养文化的主题。如青岛崂山，自古就被誉为海上道教名山,而中国历史上"食补"和"食疗"的发展都得益于道家养生学说的促进,丰富的山海文化、道家养生文化,是人们心目中养生休闲的绝佳之选。通过挖掘崂山道家文化的特点,结合青岛的山海地域特色,可以设计出恬淡雅静、令人神往的主题台面。

（2）反映季节康养理念的主题。古人讲究要顺应天时,以万物生发取得天地之精气,获得最高的营养价值,结合地域食材特色可设计出特色季节养生宴。如案例 8-5,是以河北地区的饮食特色融合北方"吃春"的养生说法,设计出的春季养生宴。

季节养生宴会台面设计赏析

图 8-3　主题名称：一夜春风醉红玉

作为中华民族的发祥地之一,河北历史悠久、民风淳厚、平原广袤、四季分明。自古农耕文明使人们更注重节令变换,讲究冬伏春出。尤其在春季,民间素有"吃春"说法。"闻道郭西千树雪,欲将君去醉如何"。春回赵州,梨花开就,玉桥似虹,醉在其中。台面描绘出了一幅在河北大地上花下踏春、桥边酣饮、轻歌缓奏的春日画卷。菜品设计注重原料搭配和春季养生,鲜嫩可口、绿色健康。

（图片及文字资料来源：2015 年全国职业院校技能大赛高职组中餐主题宴会设计赛项 参赛单位：河北政法职业学院）

2. 以特定养生食品为主题

食品原料的来源极其广泛，通过对食品原料的合理搭配，深入挖掘食材的康养特色，将其特点进行多样化的呈现，可以给宾客耳目一新的感受，如野菜宴、河鲜宴、豆腐宴、百笋宴、椰子宴等。

（1）以季节性食品为原料的主题宴会。一年四季，春夏秋冬，每个季节都有独特的食材，依据季节的不同、节气的不同选取特定的食材作为宴会的主题。选取食材原料时要注意食材本身蕴含的饮食、文化价值要能够支撑起主题宴会的分量。如案例8-6，是以荷花、新鲜莲子、莲藕为主题元素，设计以"荷"为主题的宴会。

<<< 案例 8-6 >>>

季节性食品为原料的主题宴会赏析

图8-4　主题名称：荷韵

台面选取当季荷花为宴会的主要元素，中心装饰物选取荷叶造型和图案的莲花缸为装饰，中间配以荷花，不仅凸显主题，而且台面素洁高雅。台布独具匠心地选择了一条荷花图案的桌旗。餐巾折花造型美观形象，宛若出水芙蓉。主题餐牌以一把荷花图案古典折扇呈现在大家面前，极具韵味，架在精心挑选的荷花池造型插香上面。

菜单选取竹简材质，与台面浑然一体。菜品则主要选取了与主题相一致的荷花宴。荷又名莲，是一种食用价值很高的植物，全身皆宝，莲子、根茎、藕节、荷叶及花皆可作为当季食材、药材，在养生如此重要的今天，一席清淡可口的荷花宴不仅营养丰富，而且还具有解暑排毒的功效。

（图片及文字资料来源：2015年全国职业院校技能大赛高职组中餐主题宴会设计赛项 参赛单位：黑龙江职业学院）

（2）以地域性食品为原料的主题宴会。勤劳的民众因地制宜、就地取材，造就了区域性独特的美食。例如，豆腐在南北方因制作工艺不同，生产出的形态、口感皆不同，每个区域的豆腐都各有特色。豆腐作为我国素食菜肴的主要原料，随着人们对其特性与烹饪方法研究的不断深入，也可以自成一席。

◀◀◀ 案例8-7 ▶▶▶

地域性食品为原料的主题宴会赏析

图8-5　主题名称：白玉映像

豆腐是我们中国食品中的瑰宝，"有中国人的地方就有豆腐""豆腐在中国社会中，是贫苦老实和勤劳的象征""早已形成一种豆腐文化"，咏叹豆腐的诗歌宛如一道风景优美的长廊。豆腐不仅仅是地方区域食材的代表，文人墨客更是借豆腐来表达他们的美好节操和高雅品格。

白玉映像宴以安徽豆腐为切入点，中心艺术品设计紧扣豆腐的使用和文化两大价值，围绕豆腐是美食也是勤劳、朴实、廉洁、正直的文化象征意义设计美景，选取豆腐制作过程中的六大工序艺术场景为中心，石磨由灰色的假山、开花的老树撑起，配以青砖黛瓦的马头墙、安徽青条石色的土地、寓意勤劳朴实的老牛、寓意廉洁正直的荷花,"方寸"之间勾勒出豆腐文化独特的韵味,瞬间把客人带入"养身"又"养心"的主题宴会之中。

（图片及文字资料来源：2014年全国职业院校技能大赛高职组中餐主题宴会设计赛项 参赛单位：安徽工商职业学院）

二、康养主题宴会摆台

康养主题宴会摆台，就是在康养主题宴会餐台上铺好台布，然后依次摆好中心装饰物，各种餐具、酒具、餐巾等物品。

（一）中式宴会摆台

1. 布草类物品

中式康养主题宴会摆台布草类物品主要包括台布、装饰布/桌裙、餐巾和椅套。

（1）台布有多种款式和颜色，从款式上来看常用的有方形台布和圆形台布；从材质和颜色上来看有织锦台布、棉麻台布、纯色台布、提花台布等。作为康养类主题宴会在选择台布时应注意：首先，台布大小要符合餐桌的规格尺寸，一般以餐桌边缘下垂20cm左右为宜；其次，台布的颜色作为宴会的主色调要同餐厅的装饰氛围及选定的康养主题类别相契合；

（2）装饰布/桌裙是为了提高宴会规格，使得主题餐台看起来更加美观、大方所设计使用的。选择装饰布/桌裙时，首先选材要尽量与台布保持一致，其次颜色要与主色调协调，起到呼应主题的作用。装饰布/桌裙长度要适宜，以距离地面3~5cm为宜；

（3）餐巾又称口布，在主题餐台设计中主要起到点缀、装饰作用。选择餐巾时要注意餐巾的颜色、质地要与台布及主题相吻合，同时餐巾的大小以50cm见方为最佳；

（4）椅套在主题宴会中起到了点缀、烘托主题的作用。在选择椅套时要考虑与台布的颜色保持一致，也可以根据宴会的主题内容来进行设计。

2. 餐具、酒具

餐具、酒具是主题餐台设计中最重要的道具，它们不仅可以满足客人用餐的需要，而且符合主题特色的餐具、酒具也有渲染主题气氛的作用。餐具、酒具摆放是否合理、恰当是衡量餐台摆设的主要标志。中式康养主题宴会常用的餐具、酒具如下：

（1）依据所选取的康养主题，餐具可以选取瓷质、陶质、木质以及银器等特殊材质，主要包括装饰盘、骨碟、味碟、茶杯、汤碗、汤勺、筷架、筷子、长柄勺等；

（2）酒具大都选取水晶、玻璃材质，主要摆设红酒杯、白酒杯、水杯、啤酒杯等。

3. 其他用具

除常用餐具、酒具外，在康养主题宴会台面设计中，根据宴饮需要还可以准备服务用具及餐中辅助用具，主要有如下：

（1）服务用具包括牙签筒、烟灰缸、香巾托、洗手盅、带壳海鲜专用具等；

（2）辅助用具包括桌号牌、席位卡等物品。

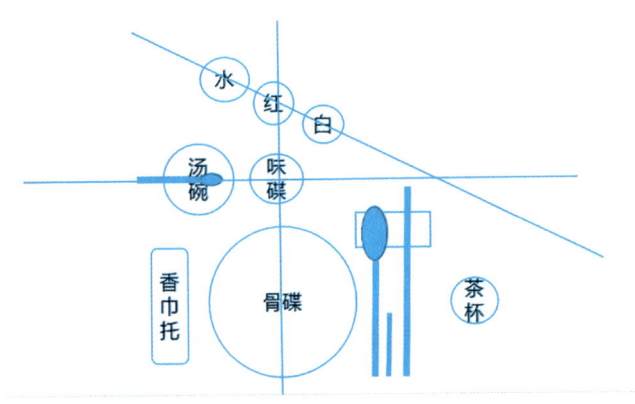

图 8-6　康养主题宴会中式摆台用具示例图

（二）西式宴会摆台

西式宴会摆台用具繁多，每种器具对应菜品都有固定的用途，主要包括餐刀类、餐叉类、餐勺类、瓷器类、酒具类。

1. 餐刀类

餐刀按其用途可分为主菜刀、副菜刀、鱼刀、黄油刀。餐刀的材质大都为不锈钢、铝合金，部分高档宴会采用银质刀叉。

（1）主菜刀，又称正餐刀，与正餐叉搭配使用，用于吃主菜；

（2）副菜刀，又叫前菜刀、沙拉刀，与副菜叉搭配使用，用于吃沙拉等前菜；

（3）鱼刀，配合鱼叉使用，主要用于吃鱼类；

（4）黄油刀，配合食用餐前面包时使用，主要用来挑黄油或者果酱用。

2. 餐叉类

餐叉按用途可分为主菜叉、副菜叉、鱼叉、甜品叉。餐叉的材质与餐刀一样可分为不锈钢、铝合金及银质。

（1）主菜叉，又称正餐叉，与正餐刀搭配使用，用于吃主菜；

（2）副菜叉，又叫前菜叉、沙拉叉，与副菜刀搭配使用，用于吃沙拉等前菜；

（3）鱼叉，配合鱼刀使用，主要用于吃鱼类；

（4）甜品叉，配合甜品勺使用，主要用于食用餐后各类甜品、水果。

3. 餐勺类

餐勺根据其用途可分为甜品勺、咖啡勺/茶勺、奶油汤勺、清汤勺、其他勺类等。

（1）甜品勺，主要用于食用餐后各类甜品、水果；

（2）咖啡勺/茶勺，餐后咖啡、茶的搅拌使用，也可以用来食用冰激凌等冷食；

（3）奶油汤勺，又叫奶汤勺，主要用于使用奶油汤；

（4）清汤勺，主要用于食用红汤、清汤等汤类菜品；

（5）其他勺类，例如用于食用冰冻类食品的冻糕勺、用于分派菜品的服务勺、分勺；

4. 瓷器类

宾客使用餐盘、面包盘、黄油碟、椒盐瓶、牙签盅等一般情况下都是瓷质品，高档宴会也会使用银器。瓷器类器皿可以依据宴会不同的主题进行搭配，以更加符合主题的需要。

（1）展示盘，不用来盛装菜品；

（2）面包盘，用于盛放面包，与黄油刀一起配合使用；

（3）黄油碟，用于盛放黄油，搭配面包一起食用；

（4）餐盘，用于服务前菜、主菜等菜品的不同规格的盘子；

（5）椒盐瓶、牙签盅，椒盐瓶与牙签盅在摆放时可一起上桌，椒盐瓶主要服务于客人食用主菜时自己按需添加调味，牙签盅主要是客人餐后使用；

（6）咖啡杯/茶杯：主要用于餐后服务热咖啡或茶。

5. 酒具类

依据西餐宴会摆台需要，台面一般会摆放红葡萄酒杯、白葡萄酒杯、水杯三种杯子，依据客人实际点餐进行餐酒搭配还会用到香槟酒杯、雪利酒杯等杯子。

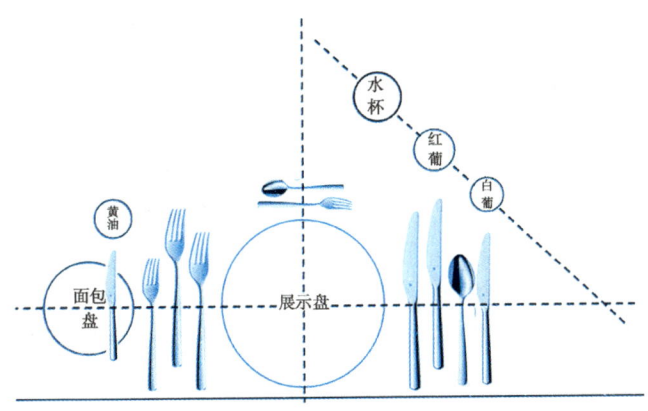

图 8-7　康养主题宴会西式摆台用具示例图

第三节　康养主题宴会菜单设计

菜单一词源于拉丁语"minutus"，有"备忘录"的意思，是厨师为了方便记忆客人点餐而准备的备忘录，后被作为提供列有各种菜肴的清单。

康养主题宴会菜单与普通菜单略有不同，是结合特定康养主题设计的产物。菜单上所有的菜品是依据所选定的康养主题需要，结合客情需要，遵循宴会的原则，采用合适的方法组合到一起的。康养主题宴会菜单是宴会主办方、宴会设计单位、宴会承办单位、与宴者经过多方沟通的艺术设计产物，它不仅仅是一份菜谱，也是一种餐桌主题装饰元素。

一、菜单设计原则

在进行康养主题宴会菜单设计时，应注意以下原则：

（一）以客人需求为导向的原则

客人的需求永远是第一位的。因此，在康养主题宴会菜单设计过程中，需要以客人的需求为导向来搭配设计菜品。

1. 了解客人需求

客户对于菜品的品位格调、搭配组合要求各异，如有的客户注重荤素营养搭配；有的客户重视养生功效；有的客户追求实惠丰足。在组合菜单产品时要提前了解不同客户的具体需求，以满足顾客的目标期望。

2. 按照客人的口味、喜好设计菜单

要充分考虑客人不同的饮食习惯以及饮食禁忌、喜好。如客人有特殊需要，也可以做好备忘单独为其上菜服务；如有宗教信仰的客人，就要考虑信奉伊斯兰教的客人禁食猪肉、佛教徒忌荤腥；如招待外宾，要考虑国籍不同，喜好、禁忌也不同。因此，在编排设计菜单时，要综合了解所有客人的情况，尽量兼顾所有客人的喜好，这样定制出来的菜单才会更有针对性。

3. 适当迎合饮食新潮流

设计康养主题宴会菜单时，要及时关注康养饮食潮流的变化，结合客户需求，将时下流行菜品搭配及时设计到菜单中。只有不断开发新的宴会产品，才能满足消费者不断变化的饮食和精神消费需求。

（二）菜品与设定的康养主题相一致的原则

设计的康养主题宴会不同，反映在菜单中的表现就是菜品原材料的选择、菜品的命名、菜品的造型有所不同。例如太极山药泥、文房四宝山药、怀山药烧甲鱼、怀牛膝炖土鸡、怀地黄焖羊肉等是河南焦作怀府药膳主题宴会的主要菜品，食材选取焦作当地的"四怀"，即怀山药、怀地黄、怀牛膝和怀菊花，以各式相宜食材作为搭配，烹制方法以清炖、蒸煮、煎炸、焯水为主，各色菜品皆有山水之精粹、草药之灵性、养生之功效，深受八方食客的青睐。

（三）膳食平衡的原则

明代医学巨匠李时珍曾说过"饮食者，人之命脉也"。人们日常饮食需要达到膳食平衡才能吃出健康。

1. 全面提供人体所需的膳食营养

康养菜品选取的食材有成千上万种，但其中所含的营养素不外乎八类，即水、蛋白质、碳水化合物、膳食纤维、脂肪、矿物质、维生素和微量元素。康养宴会菜单在设计时，要以科学合理的膳食营养观来组合菜品，做到八大营养物质全面均衡、选材品质优良。

2. 选择合适的烹饪加工工艺

在安排康养主题宴会菜品组合时，既要考虑菜品的造型美观性，又要考虑不同菜品间的营养搭配，同时还要考虑菜品的烹饪方法。康养类宴席要适当减少传统宴席制作中荤类菜肴煎炸的比例，最终通过合适的烹饪加工工艺，使宴席菜品集美味与营养于一体。

3. 从顾客营养需求角度设计菜单

不同康养主题宴会呼应着不同健康养生客人的需求，客人对于康养宴会营养的需求因性别、年龄、职业不同而有所差异。一般来讲，康养宴会菜品的营养设计，不是针对某个客人的设计，而是针对某类消费群体的需求而设计。

（四）菜单形式艺术化的原则

康养主题宴会菜单需要进行艺术化的设计，菜单的造型、色彩要迎合主题的需要，同时菜品编排的顺序要符合宴会的用餐习惯，菜单选取的字形要美观、字体字号要便于识读，给客人以美的享受。

知识拓展 1

二、菜单设计的内容

康养主题宴会菜单设计包含两部分内容：一是菜单内容的组合设计，二是餐单造型的设计。

（一）康养主题宴会菜单内容组合设计

康养主题宴会菜单内容组合设计是康养菜单设计的灵魂和关键，包括确定菜品的组合、确定宴会的主题名称、确定菜品的名称、确定酒水的搭配四个方面。

1. 确定菜品的组合

确定菜品组合必须要明确本次宴会需要多少道菜、需要什么菜品、需要准备什么食材、各类食材的比例是多少等。菜品组合是否合理关系到客人的用餐体验以及对本次宴会的满意度。

（1）了解客人的信息与需求

客人的信息包括参加宴会的人数、性别、年龄、职业、民族、禁忌、喜好等。例如参加宴会的女性居多，可以在组合菜品时增加具有美容、养颜功效的菜品；若参加宴会的中老年人居多，可适当增加低脂低糖低油的养生菜品。

（2）明确宴会的主题与目标

菜品的选择要时刻围绕宴会确定的主题来搭配。例如具有地域特色的茶膳养生宴"长兴顾渚山紫笋茶宴"，就是将养生茶文化与地方文化结合的康养主题宴会。

知识拓展 2

（3）挖掘当地餐饮文化

康养主题宴会在菜品和食材选择上，首先应考虑当地的特色食材与饮食文化，这样设计出来的菜品组合才会独具特色。要想使康养主题宴会别具一格，就要深入了解并挖掘当地的康养及饮食文化，将其有机融合，从而创造出区域康养餐饮的特色与亮点。

（4）确定用餐形式及菜品种类

确定此次主题宴会的用餐形式是传统中式宴会还是西式宴会，抑或中西合璧式宴会。不同的就餐形式，菜品的种类、出品顺序都有所不同。中式宴会的出菜顺序依次为冷菜→热菜→汤→点心→水果或者为冷菜→汤→热菜→点心→水果;西式宴会的出菜顺序为头盘→汤→副菜→主菜→沙拉→甜品→咖啡或茶;中西合璧式宴会主要表现在两个方面:一是菜品中西混搭,二是出品方式中餐西出。

2. 确定宴会的主题名称

宴会的主题名称确定可以以地域养生文化命名、以食材原料命名、以岁时节令命名。在命名的时候注意遵循主题鲜明、简洁明了、突出特点个性的原则。

3. 确定菜品的名称

康养主题宴会菜品的命名应名实相符且又富有文化韵味。常用的菜品命名方法有写实性命名法、寓意命名法两种。

(1) 写实性命名法。在菜名中如实反映食材原料的组配情况、烹调方法、菜肴的色香味形,或者在菜名上冠以人名、地名等信息,使人一看就能了解菜肴的概貌及特点。例如以主料和辅料命名的菜品"龙井虾仁"、以烹调方法和原料特征命名的菜品"清蒸盘龙鳝"、强调药膳功效命名的"虫草鸭子"等。

(2) 寓意命名法。即依据康养主题宴会的主题,利用菜点某些方面的特征,采用文学手段,借助比喻、象征、借代等手法为菜品命名。这些菜品的名称往往含有祝福、祈福等含义,为方便客人理解,通常会将菜品的实名标注在寓意名后面,例如花开富贵——八宝素菜。

案例 8-8

白玉映像养生宴菜单凉菜命名赏析

传得淮南术最佳,皮肤褪尽见精华——迎客松豆制品拼盘
世间宜假复宜真,幻质分明身外身——品素烧鹅
醍醐何必羡瑶台,只此清风齿颊生——豆浆木瓜冻
何羡仙家多著异,灵丹一点不争差——冰爽豆腐花

(图片及文字资料来源:2014年全国职业院校技能大赛高职组中餐主题宴会设计赛项 参赛单位:安徽工商职业学院)

4. 确定酒水的搭配

(1) 酒水的选择要与宴会档次保持一致。酒水的选择要与宴会的规格相协调,酒水档次高于宴会的档次喧宾夺主,低于宴会档次会降低宴会的品质。

(2) 酒水要与食材相匹配。可依据食材选择搭配白酒、黄酒、红葡萄酒、白葡萄酒以及啤酒等。

（二）康养主题宴会菜单造型设计

康养主题宴会菜单除设计内容外，菜单的外形选择也至关重要。康养主题宴会菜单是精心设计的艺术品，因此其形质的选取、颜色的搭配、材质的选择、图案及小装饰件也都十分讲究。这部分细节是康养主题宴会设计的点睛之笔，对康养主题宴会而言尤为重要。

◀◀◀ 案例 8-9 ▶▶▶

图 8-8　不同造型的菜单赏析

（图片来源：2014 年全国职业院校技能大赛高职组中餐主题宴会设计赛项）

1. 菜单的材质与造型

康养宴会的主题直接影响着菜单的风格造型，其常用的菜单材质如下：

（1）纸质菜单；

（2）植物制菜单。常见的有木质菜单、竹质菜单、藤质菜单等；

（3）其他材质。如金属质菜单、玻璃水晶质菜单、陶瓷质菜单、电子菜单等。

常见的菜单造型有折页式、书签式、书本式、卷筒状、扇面状等。

2. 菜单颜色的选取

康养主题宴会菜单在颜色选取上可注意以下几点：

（1）可选用宴会的主色调作为菜单表面的主色调，力求与主题保持高度一致；

（2）可选用宴会主色调的相邻色调，以增加台面颜色的层次感；

（3）可选用与宴会主色调互补的色调，用以装点台面，吸引宾客的关注。

3. 菜单图片、字体及装饰物的选择

（1）若使用菜品图片，要保证与实际出品的一致性；

（2）菜单字体要使用规范，易于识读、字号适中美观；

（3）可适当选取装饰物来点缀菜单，以增加菜单设计的美感，常见的菜单装饰物有流苏、珍珠、水钻、丝带、徽章等。

本章小结

本章主要介绍了康养旅游主题餐厅的内涵、康养旅游主题餐厅的特点，分析了影响康养旅游主题餐厅在市场中定位的影响因素；通过各类康养主题宴会台面设计的展示，明确了康养主题宴会台面设计的原则与要求、康养主题宴会台面设计的类型；通过康养主题宴会菜单内容及造型设计的诠释，明确了康养主题宴会菜单设计的原则。通过本章的学习，让学习者熟悉并掌握康养主题餐厅餐台设计、菜单设计的相关内容，激发同学们的专业学习兴趣，为后续专业学习与实践打下坚实的基础。

思考与练习

一、简答题

1. 康养主题餐厅的特点是什么？
2. 康养主题餐厅定位的方法有哪些？
3. 康养主题宴会台面设计的原则有哪些？
4. 康养主题宴会摆设需要哪些物品？
5. 康养主题宴会菜单设计的原则有哪些？

二、实践题

请同学们选取一类康养主题宴会，为其设计相匹配的菜单。

参考答案

第九章

康养旅游餐饮食品安全应急处理

本章重点

"民以食为天,食以安为先"。随着科学与技术的进步和人民生活水平的逐步提高,大健康时代已经到来,食品品质、卫生状况和安全问题受到人们日益关注的同时,人们对食品健康养生的需求也在不断提升。面对日益复杂的食品安全情况,了解食品卫生与安全常识以及康养食品安全知识,也是旅游餐饮从业人员必备的素养。本章从食品安全角度出发,第一节主要介绍了食品卫生与安全的常识;第二节阐述了康养食品安全知识。本章在学习食品安全知识基础上,以康养食品为创新点,为康养餐饮服务与管理内容做进一步的补充和拓展,为学生在康养餐饮服务中提供理论指导。

学习目标

通过本章的学习，学习者能够了解食品污染、食物中毒的危害与处理等常识，熟悉常见食品的卫生与安全问题与预防知识，熟悉餐饮企业食品安全管理要素，了解康养食品的概念、分类等内容，掌握康养食品安全要素，具备康养旅游餐饮从业人员对康养食品安全知识的基础认知。

本章思维导图

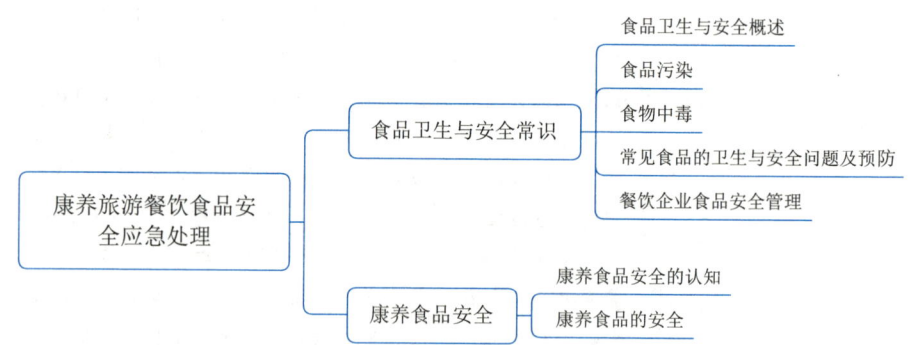

第一节 食品卫生与安全常识

食品是指各种可供人食用或者饮用的成品。食品是维持人体生命活动不可或缺的物质。人类从食品获得营养物质以满足生命体的需求，但有时食物中可能含有一些有毒、有害的物质或者被污染，从而引发各类疾病，甚至会危及人体健康与安全。食品卫生与食品安全与人们的生活息息相关。

一、食品卫生与安全概述

食品卫生是指食物原料在种植、养殖、采集（收获）、运输、储存、加工、烹调直至食用安全过程中存在的卫生问题。

世界卫生组织的食品安全是指食品中有毒、有害物质对人体健康产生不良影响的公共卫生问题。它包含两个关键点：一是食品中有有毒有害物质，二是对人体产生不良影响。这两者是因果关系，只有有了结果才能说存在问题。例如，饮料中会含有铅这样的有害物质，但如果含量符合标准，对人体没有产生不良影响，就认为这种饮料不存在食品安全问题。

1995年我国发布了《中华人民共和国食品卫生法》，2009年发布了《中华人民共和国食品安全法》，2015年4月24日修订通过了《中华人民共和国食品安全法》，2019年12月1日发布了修改过后的《中华人民共和国食品安全法实施条例》，这些法律、法规、条例的实施，对规范食品生产经营，防范食品安全事故，强化食品安全监管，落实食品安全责任，保障公众身体健康和生命安全，具有重要意义。

二、食品污染

食品污染是指危害人体健康的有毒物质进入食品的过程，一般是指食品中所含的对健康有潜在不良影响的生物、化学或放射因素或食品存在的状况。食品从原料的种植（养殖）、加工、运输、储存、销售到餐桌的每一个环节，都有可能被某些有毒、有害物质污染，从而造成食品的营养和安全性等问题。随着科技的进一步发展，食品污染也更加复杂，任意一个环节都有可能发生食品安全问题。作为旅游餐饮企业从业人员，必须了解食品污染的相关知识，做好服务。

按污染源的性质可以把食品污染划分为三类,即生物性污染、化学性污染及放射性污染和物理性危害。

(一)食品的生物性污染

生物性污染是指对食品原料、加工过程和食品造成污染的微生物及其代谢产物,包括微生物、病毒、寄生虫等造成的食品污染。致病性细菌是最常见的生物性污染,是食品最容易出现的问题,也是食品安全面临的头号问题,能引发从腹泻到癌症的200多种疾病。世界卫生组织公布了七大致病原,有沙门氏菌、诺如病毒、弓形虫、大肠杆菌、弯曲杆菌、李斯特菌、产气荚膜梭菌。

食品生物性污染有可能来源于原料,也有可能来自食品的加工过程。食品生物性污染主要分为以下几类,即微生物污染,寄生虫污染,昆虫、螨类和有害动物的污染,病毒污染。

表9-1 食品生物性污染的类型

名称	污染源	预防
微生物性污染	大肠杆菌、沙门氏菌、弯曲杆菌、李斯特菌、产气荚膜梭菌等	1.热处理:高压蒸汽、巴氏消毒、微波加热、辐照灭菌; 2.提高渗透压:盐腌、糖渍; 3.低温法:冷藏、冷冻; 4.化学法:防腐剂、熏制。
	霉菌及霉菌毒素	1.防止霉变:控制粮油的温度和湿度; 2.去毒:挑选霉粒、碾压水洗、加碱去毒法、物理吸附法、紫外线去毒等方法。
寄生虫污染	弓形虫、鞭毛虫、牛猪绦虫及某些吸虫、线虫等	1.动物性原料加强食品检验检疫,对植物性原料要彻底清洗,能消毒的要进行消毒处理; 2.进食前用肥皂洗净双手; 3.不喝生水,吃熟食,不生食海鲜类食物,不食用在常温下存放过久的熟食; 4.生熟肉分开贮存。
昆虫、螨类和有害动物的污染	苍蝇、蟑螂及甲虫等昆虫和老鼠等动物污染食品	健全防蝇及灭蟑螂、螨虫和老鼠等的工具、药品等设施设备。
病毒性污染	诺如病毒、甲型肝炎病毒、口蹄疫病毒、猪瘟病毒、疯牛病等	对食品生产及加工人员进行定期体检,做到早发现、早诊断、早隔离,感染者的相关物品须进行严格消毒。

（二）食品的化学性污染

食品化学性污染主要是指食用后会引起急性中毒或慢性积累性伤害。根据食品中化学性污染的来源，大致可以将其分为以下几类：有毒金属及其他化学物质的污染；农药污染；兽药污染；使用有害的食品包装材料及容器污染；非法添加和滥用食品添加剂。

表9-2　食品化学性污染的类型

名称	污染源	预防
重金属及其他化学物质的污染	"工业三废"中含有镉、汞、铅、砷、铬等有毒金属或非金属及酚类物质。	1. 清洁。对于叶类蔬菜，先用清水浸泡10分钟左右，浸泡之后再用清水冲洗几遍； 2. 碱水浸泡。浸泡到碱水中（一般将5~10克的碱面加入500毫升水中）15分钟，然后再用清水冲洗3~5遍； 3. 削皮法； 4. 加热法； 5. 储存法。蔬果上农药一般存放15天后会分解； 6. 加强食品检验检疫，实行国家标准，利用科技实现食品源头可追踪管理制度。
农药类污染	微量农药原体、有毒代谢物、降解物和杂质等物质超标。	
兽药类污染	兽医治疗用药，饲料添加用药，如抗生素、抗寄生虫药、促生长激素、性激素等。	
使用有害的食品包装材料及容器污染	容器、加工设备、包装材料、运输工具的有害化学物质，如蜡纸和彩色油墨的有毒物质等。	
非法添加和滥用食品添加剂	非法添加瘦肉精、苏丹红、三聚氰胺等，滥用防腐剂、抗氧化剂、着色剂、膨松剂、营养强化剂等各类食品添加剂。	

案例9-1

河北青县"瘦肉精"羊肉事件

3月15日晚，央视"3·15"晚会上曝光了河北青县"瘦肉精"羊肉事件。该县"瘦肉精"羊肉已销往多地。为保障全市市场销售羊肉的质量安全，3月16日，漯河市市场监管局迅速行动，集中执法监管力量，在全市范围内排查河北青县"瘦肉精"羊肉。排查以全市食用农产品批发市场、农贸市场及其周边为重点区域，以羊肉销售者、羊肉为原料的餐饮食品经营者及第三方冷库等羊肉经营者为重点市场主体，对来自河北省沧州市青县的羊肉及来源不明的羊肉及其产品，一经发现，将立即封存、停止销售。

该局进行了全覆盖快检筛查，并紧急下发了30个批次的专项监督抽检计划，发现"瘦肉精"项目呈阳性的产品，立即对其开展监督抽检固定证据，检验合格的方可销售。市场监管局表示，排查中严格落实"四个最严"要求，对监督抽检发现的采购销售来自河北青县"瘦肉精"羊肉及采购销售来源不明的羊肉、无检疫合格证明羊肉等违法行为，要一查到底，依法从严从快查处，构成犯罪的，及时移送公安机关。（资料来源：https://news.dahe.cn/2021/03-16/813014.html）

（三）食品的放射性污染和物理性污染

食品的放射性污染是指食品加工或食品原料受到放射性污染而导致食品中含有天然放射性物质和人工放射性物质。如日本大地震后核电厂发生核泄漏导致的食品污染。

物理性污染是指食用异物后可能导致物理性伤害，这样的异物有玻璃、金属碎片、石块等。物理污染可能是生产、运输和贮藏食物过程中不小心混入的。物理污染问题在生活中是比较常见的，伤害一般发生在较短时间内，且伤害的来源是较容易确认的。

三、食物中毒

（一）概念

食物中毒是人们食用了被生物性、化学性等有害或有毒物质污染的食品，或者食用了含有有毒物质的食品后出现非传染性的以急性、亚急性或中毒为主要症状的疾病的总称。

（二）食物中毒原因

导致食物中毒的原因有很多，一般来讲有以下一些情况：食用了由于生产和贮藏方式不卫生的食品；烹调或加热方法温度不够，不能杀灭食物中的全部细菌导致中毒；由于所用食品用具生熟不分开，使食品交叉污染，导致人们食用后中毒；食用了来源不安全的食物，如毒蘑菇等；食物本身会产生大量有害物质，如发芽的马铃薯等；食物本身含有有毒物质，由于加工、烹调方法不当未被去除，如河豚；由于厨房设备和餐具清洗、消毒方法不正确，造成食品污染导致中毒；食品加工人员本身带菌或个人卫生不合格导致的中毒。

（三）食物中毒特点

一是在较短时间内暴发，病情急剧，在24小时内常呈现集体性暴发；二是病人常伴有恶心、呕吐、腹痛、腹泻等症状；三是停止该食物后或洗胃后，发病停止；四是常具有季节性和地域性。

（四）类型

食物中毒主要有四种基本类型，即细菌性食物中毒、有毒动植物食物中毒、化学性食物中毒、真菌毒素和霉变性食物中毒。

1. 细菌性食物中毒

细菌性食物中毒是食用了被细菌或细菌毒素污染的食物而引起的中毒，是最为常见的一类，主要发生在夏秋季，具有发病率高的特点。如沙门菌属中毒，如病死畜禽肉被沙门菌属感染；葡萄球菌肠毒素中毒，如剩饭被葡萄球菌肠毒素污染；各种海鱼和贝蛤类常见有副溶血性弧菌中毒；致病性大肠杆菌和变形杆菌中毒，如厨房用品和食品较易被污染；肉毒杆菌毒素中毒，常存在罐头和发酵性食物，如臭豆腐等；蜡样芽孢杆菌食物中毒及其他细菌性中毒。

2. 有毒动植物食物中毒

有毒动植物食物中毒是指一些动植物本身含有某种有毒物质或由于储存条件不当后产生某些有毒物质，被人食用后引发的一类中毒。

表9–3　常见有毒动植物食物中毒

名称	中毒原因	预防
河豚鱼中毒	宰割时河豚鱼毒素未清除干净。	食用前注意用科学的方法清除毒素。
鲜黄花菜中毒	鲜黄花菜里含有秋水仙碱物质，烹调加工方法不当，便具有毒性。	建议食用晒干制品，鲜黄花菜用水浸泡或用开水烫后过水，炒煮后再食用。
四季豆中毒	没有煮熟便食用。	这类豆制品必须熟透后食用。
发芽马铃薯中毒	由于储存不当，马铃薯发芽后产生龙葵素，这是一种有毒生物碱。	使用前挖掉芽眼、削皮，烹调时加食醋。
毒蘑菇	本身有毒不可以食用。	提高辨识能力，不贪食野生蘑菇。
毒蜂蜜	因蜜蜂采了有毒花粉所致。	加强蜂蜜的检验工作，防止毒蜂蜜流入市场。
白果（银杏种仁）	白果的外种皮、种仁及绿色的胚中含有有毒成分。	采集时避免与种皮接触；不生食白果及变质白果；生白果去除果壳及果肉中绿色的胚，煮熟后弃水再食用，还应控制食用量。
豆浆	未煮熟的豆浆含有皂毒素和抗胰蛋白酶。	大火烧煮沸腾后，再文火煮5分钟后方可食用。

3. 化学性食物中毒

化学性食物中毒是指食用被有毒化学物污染的食品而引发的食物中毒，主要包括亚硝酸盐、有机磷农药、鼠药、有毒重金属及其化合物等引起的食物中毒。

亚硝酸盐中毒，如腌菜中含有亚硝酸盐，所以腌菜要腌透，至少20天以上再食用。大量不新鲜的蔬菜中含有较多的硝酸盐，如菠菜、小白菜、甜叶菜、韭菜等叶类蔬菜，如果存放过久发生腐烂就会转化为亚硝酸盐，大量食用后会引起中毒；农药中含砷化物（砒霜），须标有有毒标志，起到提醒作用；禁止使用锌铁桶盛放酸性食物、清凉饮料等。

4. 真菌毒素和霉变性食物中毒

真菌毒素和霉变性食物中毒是食用了被真菌毒素污染和霉变的食物而引起的中毒，常见的有霉变的甘蔗中毒，食用了感染赤霉病的小麦和含有麦角菌的谷物等。

<<< 案例9-2 >>>

四季豆中毒事件

2012年12月25日，宜春市上高县翰堂镇中心小学发生一起食物中毒事件，有3名学生发生轻微腹痛、恶心、呕吐等症状，被送往医院进行检查。26日傍晚，3名学生恢复健康，回校上课。为确保全体学生安全，学校还将其他学生安排到镇卫生院进行了检查，全体学生身体情况正常。

经上高县食品药品监管部门初步判断，起因为扁豆未炒熟而引起的轻度食物中毒。

（五）应急处理

如果发生中毒事件，管理人员要保持冷静，立即报告医院和防疫部门。在中毒的第一时间，及时抢救中毒者是非常重要的，一般性应急处理如下：

1. 尽快排除毒物

让中毒者饮300~500毫升温水或催吐剂，然后刺激咽后壁或舌根令其呕吐。可反复进行，直至胃里的内容物完全呕出为止。如果残留物留在体内的时间较长，则需洗胃。如果进食受污染的食物时间已超过2~3小时，预计毒物已进入肠道，但精神仍较好，可服用轻微导泻物或药物，促使食物尽快排出体外。

2. 防止毒物的吸收

中毒后，可以尽快使用拮抗剂，降低毒物毒性，保护胃肠黏膜。在一些食物中也可找到拮抗剂，如牛乳、豆浆、蛋清等。中药解毒常用甘草绿豆汤（甘草50克，绿豆粉若干，煎汤服用）。

3. 解毒

应用抗菌药物、补液及对症处理等综合治疗措施以控制中毒的进展。如果中毒者能饮水，应让其多喝些电解质补充剂或盐水，以补充水分和电解质。轻者口服补液盐，多喝开水及淡盐水；重者予输液，促进毒物排泄，并纠正水、电解质和酸碱平衡。

4. 对症治疗

在排毒、解毒过程中，应针对临床症状，对症治疗。

四、常见食品的卫生与安全问题及预防

表9-4　常见食品的卫生与安全问题及预防

常见食品	可能存在的卫生与安全问题	预防
粮油制品	1. 霉菌及霉菌毒素造成的污染； 2. 农药残留造成的污染； 3. 工业废水排除重金属污染； 4. 仓库害虫、鼠类的污染； 5. 高温加热油脂含有毒素。	1. 控制储存的温度和湿度； 2. 油脂类食品避免高温加热； 3. 防止有害金属污染。
果蔬及其制品	1. 微生物和寄生虫卵污染； 2. 农药污染； 3. 工业废水污染； 4. 亚硝酸盐。	1. 采用清洗烫漂或化学法消毒净化； 2. 吃腌菜至少腌制20天后食用。
肉、蛋、乳及其制品	1. 人畜共患型传染病； 2. 储存不当导致腐败变质； 3. 人畜共患型寄生虫病； 4. 火腿、烟熏香肠加工中若直接受烟熏或直接炭火接触，有可能产生致癌物质； 5. 食品添加剂的污染。	1. 购买检验检疫合格产品； 2. 烹饪时要制熟； 3. 控制储存条件； 4. 采用健康的烹饪方式。
水产品	1. 重金属污染； 2. 化学性污染； 3. 微生物污染； 4. 寄生虫感染。	1. 防止工业废水造成环境污染； 2. 防止农药造成的水污染； 3. 防止生活或水产品加工过程中受到的污染； 4. 烹调水产品时要烹熟，不生食水产品。

续表

常见食品	可能存在的卫生与安全问题	预防
罐头食品	1. 储存期间出现底盖凸出现象，造成腐败变质； 2. 储存条件不当。	1. 检查生产日期等信息； 2. 不食用过期罐头制品。
饮用水和食品用水	1. 工业废水污染； 2. 生活污水污染，可能含有寄生虫等。	饮用水和食品用水必须符合《生活饮用水水质标准》方可饮用，不喝生水。

五、餐饮企业食品安全管理

（一）食品采购卫生管理

采购食品，需查验其相关证件，包括食品生产许可证、产品合格证明文件、社会信用代码、营业执照等；采购畜禽肉类，还应查验动物产品检疫合格证明；采购猪肉，还应查验肉品品质检验合格证明。留存每笔购物或送货凭证。不采购腐烂变质原料，预包装食品的包装要完整、清洁、无破损，标识与内容物一致。

（二）食品储存的卫生管理

1. 储存食品原材料的场地和仓库，地面要平整且具有一定的坡度；

2. 应分区、分架、分类、离墙、离地存放食品。储存不同类别食品和非食品（如食品包装材料等），应分设存放区域，不同区域有明显的区分标识。分隔或分离储存不同类型的食品原料（生与熟分离，成品与半成品分离，食品与药物、杂物分离；食品与天然冰分离）；

3. 设置显示温度的冷藏库和冷冻库，保证食物存放在适宜的温度下，做到定期除霜、清洁和维修；

4. 原料先进先出，及时剔出不符合质量要求和卫生标准的原料，防止污染。

（三）加工的卫生管理

1. 加工食品过程中，工作人员须勤换专用的工作衣帽并佩戴口罩，手部要严格消毒；

2. 蔬菜、水果、生食的海产品等食品原料应清洗处理干净后，在专用冷冻或冷藏设备中存放。加工制作生食海产品时，应在专间外剔除非食用部分，并将其洗净，避免海产品可食用部分受到污染。放置在食用冰中保存的，加工制作后至食用前的间隔时间不得超过1小时；

3. 油炸类食品。选择热稳定性好、适合油炸的食用油脂。盛放于耐腐蚀、耐高温的材质（如不锈钢等）。减少食品表面的多余水分，油温不宜超过190℃；

4. 烧烤类食品。烧烤场所应具有良好的排烟系统。烤制食品时，应避免食品直接接触火焰或烤制温度过高，以减少有害物质产生；

5. 火锅类食品。不要重复使用火锅底料。使用燃料（如酒精等）时，应在没有明火的情况下添加燃料。使用炭火或煤气时，应通风良好，防止一氧化碳中毒；

6. 糕点类食品。加工制作裱花蛋糕，应当天加工制作，当天食用。蛋糕坯应存放在专用冷冻或冷藏设备中。打发好的奶油应尽快使用完毕。食用禽蛋前，应清洗禽蛋的外壳，必要时消毒外壳。使用自制蛋液的，应冷藏保存蛋液，防止蛋液变质。使用烘焙包装用纸时，不应使用有荧光增白剂的烘烤纸；

7. 豆浆。煮沸生豆浆时，应将上涌泡沫除净，煮沸后保持沸腾状态5分钟以上；

8. 调味料。盛放调味料的容器应保持清洁，使用后加盖存放，宜标注预包装调味料标签上标注的生产日期、保质期等内容及开封日期。宜采用有效的设备或方法，避免或减少食品在烹饪过程中产生有害物质；

9. 食品添加剂。使用食品添加剂的，应在技术上确有必要，并在达到预期效果的前提下尽可能降低使用量。盛放热的食品的容器不宜使用塑料材质。不得重复使用一次性用品。高危易腐食品熟制后，在8℃~60℃条件下存放2小时以上且未发生感官性状变化的，食用前应进行再加热。再加热时，食品的中心温度应达到70℃以上。

（四）从业人员卫生要求

餐饮从业人员应取得健康证明后方可上岗，并每年进行健康检查取得健康证明，必要时应进行临时健康检查。从业人员应穿清洁的工作服，应戴清洁的工作帽，将头发全部遮盖，不得穿工作服进厕所；勤洗手、不留长指甲、不涂指甲油、勤洗澡勤理发勤洗衣服等；不得在加工时吃东西、吸烟、随地吐痰和乱扔废弃物；在工作前、上厕所后及受到污染后必须彻底洗手和消毒。

（五）环境卫生要求

1. 餐用具保洁

严格按照洗涤剂、消毒剂的使用说明进行操作。清洗消毒水池与食品原料、工具、容器清洗水池分开，化学方式消毒水池至少设置3个专用水池。消毒后的餐饮具有明显的区分标识。定期清洁保洁设施，防止清洗消毒后的餐用具受到污染。宜沥干、烘干清洗消毒后的餐用具。使用抹布擦干的，抹布应专用，并经清洗消毒后方可使用。不得重复使用一次性餐饮具。

2. 废弃物存放

废弃物存放容器应有明显的区分标识。配有盖子，防止有害生物侵入、不良气味或污水溢出，防止污染食品等，必要时进行消毒。

3. 防鼠防虫害

餐饮经营场所门窗应设置防尘防鼠防虫害及防蝇设施，坚持经常杀灭与突击杀灭相结合，药物毒杀和工具诱打共同使用的方法，确保餐饮经营场所无有害生物污染。药物毒杀的物品必须远离食品，单独存放，并设专人保管。

第二节　康养食品安全

随着经济收入和生活水平的提高，人们的食品消费能力得到大幅度提升，食品消费观念也发生着巨大的变化。随着人们健康养生理念的转变和饮食保健概念的逐步增强，健康、养生的食品越来越受青睐，一些食品生产企业及知名餐饮企业相继推出了各色健康养生食品。与此同时，面对社会压力增加、生活节奏加快、社会心理与环境不断改变的现状，追求健康成为大众共识，康养食品由此应运而生。

一、康养食品安全的认知

（一）康养食品概念

传统美食是凭借独特的地域性、大众的食材、较为传统的烹饪方法和美味的口感吸引消费者的，其带给顾客更多的是味蕾的满足，但制作方式和所用食材不一定符合健康养生标准。而康养食品，即健康食品和养生食品，是指在传统医学理论的指导下，食材上重视天然、绿色，注重根据食物的特性来选择和加工，做到食物营养搭配合理，以达到滋养精气、平调阴阳、延年益寿、美体美容、降压降脂等功能的食物的总称。

（二）康养食品的特点

1. 以疾病预防为核心

习近平总书记曾指出："预防是最经济最有效的健康策略。"康养的意义之一就在于其可促进健康和预防各类疾病，以达到健康长寿的目的，疾病是影响健康因素中最为重要的因素，而防止疾病的发生和演变就显得尤为重要。

这就需要我们在日常生活中做到未病先防、防治结合，真正做到持续性的健康管理。作为在传统中医养生理念指导下应运而生的康养食品，正是中医养生特别强调在疾病预防理念下出现的产品。比如以南瓜为主要食材的南瓜饼就是一些康养餐厅创新出来的康养食物，因为其富含维生素，可以增强人体新陈代谢，促进造血功能，防治糖尿病、降低血糖。南瓜饼中高含量的果胶可以促进肠胃溃疡的愈合，加强肠胃蠕动，帮助食物快速消化，很适宜患有胃病的人食用。还有如以荞麦为主要材料制作各色荞麦面点，不仅营养丰富，而且具有预防心脑血管疾病的养生健康功能，深受大众欢迎。

2. 以身心的良好健康状态为目的

康养生活注重整体协调，涉及人们生活衣、食、住、行的方方面面，康养食品作为饮食是康养中最重要的一个方面。以饮食补益养生为主要功能的康养食品，根据人体的生理功能、病理变化，疾病的诊断和防治的根本规律，注重营养的均衡，以使身心达到良好的健康状态。

（三）康养食品的分类

1. 康养食品按功能可分为营养补充型、抗氧化型、减肥型、辅助治疗型；

2. 康养食品按概念分有无公害食品、绿色食品、有机食品、绿色无公害食品；

3. 康养食品按原料来分有传统康养食品、特色康养食品（药膳类食品、茶膳类食品）、其他康养食品。

二、康养食品的安全

党的十九届五中全会提出"全面推进健康中国建设"，随着健康的观念慢慢地深入人心，人们的饮食消费习惯也随之发生巨大的变化，人们已经超越传统的色、香、味俱全，而提出了包括文化内涵、健康养生等更多的要求。康养食品是以"健康""养生"的美食理念，以其天然、健康、营养的特点脱颖而出。随着健康饮食观念的逐渐深入，现代康养美食成为现代餐饮行业的重要发展方向与潮流。康养食品凭借人类对健康需求的紧密契合度，深受大众推崇。但这类食品会存在以下安全问题：一是食材的安全；二是加工方式的安全；三是市场安全；四是管理问题。

（一）食材安全

1. 食材的选购

食品原材料安全若是得不到保障，品质追求便无从谈起，必须引导大众从权威渠道选择食材，核实是否出自正规科研机构等。比如可以选择有机食品、绿色食品、无公害食品和绿色无公害食品。

2. 食材要新鲜

人的生命是靠能量来维持的，人体的能量主要来自食物。新鲜、清洁的食品，可以补充机体所需的营养。饮食新鲜而不变质，其营养成分很容易被消化、吸收，对人体有益无害。食品清洁，可以防止病从口入，避免被细菌或毒素污染的食物进入机体而发病。

3. 购买健康食品

在购买食品时必须看营养成分表，注意反式脂肪酸的含量；看配料表，少买或少吃含有"部分氢化植物油""起酥油""奶精""人造奶油"的包装食品。

（二）加工安全

1. 食材要合理配伍

康养食品注重食物的合理配伍。中医学认为，食物具有寒、热、温、凉四气和酸、苦、甘、辛、咸五味，而且各有其所主的脏腑和归经，如食物搭配不合理或者偏食，则有损于人体健康。《素问·生气通天论》指出："谨和五味，骨正筋柔，气血以流，腠理以密，如是则骨气以精，谨道以法，长有天命。"说明了五味合理配伍的重要性。所谓"谨和五味"，其具体做法如下：一是粗、细粮搭配。粗粮和细粮合理配伍，既可提高食物蛋白质的利用率，又可增进食物的口感，经常少量进食些粗粮，还可以提高消化系统的功能。众多医学案例研究表明，常吃高淀粉和高含糖量的食物会增加人们患高血糖、高血脂和心脏病的危险。以主食为例，注意粗细粮的合理搭配，比如用荞麦、小米、糙米等粗粮，以及山芋、山药、白薯与南瓜等薯瓜类食材，来制作低糖或无糖食品，很多患有心血管疾病、糖尿病的人就适合享用。二是荤、素搭配。素食主要是指粗粮、蔬菜等植物性食品，荤食主要指动物性食品。现代医学表明荤素搭配的康养食品，可使人获得丰富的无机盐、维生素，且能提高机体蛋白质的转化度，保证人体对各种营养物质的需要，平衡营养，确保健康。从营养科学的观点来看，单纯吃素可能未必对人体有益。僧侣们多长寿并非得益于素食，而是与其他因素如环境优美、生活规律、清净无为等有关。三是干、稀搭配。单吃过干或过稀的食品，都不符合食物营养健康的要求，应该干、稀搭配，这样可以使食物在体内容易被消化吸收，同时使蛋白质得到互补。

2. 要以熟食为主

大多数的食物不宜生吃，需要经过烹饪加热后变成熟食才能被食用，因为食物在加工过程中，食物会进一步得到清洁、消毒、去除里面含有的一些有毒、有害物质，从而使其更容易被人体消化吸收，起到益寿延年的养生目的。

3. 加工方式要健康

有很多中国传统美食采用煎、炸的烹饪方式制作而成，虽然提供了美味的食品，满足了口舌之欲，但是用油煎、炸的食物不仅破坏了原有食材的营养成分，而且会产生众多过氧化脂质、烯酰胺、游离脂肪酸等有害物质，严重危害着人们的身体健康。因此，中式养生美食要尽量选择蒸、煮等健康的烹饪方式，让食物营养保留完整的同时，也让美食更容易被人体吸收和消化，且杜绝病原微生物的危害。

（三）食用安全

1. 饮食轻食化

长期吃高盐、高糖、高脂食物会引起肥胖、心脑血管疾病、糖尿病及其他代谢性疾病，且患肿瘤的风险很高。全球疾病负担研究结果显示，饮食因素导致的疾病负担占到较高的比例，是影响人群健康的重要危险因素。大量事实也表明暴饮暴食、过度偏好某类食物被认为是不健康的、不合理的，且存在着安全隐患。

根据中医学康养反对暴饮暴食，提倡少食多餐。"轻食"的饮食方式已经成为大众的共识。"轻食"是饮食的一种观念，不仅食材量轻，烹饪方式也简约，且力求保留食材天然的营养和味道，使食用者的营养摄取更营养、更健康。轻食化在提倡少油、低糖、低脂的基础上满足了味蕾的需求。"轻食"还意味着节律，节律既表现在量的控制上，也体现在质的把握上，如有规律的一日三餐，一日内，人体阴阳气血的昼夜变化和盛衰各有不同。白天阳气足，新陈代谢快，需要的营养供给也必然多，所以食量可以偏大；夜晚阳衰而阴盛，新陈代谢缓慢，所需营养供给量少，食量也需减少，否则容易营养过剩，给身体造成伤害。人们常说："早饭宜好，午饭宜饱，晚饭宜少"，是有一定道理的。

2. 因人因时制宜

针对目前康养药膳类食品在食用中存在的问题，必须规范康养食品在中医药理论指导下食用。中医理论认为疾病有寒热虚实之分，康养药膳类食品有寒热温凉之性，必须按照中医理论和辨证论治的原则，根据个人的基本情况，来有针对性地食用康养药膳类食品。必须因人（包括性别、体质、年龄等方面的差异）、因时（包括四季、节气的养生差别）、因地（地理区划的地域性特征）、因病而异，辨证配伍，同时要注意禁忌和用量。

知识拓展

（四）管理问题

1. 缺乏康养食品安全标准

食品的生产和管理达不到相关要求，产品质量难以保证。康养食品安全标准必须以国家食品标准为准。康养食品应以科学的质量标准，单一指标成分的定性、定量进行分析，切实、全面地反映其功效。因此，应在前期研究的基础上，采用多学科理论和技术，利用现代分析技术手段，建立具有康养食品自身特色的质量标准评价方法学体系，使之达到科学化、标准化，确保其安全性、有效性。

2. 科技力量保证源头

科技迅速发展，几乎遍及所有领域，餐饮业也包括在内，其中最突出的就是康养食品的迅速崛起，倘若康养食品的生产采取一系列可持续发展的农业技术，又融入了现代农业土壤改良技术、现代生物科技、生态学的知识，同时还融入了良好的有机废物处理技术和先进的质量管理体系的要求，充分保证了康养食品的原生态、无污染及安全营养的特性，并以这种天然优势迅速打开市场，势必会在种类繁杂的食品领域占据一席之地。旅游餐饮企业应顺应市场发展，推出众多获得国家证书的康养食品，保证康养食品来源可靠。

3. 市场监管存在漏洞

不可否认，一些康养食品存在管理漏洞，还缺乏正确的宣传、安全性评价及监管，有些食品甚至夸大宣传。很多养生类文章和保健推介，往往曲解养生的概念，冠名"中医药"进行包装，夸大疗效以吸引大众，达到营销目的，让大众难以分辨。健康类谣言会引发社会不安，破坏政府公信力。在这种情况下，必须加大食品安全宣传力度，引导大众从权威渠道选择食品，核实是否出自正规科研机构生产的合格产品等。

本章小结

本章主要介绍了食品卫生与安全常识以及康养食品安全知识两个部分。食品卫生与安全常识部分包括食品污染的概念、种类，食品中毒的概念、原因、特点、类型及应急处理，常见食品卫生与安全的问题及预防，以及餐饮企业食品卫生的注意事项。康养食品安全部分包括康养食品安全的概念、特点、类型及五大要素，即食材安全、加工安全、食用安全、市场安全和管理安全。本章偏重康养食品营养与卫生，是康养餐饮服务与管理内容的进一步补充和拓展，为学生在康养餐饮服务提供理论支持。

思考与练习

一、名词解释

食品污染　食物中毒

二、填空题

1. 按污染源的性质可以把食品污染划分为三类，即_____、化学性污染和放射性污染。

2. 康养食品的特点有以_____为核心，以_____状态为目的。

三、问答题

1. 食物中毒特点有哪些？
2. 如何对中毒者进行一般性应急处理？

四、论述题

结合本章知识以及自己的认知，试着论述康养食品主要存在的食品安全问题有哪些？

参考答案

参考书目

1. 陈日荣. 烹饪营养知识［M］. 北京：旅游教育出版社 .2013.
2. 贺正柏. 中餐烹饪与营养膳食综合实训［M］. 成都：西南财经大学出版社 .2020.
3. 樊平，李琦. 餐饮服务与管理［M］.2 版. 北京：高等教育出版社 .2019.
4. 崔梦萧，陈海凤. 餐饮服务与管理［M］. 北京：中国人民大学出版社 .2019.
5. 贺正柏. 菜点酒水知识［M］.4 版. 北京：旅游教育出版社 .2017.
6. 雷巍娥. 森林康养概论［M］. 北京：中国林业出版社，2016.
7. 潘雅芳. 休闲宴会设计理论、方法和案例［M］. 上海：复旦大学出版社 .2016.
8. 凌强. 食品营养与卫生安全［M］. 北京：旅游教育出版社 .2018.
9. 何计国，甄润英. 食品卫生学［M］. 北京：中国农业大学出版社 .2003.
10. 张怀玉. 烹饪营养与安全［M］. 高等教育出版社 .2019.
11. 雷铭，薛欣，陈维. 康养服务理论与实践［M］. 北京：旅游教育出版社 .2020.